한국의 대종사들

큰스님 30인의 삶과 수행 이야기
한국의 대종사들

조계종
출판사

책을 펴내며

    힘든 길을 걷는 사람에게, 큰 스승의 감로수 같은 한마디 말씀은 천군만마를 얻은 듯한 용기로 다가옵니다.
    현대 사회는 어른이 없는 사회라고 합니다. 정치 · 경제 · 교육 등 여러 분야의 지도자들마다 이런저런 흠집으로 인해 존경의 대상이 되지 못하는 까닭입니다. 그래서 수행자는 현대인에게 마지막 남은 스승이 아닐 수 없습니다.
    불교계에는 많은 스님들이 계십니다. 그 가운데서도 대종사 품계를 받은 스님들은 한 분 한 분 큰 스승입니다. 수행과 전법의 길에서 수십 년을 살아오신 대종사는 불자들에게는 수행의 지침이면서 비불자에게는 포교의 나침반 역할을 하고 계십니다.
    하지만 지금까지 불교 스스로가 그분들을 선양하려는 노력에는 소홀하지 않았나 반성을 하게 됩니다. 어른을 모시려는 풍토는 불교의 아름다운 전통이며, 우리 사회에 전해줄 소중한 가치가 아닐 수 없습니다. 대종사 품계라는 형식 뒤에는 그분들의 수행이 담겨 있습니다. 대종사를 선양하는 작업을 통해 불교계의 수행 가풍을 세우고 일반인에게 한국불교의 우수함을 널리 전할 수 있으리라 생각합니다.
    한편으로 여러 사정으로 대종사 · 명사 스님 전체를 책에 담지 못한 점은 너그러운 마음으로 이해해주시길 당부드립니다. 더불어 향후 증보판을 준비하겠습니다.

　한국불교기자협회가 올해로 창립 20주년을 맞았습니다. 불교 언론인들은 그동안 어려운 여건에서도 묵묵히 자리를 지키면서 사명을 다하고자 각고의 노력을 기울여 왔습니다. 그동안 불교언론도 발전을 거듭해 현재 14곳의 회원사가 정법 수호와 문서 포교 활동을 펼치고 있습니다. 이를 기념해 이 책은 제작됐습니다. 부디 널리 전해져 불교의 위상을 높이고 포교에 일조하기를 삼보전에 간절히 기원합니다.

　이 책의 제작을 위해 바쁜 와중에도 대종사를 취재하고 옥고를 모아준 회원과 책자 발간을 응원해준 모든 기자협회 회원들께 감사의 말을 전합니다. 또 명예회원 선배님들과 후원위원님들께도 깊은 감사를 전합니다.

　특히 불교언론계 대선배님으로서, 책 제작을 격려해주신 백담사 회주 오현 큰스님과 신흥사 주지 우송스님께도 합장배례합니다.

2009년 11월
한국불교기자협회 회장 안직수

축하의 글

먼저 한국불교기자협회 창립 20주년을 축하드립니다.

어려운 가운데서도 정론직필正論直筆을 멈추지 않고 문서 포교에 앞장서 온 여러분의 노고가 있었기에 오늘의 한국불교는 든든한 반석盤石 위에 서 있는 것입니다.

그런 점에서 여러분은 포교의 또 다른 일꾼입니다.

인간에게도 사회에도 한 단체에도 20년이란 시간은 중요한 의미를 갖습니다. 또 다른 성장과 비약을 준비하는 시기이기 때문입니다. 한국불교기자협회가 20주년을 맞아 《한국의 대종사들》을 발간하는 것은 성장과 비약을 위한 노력의 일환이라는 점에서 격려를 보냅니다.

《한국의 대종사들》은 우리시대의 법등法燈을 밝히는 눈 밝은 본분종사本分宗師들의 삶과 법문을 담은 책입니다. 성장과 비약을 준비하는 한국불교기자협회뿐만 아니라 시대적 갈등으로 어려움을 겪고 있는 우리시대에 필요한 본분종사들의 지혜를 담은 법문집이라는 점에서 기쁘기 그지없습니다.

현장에서 왕성한 취재 활동을 벌여온 한국불교기자협회 회원들이 만난 대종사들의 법향法香은 우리시대 중생들의 가슴과 영혼을 청량하게 할 것입니다. 세상의 향기 중 가장 아름답고 진실한 것이 바로 법향입니다. 한국 대종사들의 법향은 삼천대천세계三千大千世界까지 그 향기가 넘쳐날 것입니다.

'우보천리 줄탁동시牛步千里 啐啄同時'란 말이 있습니다. 소의 걸음으로 천리를 가면 때를 만나 모든 것이 원활하게 성취된다는 것입니다. 모든 것에는 때가 있습니다. 서두르지 않고 천천히 한국 불교언론의 미래를 쌓아가는 포교의 역군들이 되었으면 합니다. 그것이 20주년을 맞은 한국불교기자협회의 미래를 밝게 할 것입니다.

다시 한 번 《한국의 대종사들》 발간과 한국불교기자협회 창립 20주년을 축하드립니다.

2009년 11월
대한불교조계종 중앙신도회 회장 김의정

일러두기
이 책의 차례는 대종사 법계 품수 및 사미계 수계 순을 참고하였습니다. (자료 제공:조계종원로회의 사무처)

차례

- 책을 펴내며 ◉ 4
- 축하의 글 ◉ 6

- 법전 대종사 고양이 밥을 훔쳐 먹는 쥐의 마음으로 수행하라 ◉ 12
- 종산 대종사 수행자들의 표상, 재가불자의 스승 ◉ 26
- 밀운 대종사 눈 뜨고 잠드는 날까지 ◉ 38
- 지종 대종사 내 부처 속이지 말고 언행일치하며 살자 ◉ 50
- 성수 대종사 천하만물 중에 선 아닌 게 없다 ◉ 62
- 도견 대종사 계를 철저히 지켜야 수행자 ◉ 74
- 보성 대종사 그대 게으른가, 게으르지 않은가 ◉ 86
- 원명 대종사 처처의 이치가 부처님 가르침 ◉ 98
- 도문 대종사 마음 가는 곳에 부처님 계시니 ◉ 112
- 지관 대종사 일체중생을 아낌없이 사랑하라 ◉ 126
- 초우 대종사 매 순간 순간이 출가 ◉ 138
- 고산 대종사 부처님은 노력하면 다 된다고 하셨어요 ◉ 150

- 혜정 대종사 　이 세상에 내 것은 없다 ◉ 162
- 원명 대종사 　문에 들어와서 나가지 않은 이 ◉ 176
- 활안 대종사 　마음이 밝지 못하면 세상이 다 거짓말 ◉ 188
- 진제 대종사 　두두물물이 모두 부처라 ◉ 202
- 혜정 대종사 　마음 찾는 일 늦추지 말아야 ◉ 212
- 명선 대종사 　호국 도량에서 중생 보듬는 호랑이 스님 ◉ 224
- 무진장 대종사 　입전수수 반세기, 중생 곁 떠나지 않는 참 부처 ◉ 238
- 월서 대종사 　내 삼베옷 무게가 세 근 ◉ 250
- 혜승 대종사 　중생의 행복이 나의 행복 ◉ 262
- 정무 대종사 　은혜 알고 은혜 갚는 삶을 살라 ◉ 274
- 현해 대종사 　인간의 존엄성 깨칠 때 이 세상은 너도 부처 나도 부처 ◉ 288
- 고우 대종사 　부처님 가르침에 대한 이해부터 하고 수행을 ◉ 302
- 법흥 대종사 　스스로를 등불로 삼고 정진하라 ◉ 314
- 설정 대종사 　본질을 바로 보고 참 행복을 찾아라 ◉ 328

한국의 명사들

- 광우 명사 　삼독 끊고 본성 밝혀야 열반 얻어 ◉ 342
- 묘엄 명사 　살생을 하지 않으면 세계평화가 옵니다 ◉ 354
- 명성 명사 　모르는 것을 모른다 하고, 의리를 잊지 말아라 ◉ 366

태고종 대종사

- 혜초 대종사 　함께 생존하는 삶을 살아가려면 서로 나눠야 ◉ 380

- 한국불교기자협회 소개 ◉ 392
- 필자 약력 ◉ 393

• 법전法傳 대종사의 맑은 웃음에서 수행자의 진면목이 풍겨난다.

고양이 밥을 훔쳐 먹는 쥐의 마음으로 수행하라

법전 대종사

조계종 종정 법전 대종사는 수행자의 상징이다. 왜색 불교로 인해 피폐해진 한국불교의 정신을 살린 문경 봉암사결사에서의 수행담, 한겨울에 쌀 다섯 되로 밥을 지어 김치 단지 하나 두고 "내가 저 쌀이 다 떨어지기 전에 공부를 마치든가, 죽든가 둘 중 하나를 택하겠다"며 묘적암에서 삼 개월을 지낸 이야기 등은 출가자의 본분을 보여주는 일화다. 법전 대종사는 목숨을 건 수행 십 년 만에 "한 경계"를 접했다. 그 이후로도 육십여 년의 세월을 후학들을 제접하며, 수행에만 매진해온 대종사다.

가을 색이 산을 뒤덮었다. 산사의 날씨는 제법 쌀쌀했다. 언젠가 들은 바 있는, 종정 법전 대종사의 일화를 떠올리며 산문으로 들어섰다.

조계종 제12대 종정이신 법전 대종사를 상징하는 두 단어가 있다. '가야산 호랑이'와 '절구통 수좌'다. 가야산 호랑이는 한국불교의 수행을 상징하는 말이다. 해인총림 해인사에 수좌들의 수행을 이끌 호랑이가 없으면 한국불교는 존재하지 않는다는 의미를 담은 말이다.

절구통 수좌는 스님의 수행력을 보여주는 말이다. 한 자리에 위치하면 좀체 움직이지 않는 절구통처럼 '영원한 깨달음'을 얻기 위해 수행한 대종사의 면모를 잘 나타낸 말이다. 하지만 해인사 퇴설당에서 마주한 대종사는 엄한 표정이 아니라 잔잔한 미소를 머금은 인자한 얼굴이셨다. 짧은 말이지만 목소리에는 단아한 힘이 들어가 있었다. 여든 중반 나이의 스님이라고는 믿어지지 않을 정도의 맑은 얼굴과 목소리가 인터뷰 시간 내내 화두처럼 머리를 떠나지 않았다.

어지러운 세상이다. 어떤 마음으로 살아가야 할지 여쭈었다. 대종사는 "벼랑 끝에서 손을 놓아버릴 수 있겠느냐"고 반문하신다.

"그런 마음으로 순간순간을 살아가십시오. 그 자리에 살길이 열립니다."

요즘 화두 참선에 관심을 갖는 사람들이 늘어나고 있다. 하지만 길을 몰라 자칫 잘못된 스승을 만나는 사람들도 적지 않다. 대종사께서는 간화선 수행을 하려는 사람들은 세 가지를 굳게 지녀야 한다고 권고했다.

"참선을 하려면 반드시 세 가지를 갖춰야 합니다. 첫째 크고 굳은 믿음입니다. 이 일은 수미산을 의지함과 같은 줄을 분명히 아는 것으로, 내게도 불성이 있으며 성불할 수 있다는 믿음을 갖는 것입니다.

둘째로는 기필코 깨달아야겠다는 분발심입니다. 마치 부모를 죽인 원수를 만났을 적에 당장 한칼에 두 동강을 내려는 것과 같은 것입니다. 아난존자가 절벽 위에서 한 다리로만 서서 정진한 것도 결집 장소에서 쫓겨나온 분심 때문이었습니다. 경허스님은 턱 밑에다가 송곳을 꽂아놓고 공부를 했습니다. 졸음에 대한 분한 마음 때문이었습니다. 분심이 클수록 성취도 크게 이뤄집니다.

셋째로 크게 의심하는 마음을 가지십시오. 의심은 공부의 생명이지만 헤아리고 계산하는 것은 또다른 망상에 지나지 않습니다. 의심을 하되 어머니가 외아들 생각하듯, 쥐가 고양이 밥을 훔쳐 먹듯 해야 합니다."

삼여 년 전, 대종사께서 경남 거제 삼성조선소를 방문해 근로자들을 격려한 적이 있었다. 산중 도인 이미지를 가진 종정 예하의 공장 방문은 일반인들에게 화젯거리였다.

"전에 거제도에서 수행했던 인연이 있어 갔다가 주변에서 권유해 갔어요. 불가에서 말하는 일일부작 일일불식―日不作 一日不食, 하루 일하지 않으면 하루 먹지 않는다의 가르침처럼 노동은 신성하고 세상을 맑고 향기롭게 만드는 명약입니다. 정직한 근로자들의 땀방울을 보면서, 우리 사회에 노동의 소중함을 일깨워 주고 싶었어요."

법전 대종사는 26세 때인 1951년에 통영 안정사에서 성철스님으로부터 도림道林이란 법호法號를 받은 인연이 있다. 고성 문수암에서도 치열한 수행을 한 바 있어 이 지역이 낯설지는 않은 곳이었단다.

대종사께 일반인이 지녀야 할 마음가짐에 대해 물었다. 스님은 성철 노스님이 수행납자들의 공부 지침으로 남긴 여덟 가지 계율을 전해주며

"비록 사회 속에 살고 있지만, 수도팔계修道八戒를 실천하도록 노력해 보라"고 당부했다.

수도팔계의 첫째는 절속이다. 세속은 윤회의 길이요, 출가는 해탈의 길이기 때문에 세속을 끊고 만인을 구제하기 위한 수행을 한다면 가장 좋은 일일 것이다. 하지만 세인들은 그러지 못할 형편이다. 하지만 좋은 도반을 만들고, 서로 도우며 좋은 생각을 나누는 습관을 지니는 것이 생사윤회의 출발임을 분명히 안다면 이 또한 마음의 출가가 아니겠는가.

둘째는 금욕이다. "독사에게 물리면 한번 죽으면 됩니다. 하지만 애욕에 매달리고 식탐에 빠지면 세세생생 천만겁토록 고통을 받게 됩니다." 대종사는 수행자뿐 아니라 일반인들도 바른 정신을 회복하는 데 게을리 하지 말 것을 간절히 당부했다.

스님은 또 대접받으려 하지 말 것, 하심하는 마음으로 살아갈 것, 언제나 화두를 지니고 깨어 있는 정신을 갖도록 정진할 것, 게으름에 빠지지 말고 고행을 할 것, 일체중생을 위해 매일 백팔참회를 할 것을 강조했다. 그리고 여덟째로 이타행을 말씀하셨다.

"수행의 궁극적인 목적은 이타행입니다. 다른 사람을 향한 이타의 마음이 없으면 이는 외도外道에 지나지 않습니다. 물질과 마음으로 항상 남에게 봉사하고 살아야 합니다. 봉사를 하되 추호의 대가도 받아서는 안됩니다."

대종사께 수행 과정에서 있었던 일화를 여쭈었다. 물끄러미 한참동안 얼굴을 바라보시더니 예의 미소를 지으신다.

• 해인사 소림선원에서.

"차 한잔 드세요."

어리석은 중생은 그 선어를 깨닫지 못하고, 찻잔에 손을 댔다. 어느새 차는 마시기 적당할 정도로 식어 있었다. 대답을 듣고 싶은 욕심에 한번에 찻잔을 비우고, 다시 펜을 잡았다.

"한잔 더 하세요." 시자에게 차를 따르게 하더니, 사람을 시켜 책을 한 권 가져오라 하신다. 그러고는 내내 침묵. 때마침 풍경이 "땡그랑" 소리를 울렸다.

그 어떤 법문보다 큰 법문을 내리는데도 아둔한 중생은 그 당시 법문을 받지 못했다. 산문을 나서고서야 스님이 법문한 것을 알았다.

시자가 가져온 책은 대종사의 법문을 엮은 책《백척간두에서 한 걸음

더》(조계종출판사)였다. 책에는 1996년 해인총림 방장으로 계실 때부터 2002년 조계종 제11대 종정예하로서 결제, 해제날에 내린 법문을 정리해 놨다. 서두에는 스님의 면모를 박원자 씨가 간략히 정리한 부분이 있었다. 책을 전해 받고 몇 장을 뒤적이는데 대종사의 부드러운 음성이 들려왔다.

"먼 길 오셨는데, 조심해서 올라가세요."

책을 덮고 다시 대종사께 삼배를 올렸다. 삼배는 처음 스님을 뵐 때 올리고, 물러날 때는 반 배 인사를 하는 것이지만 왠지 다시 삼배를 올려야 할 것 같았다.

'아, 절을 하는 것도 마음에 따라 이렇게 다르구나!'

처음 절을 올릴 때는 예법에 따른 형식적인 것이었다면, 대종사의 큰 면모를 잠깐이나마 대하고 나서 절을 올리니 '이대로 삼천 배라도 올리고 싶다'는 마음이 일어났다. 어쩌면 큰스님을 보다 오래 친견하고 싶은 욕심이 담긴 마음일지도 모르겠다.

대종사의 수행담은 수행자들에게 잘 알려져 있다. 그 가운데서도 깨달음을 얻기 위해 문경 묘적암에서 홀로 정진하던 일화는 큰 귀감이 되고 있다. 1957년 대종사께서 32세 때의 일이다.

묘적암은 땅의 기운이 강해 사람들이 삼 년을 견디지 못한다는 말이 나올 정도로 심상치 않은 수행처였다. 고려말 나옹선사가 공부를 한 곳으로, 해방 후 성철스님과 서암스님이 함께 공부했던 유서 깊은 암자였다. 이곳에서 법전 대종사는 겨울철을 나기로 했다.

* 조계종 종정 법전 대종사. 곧 한국불교의 상징이다.

걸망을 내려놓고 암자의 문을 걸어 잠갔다. 불공을 온 신도들에게 "내가 있는 동안 불공은 못해준다. 누구든지 와서 쫓아내려면 그렇게 해봐라"며 굳게 문을 닫았다. 부엌에는 두 가마니 정도의 쌀이 있었다. '이 쌀을 다 먹을 때까지 변화가 오지 않는다면 내 발로 이곳을 걸어나가지 않겠다'고 결심한 스님은 닷 되 분량의 쌀로 밥을 지었다. 그러고는 바구니에 담아 막대기 두 개를 걸쳐 놓고 그 위에 얹어놨다. 그리고 참선에 몰두했다. 시장기가 몰려오면 찬밥 한 덩어리는 그릇에 담고, 김치 한 조각을 얹어 끼니를 때웠다. 물 데우는 시간도 아까워 샘물을 떠먹는 것으로 만족했다.

오로지 화두뿐이었다. '자성을 깨우치지 못하고 죽으면 갈 곳은 지옥

뿐이다.' 밥을 담은 그릇도 씻지 않았다. 목욕은 고사하고 세수도 양치도 하지 않았다. 옷은 처음 입었던 그대로였다. 대종사는 이미 더럽다, 깨끗하다는 의식마저 털어버린 경지였다. 하지만 스님의 얼굴은 점점 말갛게 빛이 났다. 두 눈은 또렷또렷하면서도 평화로움이 가득 담겨 있었다. 그렇게 몇 달이 흐른 어느 날, 묘적암 아래 윤필암 비구니 스님들이 순두부를 대종사에게 전했다. 한 그릇을 비우고 나머지는 차관에 두었는데, 나중에 먹으려고 뚜껑을 열어보니 곰팡이가 새카맣게 피어 있었다. 삼매에 든 사이 며칠의 시간이 흘러간 모양이었다.

  방바닥에는 마치 눈이 내린 듯 먼지가 쌓였고, 그 먼지 위로 스님의 발자국이 덮혔다. 그렇게 겨울이 지나고, 나무에 물이 오를 때쯤 스님은 자리를 털고 일어났다. "마치 몇백 길이나 되는 함정에 빠졌던 사자가 언덕으로 기어오른 듯한" 느낌이었단다.

    거울과 거울이 서로 비치니
    비치는 것과 그림자가 둘 다 없더라
    이것이 또한 무슨 물건이냐
    청산이 백운 속이더라

    鏡鏡相互照　경경상호조
    照無於影像　조무어영상
    此是亦何物　차시역하물

青山白雲裏 청산백운리

도림 법전 대종사의 오도송이다. 스님은 그때가 "제일 행복했던 공부 시절이었다"고 회고하신다.

스님이 건네준 책자를 들고 가야산을 내려왔다. 일주문에서 '아!' 하는 탄식이 났다. 조주선사의 화두, '끽다거'를 왜 스님이 차를 건넬 때 떠올리지 못했을까. 세속의 알음알이에 집착하는 내 모습에 스님은 차 한잔으로 법문을 건넸던 것이다.

서울로 올라오는 차 안에서 스님의 법문집을 한 장 한 장 읽어내려 갔다. 안거를 맞아 설한 법문마다 후학들을 어서 깨달음의 세계로 인도하고 싶은 대종사의 마음이 짙게 배어 있었다. 모두를 소개하고 싶지만 욕심이다. 최근의 법문인 하안거 해제일의 법문을 소개한다.

어떤 납자가 익주益州 땅의 대수법진大隨法眞 선사에게 물었습니다.

"겁화劫火가 활활 타서 대천세계가 모두 무너진다고 했는데, 그때 '그것'도 무너집니까?"

"무너지니라."

그 납자는 다시 용제소수龍濟紹修 선사에게 물었습니다.

"겁화劫火가 활활 타서 온 세계가 모두 무너진다고 했는데, 그때 '그것'도 무너집니까?"

"무너지지 않느니라."

'무너질 괴壞'라는 이 한 글자는 바다를 먹으로 삼아 쓰더라도 다할 수 없는 것이니 만일 말을 따라 견해를 내면 '그것'과는 천만리 멀어질 것입니다. 물고기가 헤엄치면 흙탕물이 일어나고 새가 날면 깃털이 떨어지기 마련입니다. 안목이 열리지 않는 사람에게는 무너진다고 해도 장애가 되고 무너지지 않는다고 해도 장애가 됩니다. 대수가 무너진다고 해도 몸 빠져나갈 곳이 있고 용제가 무너지지 않는다고 해도 몸 빠져나갈 곳이 있으니 한결같이 무감각해서도 안 되고 한결같이 정식情識으로 알려고 해도 안 되는 일인 것입니다.

누군가가 이 산승에게 "겁화劫火가 활활 타서 대천세계가 모두 무너진다고 했는데, 그때 '그것'도 무너집니까?"하고 물어 온다면 그런 납자에게 이렇게 되물을 것입니다.

"무너지고 무너지지 않음은 그만두고 '그것'을 제대로 알기나 한 것인가?"

어쨌거나 두 노숙 중에 한 사람은 '그것'도 무너졌다고 하고 한 사람은 '그것'이 무너지지 않았다고 말했습니다. 무너졌다고 해도 틀렸고 무너지지 않았다고 해도 틀렸습니다. 그렇다면 도대체 뭐라고 대답해야 되는 것인지 해제 만행길에 대천세계를 다니며 항상 참구하시기 바랍니다.

鶴有九皐難翥翼 학유구고난저익
馬無千里謾秋風 마무천리만추풍

학에게는 구고에 날기 어려운 날개가 있고
말은 천리에 공연히 바람을 쫓는 일이 없느니라.

-2009년 하안거 해제일에

변대용(불교텔레비전)

법전 대종사   1925년 전남 함평에서 태어난 스님은 어린 시절 서당에 다니면서 한학을 공부했다. 과묵한 성격으로, 붓글씨를 잘 써서 초서까지 단번에 익혔다. 1941년 영광 불갑사에서 설호스님을 계사로, 설제스님을 은사로 사미계를 수지했으며 이후 제방선원에서 안거 수행에 정진했다. 1949년에는 봉암사결사에 동참했으며 1951년 통영 안정사 천제굴에서 성철스님을 은법사로 모시고 정진했다. 이후 묘적암에서 홀로 정진하던 중 지극한 깨달음을 얻었다.

1969년 김천 수도암에서 선원을 복원하고, 1985년부터 해인사에 수좌로 머물면서 해인사 주지를 역임했으며 현재 해인총림 방장, 성철문도회 회주이시다. 2002년과 2007년 조계종 제11대·12대 종정으로 추대됐으며 현재 해인사 퇴설당에 주석하고 계신다.

● 계율을 목숨처럼 여겨야 한다고 강조하는 대한불교조계종 원로회의 의장 종산宗山 대종사.

수행자들의 표상 재가불자의 스승

종산 대종사

청주 도심을 벗어나서 보살사로 가는 좁은 길로 들어서자 아파트와 상가가 즐비했던 조금 전과 사뭇 다른 풍경이 펼쳐졌다. 사람 키 높이로 자란 포도나무와 각종 과수원이 길 옆으로 이어지면서 저마다 다른 냄새를 풍긴다. 창문을 활짝 열었다. 하나같이 '먹음직스런 향기'다. 나는 어떤 향기일까.

좁은 길을 지나는데, 도로 공사가 진행 중이었다. 나중에 절에서 들은 이야기인데, 보살사에서 지자체에 수차례 요구한 끝에 사찰 입구까지 2킬로미터 남짓 도로를 확장하고 있는 중이란다. 종산 대종사는 자가용이 없다. 버스를 타거나 걸어다니면서 가람 불사와 포교 불사를 하고 있는 스님이다. 사찰 보살님들도 버스를 타고 시내에 나가 장을 보고, 물건이 많을 때만 택시를 타고 절에 온다. 하지만 "길이 좁아 농사짓는 사람들이 불편하다"는 말에 스님이 나서서 도로 확장을 이끌어냈다. 도로를 지나면서, 한국불교계의 어른이면서, 언제까지고 수행자의 자세를 견지하는 종산 대종사의 단면을 볼 수 있었다.

청주 용암동에 위치한 보타산 보살사는 신라 567년진흥왕 28년 의신조사가 창건한 고찰이다. 고려시대를 걸쳐 숭유억불의 조선시대를 지나면서도 보살사는 면모를 유지해왔다. 현재는 충북 유형문화재인 극락보전을 비롯해 명부전, 삼성각, 요사채 등이 자리하고 있는 단아한 느낌의 사찰이다.

신이한 일이 있다. "절을 자주 하지 않던 사람이라도 보살사 극락보전에서 백팔 배를 올리면 힘들지 않다"는 것이다. 그 기운이 더해져서일까. 종산 대종사는 지금도 하루 한 끼만 먹으며 아침·저녁 예불을 비롯해 가람의 크고 작은 일을 직접 하고 계신다. 86세라는 세납이 믿어지지 않을 정도다. 종무소를 겸한 요사채는 여느 시골집 방에 앉아 있는 느낌이다. 낮은 책상 위에 각종 서류가 쌓여 있고, 한쪽에는 이면지를 오린 메모지가 정돈돼 있었다. 가끔 불어오는 바람에 풍경이 땡그랑, 땡그랑 맑은 소리를 낸다.

종산 대종사는 1924년생으로, 일제강점기에 의과대학을 다녔다. 그러던 어느 날 가까운 친구가 죽었다. 육신을 치료하는 의사의 길을 서원했지만, 그 길에는 한계가 명확했다. 마음의 방황을 겪으며 친구의 사십구재에 참석했던 스님은 목탁 소리를 들으면서 "마음을 치료하는 사람이 되어야겠다"고 결심했다. 부모의 반대가 심했다. "출가를 하려면 호적을 파라"는 말에 스님은 망설임 없이 호적을 파고 출가를 단행했다. 하지만 그것은 불효의 길이 아니었다. 현생의 부모를 잘 봉양하는 것보다 만인을 깨우침으로 이끄는 스승이 되려는 큰(大)분발심이었다. 사족이지만, 종산스님은 매일 새벽 예불 때마다 부모님의 왕생극락을 기원하며 축원을 올리고 있다고 한다.

출가 이후 스님은 대흥사, 만덕사, 보광사, 해인사, 범어사, 천축사 무문관 등 전국 선원을 돌며 수행했다. 대강백 용봉스님에게서 경전을 공부했고, 근대 선지식으로 추앙받는 전강스님으로부터 선을 배웠다. 동산, 경봉, 춘성, 금봉, 청담, 혜암 스님 등 한국불교 최고의 선지식과 함께 수행을 했다.

스님이 범어사에서 한 '대못 수행'은 부모의 반대를 무릅쓰고 출가하면서까지 스님이 이루려 했던 치열한 깨달음을 보여주는 단면이다. 동산스님이 범어사 조실로 주석할 때, 세 명 도반과 함께 잠을 자지 않고, 눕지도 않으면서 용맹정진을 했다. 널빤지에 못을 박아 앞에 세웠다. 잠시라도 졸면 이마에 못이 찔리는 것은 명약관화한 일. 그런데 스무여 일이 지나 문득 도반의 이마를 봤다. 피가 나고 긁히고, 심지어 피가 얼굴 군데군데 엉겨붙어 있었다. 스님의 모습도 그 도반과 별반 다를 것이 없을 터였지만, 도반의 모습을 통해 자신의 수행을 점검하게 된 것이다.

"기가 막힌 모습이었어요. 한편으로 그 치열한 모습을 보면서 나는 제대로 공부를 하고 있는가 돌아보게 됐습니다. 이 세상 모든 스님들 중에서 나보다 못한 사람이 없고, 이 세상 어떤 사람도 나보다 더 공부를 못한 사람이 없다는 것을 알았어요. 저 마음 어딘가 깔려 있던, 대학 공부까지 했다는 자만심이 일순간에 사라지고, 대분심·대의정·대발심이 일어났어요."

선지식들은 크게 깨우침을 얻으려면 대분심大憤心, 대의정大疑情, 대발심大發心을 일으켜야 한다고 한다. 종산 대종사는 도반의 모습에서 힘든 수행을 통해서도 아직 깨닫지 못했다는 분한 마음(대분심), 화두를 타파하겠다는 강한 마음(대의정), 그리고 깨우침을 얻어 중생을 구제하겠다는 큰 서원(대발심)을 일으킨 것이다. 몇 번을 걸쳐 용맹정진을 하고, 천축사 무문관에서 육 년간 수행을 했다. 그리고 깨달음을 이룬 스님은 문 없는 방의 벽을 걷어차고 세상으로 나왔다.

종산 대종사는 조계종 원로회의 의장이다. 종법으로 보면 최고의 수행자로 추앙받는 종정 다음으로 존경받는 자리다. 전국의 유명한 선원을 두루 다니면서 사십여 년간 수행을 했지만 그동안 종단의 어떤 직책도 맡지 않았던 스님이다. 또한 스님은 그 흔한 해외여행 한번 가지 않았다. 호텔에서도 잠을 청하지 않고, 원로회의 참석을 위해 조계사를 찾을 때에도 자가용 없이 대중교통을 이용해 서울로 온다. 공양은 항상 보살사에서 가져간 도시락으로 해결하고, 다음날 회의가 있을 경우에도 절에 다시 왔다가 다음날 올라간다. 부처님이 설하신 계율을 철저하게 지키고 살면서 후학들에게 가르침을 펴고 있는 것이다.

"계율은 머리로 외우는 것이 아니라 몸으로 실천하는 것이다"는 스님은

"먼저 내 허물을 보고 참회하고, 작은 것부터 실천해야 한다. 계율은 목숨처럼 여겨야 한다"고 강조했다.

계율과 관련한 스님의 유명한 일화가 있다.

"경봉스님이 해인사 주지로 왔다는 소식을 듣고 대구로 내려갔지. 그런데 갑자기 시장기가 도는 거야. 배가 고파 칼국수 집을 찾는데, 어느 집에서 나오는 불고기 냄새가 그리 좋은 거야."

출가한 이후 소위 '멸치 꽁댕이' 하나 먹지 않고 계율에 철저했던 스님이었다. 그런데 그동안의 수행력을 의심할 정도로 냄새가 좋았단다.

"그 순간 마음에서 소리가 들리는 거야. 고기를 준다면 먹겠느냐 하고. 싫다는 대답이 안 나왔어. 스스로도 너무 놀랐지." 스님은 다시 자문자답을 했다. "만약 저 고기가 전생의 네 어머니라 한다면 먹겠느냐? 그것도 전생의 어머니가 못된 중생들에게 살생을 당하고, 그것도 부족해 예리한 칼로 살을 베어 뜨거운 불에 굽고 있는데 그래도 먹겠느냐?"

그렇게 스님은 유혹을 뿌리쳤다. 그 길로 해인사로 달려간 스님은 절 마당에서 끊임없이 참회의 절을 올렸다. 허기진 배를 움켜쥐고라도 고기를 먹지 않겠다고 당당하게 대답하지 못했던 자신의 마음에 대한 참회였다. 이후 스님은 절 밖에서 먹지도 않고, 잠도 자지 않는 수행을 해오고 있다. 음식에는 맛을 자극하는 오신채도 사용하지 않고 있다.

"요즘 같은 시대에 힘들지 않으시냐"는 우문에 스님은 단호하게 말씀하셨다. "산승은 산에 있어야 한다." 그 한마디에 무슨 해석을 덧붙일 수 있을까.

보살사 앞 뜨락을 거닐며 '바른 길'을 설명하고 있는 종산대종사.

종산 대종사는 수행자이면서 또한 재가불자를 향한 마음도 항상 열려 있는 분이다. 한 예다. 설날이면 보살사에서는 재밌는 모습을 볼 수 있다고 한다. 스님께 세뱃돈을 받으려는 사람들로 북적인다는 것이다. 사찰 신도만이 아니다. 수험생을 둔 부모, 심지어 타종교인까지 '영험이 있다'며 세뱃돈 천 원을 받으러 보살사를 찾는다고 한다. 스님은 '중생에게 부처님의 가피가 가득 내리기를 축원' 하며 일일이 세뱃돈을 주신단다.

스님께 세상 살아가는 지혜를 물었다.

"하루에 오 분이라도 참선을 해야 합니다. 스물네 시간 가운데 하루 삼십 분만 수행하면 마음이 편안해지고 행복이 옵니다. 거기에 더해 삼바라밀(망설妄舌, 교만한 마음으로 진실치 않은 말을 하는 것 망안妄眼, 부정적인 눈으로 다른 사람과 사물을 보는 것 망이荒耳, 달콤한 말에 유혹돼 어리석음을 범하는 것에 현혹되지 않는 지혜)을 실천하기 위해 노력하면 곧 부처를 볼 수 있습니다."

몇 년 전 일이다. 원로의장에 선출된 스님께서 몇 번의 만류 끝에 결국 기자단과 인터뷰 시간을 허락했다. "부처님오신날을 맞아 불자들을 위해 법문을 해 달라"는 요청에 스님은 세 개의 동자승을 꺼내 들었다.

귀를 막은 동자승, 입을 가린 동자승, 눈을 가린 동자승 세 개였다.

"그른 것을 보지 말고, 그른 말을 듣지 말고, 헛된 말을 하지 말아야 합니다." 스님이 늘 강조하시던 삼바라밀을 실천하라는 가르침이었다.

종산스님은 "걸망 메고 이 절 저 절 선지식을 찾아다닐 때가 가장 행복했다"고 술회했다. 이제는 그런 후학을 절에서 맞이해야 하는 입장이다.

"물질과 과학의 발전만으로는 화평을 이룰 수 없어요. 수행과 지혜를 얻은 자들이 머리를 맞댄다면 세계 평화도 이뤄질 것입니다."

지도자에게 바라는 스님의 말씀도 이어졌다.

"국태민안이라는 말이 있어요. 요즘 우리나라 정치권은 너무 혼란스럽습니다. 국민이 정치인을 믿으려 하지 않습니다. 국민에게 신뢰를 얻어야 합니다. 세상을 무력과 지식으로 지배하려면 안됩니다. 지렁이도 밟으면 꿈틀댄다는 속담도 있거늘, 하물며 만물의 영장인 인간을 무력으로 다스리려 한다면 평화를 얻을 수 없습니다."

국민들에게 당부하고 싶은 말씀도 잊지 않았다.

"나를 위하는 일이 곧 세상을 평화롭고 행복하게 만드는 것이고, 세상을 위하는 일이 곧 나를 행복하게 만드는 일입니다. 내가 곧 세상이며, 세상

속에 내가 있다는 진리를 깨달으면 극단의 대립이 사라지고 협력의 사회를 만들 수 있습니다. 나부터 변화해야 합니다."

스님을 뵙기 위해 찾아온 사람들이 많은데, 너무 많은 시간을 내어달라고 할 수 없었다. 재가불자들을 위한 말씀을 해주길 청했다.

"백천만겁을 윤회하는 가운데 사람 몸 받기가 가장 힘이 듭니다. 대통령이 되거나 고시에 합격하는 일이 아무리 어렵다고 해도, 사람의 몸으로 태어나 불법을 만나는 인연에 비교할 바가 아닙니다. 다행히 사람 몸을 받은 지금, 정법을 찾아 부지런히 정진하기 바랍니다. 그러면 평화와 안정이 찾아옵니다. 반야의 지혜를 얻은 사람들이 전 세계에 늘면 늘어날수록 세계가 평화로워집니다. 아무리 바쁜 일상이라도 하루 오 분 이상 명상하는 습관을 가지길 바랍니다."

스님은 의사다. 몸을 고치는 의사가 아니라 마음의 병을 고치는 명의를 서원한 스승이다. 종산 대종사는 그 스님들에게 수행의 지표가 되고 있는 분이다. 스님이 내리는 병의 원인은 탐진치 삼독으로 인해 소욕지족의 삶을 성찰하지 못하는 데서 출발한다. 처방은 간단하다. 매일 참선을 하라는 것뿐이다. 그 힘이 쌓이다 보면 내가 먼저 변하고, 이어 가족을 변화시키며, 사회를 변화시킬 수 있다는 가르침이다.

승단에 대해서는 화합을 강조했다. 모든 스님들이 부처님의 제자라는 사실을 깨닫고 화합을 이룰 때 한국 선(禪)불교가 세계인에게 평화를 심어줄 수 있다는 것이다.

스님께 인사를 드리고 일주문을 나서려는데, 마침 한 보살님이 외출을 준비하고 있었다. 다음날 행사가 있어 과일이며, 채소를 사기 위해 한 시간에 한 대 있는 버스를 타고 시장을 가려는 중이었다. 마을로 나가 다시 버스를 갈아타야 시장에 도착한단다. 기자의 승용차로 나갈 것을 권하자 연이어 "고맙다"고 말했다. 올 때는 짐이 많아 택시를 타고 올 예정이라는데, 불과 몇 년 전까지만 해도 스님과 장을 보면 짐을 들고 버스로 왔다고 한다.

 보살사에 마음을 남겨두고, 다시 좁은 길을 지나갔다. 경운기를 만나 후진을 해 길을 내어줘야 했다. 이제 몇 달 후면 2차선 도로가 놓이고, 이런 번거로움도 해소될 것이다. 종산 대종사가 염원하는 '제대로 된 인류의 길' 역시 이른 시일 내에 열리기를 서원하면서 서울로 향했다.

안직수(불교신문)

종산 대종사 1924년생으로 1948년 광주 자운사에서 도광스님을 은사로 출가했다. 1949년 고암스님을 계사로 사미계를 수지한 스님은 이후 41년간 전국의 선원을 돌면서 수행에만 전념했다. 1954년 동산스님을 계사로 구족계를 받았으며, 근현대 한국불교 최고의 선지식인 용봉, 전강, 동산, 경봉, 금봉, 청담 스님 등에게 가르침을 받았다.

개심사 주지와 1988년 조계종 중앙종회 임시의장, 법제분과위원장을 역임한 뒤 1990년 직지선원 조실로 주석했으며, 1997년 원로의원에 이어 2004년 조계종 최고의 의결기구인 원로회의 의장으로 추대됐다. 전두환 전 대통령이 백담사로 유폐될 당시 종산 대종사를 찾아 세간에 화제가 되기도 했다.

● 하심과 부단한 정진을 강조하는 밀운密雲 대종사.

눈 뜨고 잠드는 날까지

밀운 대종사

 작열하는 뙤약볕이 대지를 달군다. 그 열기는 대지가 품은 한방울의 수분마저도 뿌옇게 토해내게 할 만큼 뜨겁다.
 서울에서 남양주 봉선사를 가는 길, 의정부를 지나 축석고개를 넘었다. 축석령祝石嶺. 조선시대 효심 깊은 아들이 아버지를 치료하려 산삼을 구하러 나섰다. 밤은 깊고 길까지 잃은 아들은 엎친 데 덮친 격으로 호랑이를 만났다. 호랑이에게 밤새 살려달라고 빌었는데, 알고 보니 호랑이는 바위였고 그 밑에는 산삼이 있었다는 전설이 전해지는 곳이다.
 43번 국도가 되어 6차선 도로로 변해 버린 축석고개. 효자에게 산삼을 준 바위는 축석 검문소 앞 공원으로 옮겨져 있다. 다행스럽게도 지금은 자동차마다 네비게이션까지 있으니 길 잃을 염려도 없다. 산삼을 구하고 목숨을 애걸하던 그때 그 효자처럼 우리는 무엇을 간절히 구해본 적이 있던가.

축석고개를 넘어 광릉내 길로 들어섰다. 구불구불 운치 있는 길이 한참을 이어진다. 광릉수목원 즈음을 지날 무렵, 하늘에서 굵은 장대비가 내리기 시작했다. 여름 볕의 폭정에 힘없이 대지를 떠난 수분이 꾸역꾸역 하늘에 갇혀 구름으로 해를 가리고, 급기야 성난 적란운이 되어 양동이로 퍼붓듯 굵은 물줄기를 퍼붓는 것이리라. 쏟아지는 빗 속을 자동차 와이퍼만 물색 모르는 어린애가 손 흔드는 마냥 움직여댄다.

봉선사에 도착해 밀운 대종사가 계신 곳을 찾았다. 비는 여전히 그칠 줄 모른다. 대종사가 머무는 곳은 '피우정避雨亭.' 즉, 비를 피하는 처소다.

밀운 대종사의 거처에는 행초서로 적힌 액자가 여럿 있다. 선교를 두루 겸수하며 박학하기로 소문난 대종사께서 직접 지은 선시禪詩다. 스님에게 삼배의 예를 올린 객이 그 가운데 하나를 가리키며 물었다.

"부목사시 기피우정負木捨柴寄避雨亭, 불관풍뢰 개안수면不關風雷開眼睡眠이라. '부목이 땔나무를 버리고, 이 정자에서 비를 피하려네. 태풍과 뇌성벽력도 상관하지 않고, 눈을 뜨고 잠에 들리라' 라는 뜻입니다."

밀운 대종사가 피우정에서 칩거를 시작할 때 지은 시다. 부목은 절에서 땔나무 등을 하는 일꾼을 말한다. '종단의 부목'을 자처하는 스님은 크고 작은 수많은 일을 해왔다. 서울 봉은사 땅 이만여 평을 찾아 삼보 정재를 지켜냈고, 총무원 부원장 소임 때는 경승단 설립에 중추적인 역할을 했다.

• 1967년 백일기도 회향을 기념하여 찍은 사진.

이 외에도 오십여 년 수행자로 살며 굵직굵직한 불사를 척척 해낸 장본인이다.

당시 봉은사 주지였던 영암스님은 총무 소임을 살던 밀운스님이 불가능해보였던 옛 봉은사 터를 되찾는 것을 보고 "허공에 논을 칠 사람"이라고 말했다. 그런 스님(부목)이 땔감을 버렸다니.

밀운 대종사는 "우주적인 관점에서 보면 우리가 지금 살고 있는 세계가 곧 피우정"이라며 "(부목이 땔나무를 버렸다는 것은) 천둥번개 치는 비바람이 얼마나 무섭나. 하지만 이는 잠시 지나가면 끝이지만, 사바세계의 시시비비는 천둥번개보다 무섭고 끊임이 없습니다. 무릇 현상을 그대로 바라볼 뿐 시시비비를 논하지 않겠다는 뜻"이라고 설명했다.

스님이 버린 것은 땔감이 아니라 번뇌였다. '피우정'은 밀운 대종사가 몸담은 작은 전각이지만 중생의 견지에서 보면 우주 전체가 곧 피우정이다. 바람과 태풍은 대중의 분노와 질시다. 스님은 1989년에 모든 공직을 놓으며, 그 시시비비를 논하지 않겠다고 다짐한 것이었다. 눈을 뜨고 잠에 들겠다는 말은 항상 깨어 우주 삼라만상을 바라보되 취하지 않겠다는 서원이었다. '피우정'은 단지 비를 피하는 곳이 아니라, 어리석은 상相의 껍질(皮愚)을 벗어내는 깨침의 공간이었다.

"무량공안 불조망어無量公案佛祖妄語, 중생망상 불조본성衆生妄想佛祖本性이라." 대종사는 "무량공안은 부처와 조사의 뜻이 다른 데 있어 모두 거짓말이요, 망상을 일으키는 그 놈이 바로 부처와 조사의 본성이라는 뜻"이라고 소개했다.

알 것 같다. 부처와 조사의 모습이 상相인데, 하물며 말이라고 다를까. 하지만 중생의 망상이 부처의 본성과 같다는 스님의 설명에는 뭔가 의심이 남는다.

"석가모니부처님이 영축산에서 연꽃을 들어 보인 그 모습에 속아서는 안 되고, 가섭존자가 그 꽃을 보고 웃었는데 그 웃음에 속아서는 안 됩니다. 부처님이 왜 연꽃을 들었는지를 알아야 하고, 가섭존자가 왜 웃었는지를 알아야 합니다."

피우정에 들어 비를 피하기는 했는데, 오기까지 비를 너무 많이 맞았나 보다. 객이 스님의 말씀에 중얼중얼 토를 단다.

"사람들은 겉모습만 보려고 합니다. 부처다 중생이다 하지만 망상 일으키는 그 마음자리가 바로 부처와 조사의 본성이에요. 본래 우리 본성은 청정한데 오염된 한 생각을 일으켜 망상이 된 것이라. 우리 마음이 본래는 청정한데 번뇌 망상에 가려져 있다고들 말하지만 본래 가려진 것도 없습니다. 번뇌 망상도 다 청정한 그곳에서 나오는 것이에요. 중생이 망상을 일으키기 전 그것이 바로 '나'이고 이것이 바로 불성佛性이고 자성自性입니다."

그렇다. '본래무일물本來無一物'이었다.

밀운 대종사는 1934년 황해도 연백에서 4대 독자로 출생했다. 4대 독자가 출가한다면 보통 집안에서는 어림없는 소리였다. 하지만 스님은 불심 깊은 부모덕에 출가할 수 있었다. 집 근처 망해사에서 기도 끝에 스님을 낳은 이유도 있었다. 밀운스님은 "태어날 때부터 부처님과 인연이 남달랐다"면서 "어릴 적 방학이면 망해사 스님에게 한문 공부를 했다"고 말했다.

한국전쟁 때였다. 스님은 1·4후퇴 이후 고향 황해를 떠나 피난을 나왔다. 친척을 따라 서울 노량진에서 살던 밀운스님은 은사 대오스님을 만났다. 대오스님이 "스님이나 한번 해봐라" 하는 말에 출가를 했다. 법명은 부림部林. 스님 나이 열아홉살 때였다.

경북 영주 초암사에서 행자 생활을 했다. 은사 스님은 행자였던 밀운스님에게 밥상까지 손수 들어다주며 "공부나 열심히 하라"고 했을 만큼 정성을 쏟았다.

대오스님은 검소함을 강조하던 선방 수좌였다. 밀운스님은 "은사 스님은 늘 참선과 욕심 없는 삶을 강조했다"며 "입적했을 때 가위, 돋보기, 실

* 월운스님, 진제스님과 함께한 밀운스님(오른쪽부터).

타래, 손톱깎이가 전부였을 정도로 올곧은 수행자였다"고 회고했다.

이후 스님은 봉선사 운허스님에게 건당했다. 건당은 계를 준 은사가 아닌 다른 스님의 제자로 입적하는 것. 운허스님은 일생을 팔만대장경 한글 번역에 매진했던 근현대 대강백이다. 현재 봉선사 조실인 사형 월운스님이 스승에게 밀운스님을 추천하면서 건당 제자가 됐다. 운허스님이 지어 준 '밀운密耘'이란 법명은 평소 스님의 남모르는(密) 수행 정진(耘) 때문이었다.

1954년 스님은 군에 입대했다. 의무병이었던 스님은 군에서도 계를 철저히 지키려고 노력했다. 저녁에는 이불을 뒤집어쓰고 참선을 했다. 어느 날 은사 스님과 후일 총무원장을 지낸 동암스님이 면회를 왔다. 다음날 포천 동화사 법당에 다녀오면서 동암스님이 "부처님이 시원찮아"라는 말을 했다.

밀운스님은 '부처 중에도 시원찮은 부처가 따로 있나'라는 의문이 들었다. 의문을 붙잡고 정진했다. 그 의문이 화두가 됐던 것이다. 스님은 "천칠백 공안, 큰스님에게 받는 화두만이 전부가 아니다. 내가 의심을 가진 화두가 돼야 진짜 화두가 되고, 오매일여가 된다"고 강조했다.

보름쯤 지났을까? 스님은 무릎을 탁 쳤다. 그리고 한 생각을 얻었다. '부처행을 하면 모두가 부처(佛行佛)'였다. 스님은 그 길로 외출증을 끊어 서울 적조암 녹야원으로 동암스님을 찾아갔다. 밀운스님의 이야기를 들은 동암스님은 껄껄 웃었다. 동암스님은 "동화사 불상 조성이 시원치 않다고 말한 것을 밀운스님이 잘못 알아들었다"며 "그래도 불행불이란 답을 얻어낸 진전이 대단하다"고 말했다.

이후 밀운 대종사는 '스님이면 계를 지키며 살아야 스님이고, 사람이면 사람답게 살아야 한다(僧行僧 人行人)'는 생각을 한순간도 잊지 않고 살아왔다. 대종사는 "그때의 일이 평생 공부에 도움이 됐다"며 "세속의 공부도 머리로만 외운 것은 실實이 없다. 직접 부딪혀 깨달은 생각이 있어야 철학이 되고, 사상이 된다"고 강조했다.

"요즘 '너도 부처, 나도 부처'라면서 '개도 부처' '소도 부처'라는데 나는 그것이 틀렸다고 생각합니다. 깨닫지 못했으면 다 중생이에요. 단 불성은 누구나 갖고 있고, 누구나 다 부처될 가능성을 품고 있는 것은 맞습니다. 산천초목과 바닷속 어류에도 불성이 있고, 그 불성에는 아무 차이가 없습니다. 하지만 성품은 같을지 몰라도 수행을 하고 깨달아야 부처입니다."

'스님은 스님답게, 사람은 사람답게 살며 쉬지 말고 정진하라'는 밀운 대종사의 말씀은 간결하면서도 깊이를 헤아리기 어려운 큰 가르침으로 다가왔다.

원로 밀운 대종사는 지금도 부목을 자처한다. 스님이 화장실 청소까지 도맡아 했을 때는 칭송보다 '흉물 떤다'는 손가락질이 돌아오기도 했다. 하지만 비밀리에 수행 정진하는 밀운 대종사의 행行은 그칠 줄 몰랐다.

사중 일을 내 일처럼 하다 보니 대종사께서 취득한 특허가 다섯 개나 된다. 특이한 이력이다. 하수구용 배수전, 칫솔, 촛대의 받침반 구조, 연등의 프레임 결합구 등. 일을 하다 불편하면 궁리를 했고 그것은 바로 아이디어로 이어졌다.

"일하는 것이 좋다"는 스님은 지금도 꼼꼼한 손놀림에다 부지런함과 절대 함부로 보고 넘기지 않는 성격까지 더해져 최고의 '부목'이 되었다.

지난달 여름밤 산사를 연꽃과 선율로 수놓았던 '봉선사 연꽃축제'를 있게 한 봉선사 연꽃밭도 밀운 대종사가 원력으로 일군 것이다.

종단에서는 원로회의 부의장으로 사중에서는 회주로서 부목 소임을 톡톡히 해내고 있는 스님은 수행자의 본분 역시 하루도 잊은 적이 없다. 밀운스님은 지난 사십여 년 아침 예불과 백팔 배, 울력, 참선을 빠뜨린 적이 없다.

대종사는 "백팔참회는 부처님에 대한 믿음에서 시작한 것이 사십여 년을 하게 됐다. 매일 백팔 배를 하니 하는 일마다 술술 풀리고 건강도 아무 문제가 없다"고 말했다.

1985년 성수, 고산, 원담, 정무 스님 등과 스리랑카 불치탑 순례를 갔을 때도 스님은 백팔 배를 쉬지 않았다.

"백팔 배를 마치고 참선을 하는데 불현듯 '무원근無遠近'이 떠올랐습니다. 멀고 가까운 것이 없는 것, 태어남도 죽음도 없는 그런 경지. 환희심이 일어납니다."

만년 부목, 밀운 대종사의 원동력은 예불과 백팔 배다. 부처님 제자로서 당연한 일이지만, 매일 실천한다는 것이 "정말 힘든" 일이다. 생활에 완전히 배야만 가능한 일이면서, 또 수행자로서, 불자로서 가장 기본이 예불과 수행 아닌가.

"산은 모든 짐승을 가족으로 안아 들이고, 물은 어해(물고기와 어패류)들을 어루만져준다(山抱禽獸族 水摩魚蟹羣)."

스님은 한 켠의 액자를 가리키며 "산은 짐승이든 나무든 말없이 모두 품어주고, 물은 드러내지 않고 물속에 사는 모든 것을 어루만져 준다"며 "산과 같고 물과 같은 마음이 자비"라고 강조했다. 또 "양보하고 용서하면 싸울 일이 없다. 자비, 존경, 양보, 용서를 지키는 것이 성현을 닮고, 성현이 되는 삶"이라고 말했다.

"꽃은 벌떼를 불러 모으고, 벌은 꽃향기를 좋아하니, 꽃과 벌은 서로 돕기에, 이 세상 끝날 때까지 서로 나빠질 일이 없다(花召群蜂 蜂樂花香 花蜂相助 終古不變)."

밀운 대종사는 "부처의 마음을 일으키는 놈이나 중생의 망상을 일으키는 놈 모두 같은 나 자신"이라며 "진흙의 더러움에 물들지 않고 청정한 꽃을 피우는 연꽃처럼 스스로 생각을 돌이켜 심성을 정화하며 살아야 한다"고 강조했다.

객이 피우정을 나설 때는 하늘이 말갛게 개어 있었다. 태양의 폭압에 대지를 떠났던 물기도 초목의 생명수로 제자리를 찾은 듯했다. 축석검문소 앞 공원 한켠의 축석도 그대로였다. 우리는 무엇을 원해야 하나? 무엇을 간절히 원해야 하나?

조동섭(현대불교신문)

밀운 대종사   1934년 황해도 연백에서 출생했다. 1954년 경북 영주 초암사에서 대오스님을 은사로 출가해 비로사에서 무강스님을 계사로 사미계를 받았다, 1971년 봉선사에서 석암스님을 계사로 보살계와 비구계를 수지했다.

1972년 봉선사에서 운허스님을 법사로 건당했다. 1967년 비로사와 봉선사에서 교과 수료. 1982년 스리랑카 승가사 범대학 미투라 박사학위삼장법사, 1983년 스리랑카 국립 푸리베나 대학에서 철학박사 학위를 받았다. 같은 해 동국대 행정대학원을 수료했으며, 고려대 경영대학원과 1985년 서울대 행정대학원 발전정책과정을 수료했다.

불국사, 통도사, 해인사 등 제방의 선원에서 안거한 스님은 제5~9대 중앙종회의원과 총무원 부원장, 봉은사·봉선사 주지 등을 역임했다. 총무원 부원장 때는 경승단을 창립했고 봉은사 주지 때 현재의 봉은사 땅을 되찾은 장본인이다. 현 조계종 원로회의 부의장의 소임을 맡고 있다.

• 선차禪茶의 대가인 지종知宗 대종사가 직접 제다한 전다錢茶의 향을 음미하고 있다.

내 부처 속이지 말고 언행일치하며 살자

지종 대종사

　전남 영광군 불갑면 모악리에 위치한 불갑사佛甲寺는 역사서에 기록된 현존 최고最古의 사찰이다. 백제에 불교를 처음 전한 인도의 마라난타摩羅難陀 스님이 중국 동진東晋을 거쳐 백제 침류왕 1년385년에 영광땅 법성포로 들어와 불갑산 기슭에 처음 창건한 절이다. 모든 불교 사찰의 시원始原이요 으뜸(甲)이 된다고 하여 불갑사라고 이름지었다고 한다.
　피서 행락객으로 주차장이 되다시피 한 서해안고속도로 상에서 쏟아지는 뙤약볕을 피해 고속도로를 벗어나니 불갑산 자락을 따라 지방도로가 나타난다. 봄이면 벚꽃이, 9월이면 전국 최대 군락을 이루는 상사화(꽃무릇)가 만개해 장관을 이루는 불갑사 가는 길은 마침 8월이라 눈부신 백일홍 군집으로 장엄되어 있다. 1623년 전 마라난타 스님은 법성포에 도착해 이 길을 따라 불갑사에 이르렀을 것이다. '마라난타 스님이 서쪽에서 온 뜻(摩羅難陀西來意)'을 화두 삼아 잘 단장된 등산로를 달려간 불갑사는 모악산이 연출한 푸르름 속에서 웅장한 자태를 드러내고 있었다.

마라난타불교대학 사무소 겸 종무소에 들러 불갑사 주지 만당스님을 뵙고 차茶를 나누며 잠시 휴식을 취한 후 도량을 가로질러 조실채의 염화실拈華室에 들어섰다. 고불총림 방장 수산壽山 지종知宗 대종사께 삼배를 올리자 자상한 할아버지의 음성이 들려온다.

"더운데 먼 길 오느라 고생 많았네. 우선 차 한 잔 들게나."

스님이 직접 제다해 내어놓은 전다錢茶, 잎을 쪄어 만든 차는 노란 빛에 맑은 향기와 부드러운 맛이 일품인 명차였다. 스님은 1975년부터 불갑사에 주석하면서 백제불교 초전가람지를 복원하는 일에 매진하며 선다일미禪茶一味의 생활선을 선양해왔다. 기축년을 맞아 미수米壽·88세가 되신 스님은 8년 연상의 사형 서옹(조계종 종정 역임, 1912~2003)스님처럼 장수하면서, 언제든 천진한 미소로 선재동자들에게 차별없는 안심安心 법문을 일러주신다.

내일 모레 아흔이 믿기지 않는 정정한 모습에 건강 비결부터 여쭈었다.

"이젠 늙어서 안 아픈 곳이 없어. 그저 요가 힘으로 살아. 병원 가자고 하면 겁이 나. 돈이 많이 들잖아. 나는 저녁 10시면 잠을 자고 2시 40분에 기상하지. 6시 아침 공양 전까지 예불하고 요가, 참선 정진을 하면 시간이 빠듯하지. 20년 넘게 꾸준히 운동을 하고 규칙적인 생활을 하면 큰 병은 안 생겨."

수산 대종사의 또 다른 건강 비결은 직접 제다하신 차茶에 있었다. 차는 예로부터 정신을 맑고 편안하게 하고 피를 청정하게 해서 공부하는 데 도움이 되는 음료로 알려져 있다. 조주스님의 '끽다거喫茶去, 차 드세요' 공안이 대표적인 화두로 자리 잡았듯이 선가에서는 차 마시는 행위가 그대로 선 수행이기도 하다. 차를 만들 때 망념 없이 여일如一하게 임해야 좋은 차를 만들 수 있고, 차를 우리고 마실 때도 고요히 번뇌 망상을 내려놓고 임하면 평상심이 실현된다는 게 스님의 설명이다.

안부 인사를 마치고 이제, 세간에서의 삶을 화두로 본격적인 질문을 드렸다.

"2008년 한 해는 국제적인 금융 위기로 국민들이 고통을 받았고, 불교계는 이명박 정부의 종교 편향으로 최근까지도 불편한 시절이었습니다. 어떻게 보셨는지요."

"불교에서는 정상말正像末 삼시三時라고 해서 정법, 상법, 말법으로 시대를 나눠. 정법正法은 교敎와 행行과 증證이 고루 갖춰진 오백 년이요, 상법像法은 교와 행은 있으나 증이 없는 일천 년이요, 말법末法은 교만 있고 행과 증이 없는 일만 년을 가리키지. 우리는 말법 시대인 말세에 살고 있는데, 스님들은 인과가 있다고 말만 할 뿐 스스로는 인과를 지키지 않는 게 가장 큰 병폐야. 부처가 못될지언정 사기꾼이 되면 안돼. 자기는 인과를 믿지도 않고 정진도 하지 않으면서 남에게 잘 살라고 하면 안돼. 자기를 회광반조回光返照 해가면서 남도 그렇게 해나가도록 일러줘야 해. 우리가 받은 게 모두 공업소생共業所生이야. 정신 못 차리면 또 다시 윤회하며 업을 짓고 말지."

 스님은 불교가 이웃 종교인의 차별을 받는 것은 수행을 제대로 하지 않은 자업자득임을 강조하셨다. 종교편향 사건을 계기로 인재 양성을 소홀히 하고 청정 수행 가풍을 확립하지 못한 자성의 계기로 삼아야 한다는 가르침이다.

 "불법을 모르는 이는 훼불을 못해. 고려말 사찰 재정이 국가보다도 많았던 귀족불교의 폐해를 보고 정도전이 '폐불론(佛氏雜辨)'을 썼듯이, 불교를 잘 아는 사람들이 오히려 훼불을 하지. 지금도 사정이 비슷해. 스님들이 청정하게 살지 못해서 인재를 키우지 못하니까 불교를 핍박해도 큰소리를 못쳐. 자화자책自禍自責이니 그들을 나쁘다고 욕할 것도 없어. 우리 스스로 정화를 해나가야 해."

 이러한 말세에, 게다가 외도外道가 득세하는 이런 시기에 나라가 평안해져서 국민 모두 안심하고 살 수 있는 방도는 없을까. 스님은 결국 저마다의 행복은 각자의 마음을 바로 쓰는 것으로부터 시작돼야 한다고 당부하신다.

 "부처님이 정반왕 아들로 사바세계에 태어난 것은 중생 교화를 위한 거야. 그런데 부처님도 사람 몸을 받은 지라 무수한 전생부터 익혀온 습기가 있었거든. 4성 계급의 모순과 인생의 무상을 느끼고 출가해서 깨닫고 나서 하신 말씀이 '마음을 잘 써라' 하는 거야. 자성自性 자리를 깨달아 본래 마음 그대로 옳은 일을 실천궁행實踐躬行하라는 거야. 그러면 개인도 사회와 나라도 평안해지지."

• 미수의 고령에도 꼿꼿한 자세로 포행하는 지종 대종사.

　세상의 평화는 결국 지구촌 사람 저마다의 마음의 평안으로부터 시작되는 것. 그렇다면 마음공부를 어떻게 해야 개인의 해탈을 성취할 수 있을까. 결국 나와 세상이 모두 행복하게 산다는 것은 수행의 문제로 귀착되지 않을 수 없다. 나고 죽음이 없는 본래의 마음, 자성自性을 깨달을 수밖에.

　"자성 자리는 형체가 없지만 또한 없는 것도 아니야. 이 자리를 깨달으면 생사도 없고 성주괴공成住壞空도 없어. 하지만 한 생각 잘못해서 나쁜 행을 하고 과보를 받으며 육도윤회六道輪廻를 하니까, 이걸 바로잡아 개미 쳇바퀴 돌 듯한 윤회에서 벗어나자는 게 바로 이 공부야.

　옛날 공부할 때는 화장실에 자주 안 가려고 먹는 것도 줄일 정도였지.

그만큼 일이 많고 공부할 시간이 없어서 참선 시간이 소중했던 거야. 포만감이 있으면 혼침에 빠지니까 건강만 유지할 정도로 소식하며 화두 일념에 들곤 했지. 그런데 요즘엔 너무 편하게 대접받으면서 공부하려고 들어. 말해도 듣지 않고 싫어하니까, 경책을 안 하니만 못해."

수산스님은 만암스님을 모시고 공부할 때가 가장 일여하게 공부가 될 때라고 회상했다. 70여 년 전, 혈기왕성할 때의 공부 경험담은 오랜 세월이 흘러도 큰스님의 목소리를 통해 다시금 생생하게 다가온다.

"내가 행자 때는 경전도 못 보게 하고, 법당에 예불도 못 하게 했어. 일만 시키는 거야. 그때만 해도 염불을 배워 환속한 뒤 가짜 중노릇하는 이가 많았거든. 한번은 예불이 너무 하고 싶어서 법당에 들어갔다가, '심부름 안하고 뭐하냐?' 며 혼을 내시기도 하셨어. 계를 받고 비로소 《초발심자경문》을 배우면서 출가 생활의 소중함을 느꼈지."

수산스님은 열아홉 살에 출가해서 스무 살에 계를 받았는데, 당시에는 "사람이면 다 사람이냐, 사람이 사람다워야 사람이지" 하시는 만암스님 말씀을 자세히 해득하지 못했다고 한다. 나중에야 그것이 바로 '참사람(無位眞人, 불성을 상징함)'을 말한 것이로구나 하고 느끼게 됐다는 것.

"참으로 인간다운 인간, 참사람이 되는 게 부처님 법이지. 총무원장이나 주지 하려고 중 된 거 아니잖아. 마음 밝혀 생사를 초탈하고 육도윤회에서 벗어나려는 것이 공부야."

한국 최초의 총림인 고불총림을 설립(1947년)한 만암(1876~1956년)스님은 조계종의 종조를 태고 보우국사에서 보조 지눌국사로 바꾼 것을 환부역조父易祖라며 크게 나무라셨다고 한다. 보조선사를 육조六祖가 아닌 신수神秀스님 계열로 본 것이다. 그만큼 돈오돈수頓悟頓修, 단박 깨달아 단박에 닦는 바 없이 닦음의 종지에 투철한 만암스님으로부터 수산스님은 어떤 화두를 받아서 참구했을까?

"만암스님으로부터 '이뭣고?' 화두를 받은 후 지금껏 챙기고 있지. 스님은 '이뭣고' 화두를 강조해서 '이먹고 노장'이라고 불리셨어. '이 무슨 물건인고?' 하는 '이뭣고?' 화두는 내게 무슨 물건이 있어서 춥고 더운 줄 알고, 짜증 내고 기뻐할 줄 아는지 참구하는 거야. 형체도 없는 놈이 온갖 일을 하는데, 그놈이 도대체 무엇인가 하고 의문을 품는 거지. 우리 마음은 마치 전기와 같아서 형체는 없지만 스위치를 켜면 형광등처럼 빛을 발하거나 기계를 돌리는 등 온갖 일을 하지."

대종사께 화두 공부를 하다 쭈욱 이어지기가 쉽지 않을 때 어떡해야 할지, 추가 질문을 드렸다.

"'이뭣고?'를 자꾸 찾아야지. 어디로 가나 찾아야지. 연속으로 화두를 챙겨야 줄줄 물길이 이어지듯 내려가거든. 공부가 잘 되면 물길도, 나도 끊어지는 절대 경지에서 견성見性이 이뤄지는 법이야."

하지만 일상생활에 바쁜 재가불자들이 화두를 챙기기란 사실상 어렵다. 이런 분들은 어떤 방편을 택하는 게 좋을까? 스님의 답은 단순명쾌했다.

"화두가 쉽지는 않지. 그런 사람들은 염불을 부지런히 하면 돼. 염불이 익어지면 '염불하는 놈이 누구냐?' '어떤 놈이 관세음보살을 부르는고?' 하며 참구하면 돼."

고준한 수행담과 참선 법문을 듣자니, 다시 세속에 사는 고달픈 사람들의 불안한 마음이 떠올랐다. 불자들을 비롯한 시민들이 고단한 삶속에서도 평안한 마음으로 살 수 있는 요체를 일러달라 청했다.

"물질문명이 극도로 발전하다 보니 이제는 좀도둑들도 사람까지 죽이고 물건을 뺏는 극악한 세상이 되어버렸어. 인간이 편히 살려면 다툼이 없어져야 해. 그러려면 부자와 가난한 사람이 서로 존중해야지. 마음 편히 살려면 무엇보다 일체 구하는 것을 쉬어(休歇)버려야 해. 일체 욕심을 버리면 돼. 그런데 버리라면 못 버려. 못 버리니까 시끄럽지. 자기를 비울 줄 알면 복이 없어도 힘들지 않은 법이거든."

지종 대종사는 비우고 버리기 위해서는 소욕지족少慾知足하는 마음자세가 기본이란 말씀을 거듭 강조하셨다. 아울러 누구나 '본래 부처' 임을 확신하고 거짓 없는 삶을 사는 게 바로 수행임을 일깨우셨다.

"자기 일생이 족한 줄 알면 큰 복이야. 족한 줄 모르고 불평불만 하면 가진 게 많아도 괴로워. 그러니 불량한 마음 쓰지 말고 늘 회광반조하며 자신을 살필 줄 알아야 해. 떡 한 쪽도 같이 나눠먹는 복 짓는 마음으로 살면 편해. 우리가 사람으로 태어나 남을 도울 수 있는 것도 다 부모님 은공이야. 내 것만 만들고 살면 사람 도리가 아냐. 무엇인가 도울 수 있으면 도와야 불자 아니겠어. 그러니 무엇보다 욕심이 없어야 해. 그런 다음 바르게 믿고 법대로 행하면 돼. '니가 부처다. 그러니 니 부처를 잘 다스려라' 이 말이야. 우린 다 부처인데, 부처가 부처를 속이고 있으니 문제지. 내 마음 속이지 않는 게 내 부처를 속이지 않는 것임을 잊지 말고 참된 삶을 사시

길 당부하네."

마지막으로 필자는 당돌한 질문을 하나 올렸다.

"사형이신 서옹스님은 앉아서 입적하셨는데, 스님께서는 어떻게 입적하시겠습니까?"

"좌탈입망坐脫立亡, 앉거나 서서 입적하는 것한다는 건 제정신을 가지고 간다는 뜻이야. 누워서 가건 앉아서 가건 모양이 중요한 게 아니지. 혼돈混沌에 빠져서 죽지 않으려면 늘 정신을 차려야지."

짓궂은 질문에도 죽는 순간까지 깨어 있는 삶을 당부하는 스님의 법문이 답으로 돌아오니 더욱 환희심이 났다. 대담 내내 자기를 속이지 않는 언행일치言行一致를 강조한 큰스님은 안분지족安分知足하며 늘 남에게 감사하고 이웃을 공경하며 살면 힘든 인생살이도 이겨낼 수 있을 것이라 말했다. 거룩하고 고상한 것만을 진리로 알고 '이치를 깨치는(理入)'데만 관심을 두는 수행자들이 많은 한국불교의 현실에서, 이해하고 '깨달은 만큼 여실한 실천행(行入)'의 중요성을 강조한 법문은 언제든 초발심으로 구도행에 나설 불자들에게 나침반이 되리라 생각된다.

새롭게 발심한 이들은 저마다 하나의 방편을 정해 날마다, 달마다 깊어지는 자기 개혁의 시절이 도래했으면 하는 바람을 안고 불갑산에서 하산했다. 상경하는 길 내내 '마라난타스님이 인도에서 온 뜻은 과연 무엇일까?' 하는 화두는 여전히 귓가를 맴돌았다.

김성우(현대불교신문)

지종 대종사 1922년 전남 장성에서 태어난 지종스님은 어려서 부모를 여의고 삼년상을 마친 19세(1940년)에 백양사로 출가했다. 이듬해 법안스님의 위패상좌가 되어 부전 소임을 보며 강원을 이수하고, 1943년 비구계를 수지했다. 이후 고불총림을 설립한 만암스님을 오랫동안 시봉하고 전법게를 받았다. 스님은 만암스님을 시봉하면서 익힌 수행력을 바탕으로 겉으로 표 안내고 정진하면서 수행자의 본분사에서 한 치도 벗어나지 않아, 색심色心과 물욕이 없는 수행승으로 이름이 높다.

스님은 1957년부터 완도 신흥사, 부안 개암사, 백양사 주지, 학교법인 정광학원 8대 이사장을 역임했다. 스님이 가지고 있던 소장품을 정리해 정광학원에 기증한 스님은 이때부터 가진 것이 있으면 공부가 되지 않는다며 평생 은행통장을 가지지 않았다.

1975년부터 불갑사에 주석하고 있는 스님은 1986년 조계종 원로의원, 2004년 백양사 고불총림 방장에 추대되어

후학을 지도하고 있다. 구순이 가까운 세속 나이가 믿기지 않을 정도로 수행과 후학 제접에 열정적인 스님은 "마음과 몸이 함께 건강할 때 공부도 된다"며 참선과 호흡을 기본으로 서른여 가지 동작을 스스로 개발해 매일 아침저녁으로 참선 정진과 병행하고 있다. 특히 선차禪茶의 대가로서 '선다일미禪茶一味'의 평상심으로 살아온 것도 건강 비결의 하나이다.

• 만물선을 주창하며 선禪을 널리 홍포하고 있는 성수性壽 대종사.

천하만물 중에 선禪 아닌 게 없다

성수 대종사

　백두대간 정기가 태백산맥을 거쳐 소백산 죽령으로 흘러들더니 문경새재를 넘어 덕유산으로 굽이친다. 다시 그 정기는 높고 낮은 산들을 타며 흐르다가 지리산으로 들어가기 전 함양에서 머문다. 한반도의 모태母胎에 해당된다는 경남 함양 땅. 그중에서도 안의면은 모태 가운데서도 정중앙이다. 해발 1,193미터의 황석산 자락에 수행터를 닦아 출재가자들을 제접하고 있는 활산당活山堂 성수性壽 대종사. 스님이 개설한 도량 황대선원은 백두대간의 혈을 온몸으로 받고 있는 곳이다.

　황대선원은 마을 사람들과 어울린 마을 중간에 자리하고 있다. 주변에 하늘 높이 자란 대나무들이 선원 납자들의 정기를 대변하는 듯한 것을 빼고는 여느 수행처와 다르지 않다. 하지만 근본적으로는 다른 수행처임은 틀림없다. 언제나 새 땅을 찾아 도량을 만드는 성수 대종사의 혜안이 들어 있다. 대종사는 '묵은 땅에서는 새로운 것을 담아낼 종자가 나오지 않는다'는 지론을 가지고 있다. 그래서 주석처도 많이 옮긴다. 한 곳에 머물다가도 새롭게 좋은 터가 있으면 도량으로 다진다.

 현재 주석하고 있는 곳도 15여 년 전 닦은 도량이다. 2년 전만 해도 경남 산청의 해동선원에 주석했던 대종사는 다시 황대선원으로 들어와 정진하고 있다. 성수 대종사의 가르침은 언제나 파격적이고 공격적으로 보인다. 하지만 그 내면에는 아주 평범하고 보편적인 진리가 숨쉬고 있다. 느닷없는 방문에 "뭣 하러 왔어. 다 늙은 중한테……"라고 말하며 화두 참선에 있어 살아 있는 활구活句에 대한 목마름을 여지없이 드러냈다.

 "우리나라 큰 절이나 작은 절 할 것 없이 제대로 된 화두 일러주는 중이 없어. 그렇지만 화두 타러 온 불자들은 많지. 화두를 무슨 물건마냥 척척 던져주고 받는데 이런 불자들 중에 화두로 견성한 사람 있으면 내 목 베러 와도 좋아. 화두는 모양과 형상과 이론과 논리를 초월한 자리에 있어. 화두는 그것을 받아 이해하는 '산 사자새끼'가 있을 때 들려주는 거야. 요즘 아무 절에서나 화두를 척척 던져 주는데 그런 사람들은 모두 바보야. 부처님은 49년 동안 전법해도 그 뜻 알아듣는 이 없다가 가섭이 꽃을 들고 있는 모습 보고 미소를 지었고, 다자탑전에서 자리를 나눴고, 열반한 후에 관에서 발을 내밀었는데 그것이 화두야. 49년 동안 설한 것으로 삼처전심으로 전한 것뿐이야. 요즘 많은 중들이 큰 절 맡아서 대중 거느리고 사는 데도 산 사자새끼 한 마리 안보여."

이 가르침은 곧 일상생활의 모든 게 화두라는 말이다. 대종사가 즐겨 쓰는 글 가운데 '만물선萬物禪'이 그 핵심을 투과하고 있다. 화두로 견성한 사람 있으면 자신의 목을 베어가도 좋다니! 이 얼마나 파격적이고 도발적으로 보이는 말인가? 하지만 면밀히 살펴보면 박제화되고 표피적인 참선 수행으로 일관되고 있는 우리의 수행 풍토에 일갈—喝을 하며 장군죽비를 치는 통쾌한 경책으로 이해된다.

성수 대종사는 이러한 매너리즘mannerism에 빠지지 않기 위해 수행처를 자주 옮기기도 한다. 몇 년 전까지만 해도 산청 해동선원에 머물렀다. 그 전에는 이곳 황대선원에 머물렀고, 그 전에는 용추계곡에서 농막을 치고 수행했다. 그 전에는 서울 법수선원에 머물렀다.

"번잡스러운 곳을 떠나서 조용히 숨어 살면서 수행하면 공부가 더 잘 되지. 하지만 많은 사람들이 찾아오니 어쩔 수가 있나. 자연스럽게 공간이 비좁으니 산 좋고 물 좋은 곳을 찾아다니게 돼."

어떤 스님들보다 많은 교구본사 주지를 역임한 대종사이지만 당신은 총림이나 교구본사에 주석하기를 거부한다. 문화재 관람료에 얽매여 전통사찰의 수행 풍토가 실종됐음을 적시하며 사찰의 본래 목적과 역할을 강조한다.

"수행 이전에 절이 뭐하는 곳인지 알아야 해. 입장료니 하는 것은 절이 묵은 땅이 돼버렸기 때문에 나오는 말들이지. 절에 오는 사람은 우선 자신이 뭐하는 사람인지 확실하게 알아야 하지. 부처님은 출가해서 늙어 병드는 것을 보고 '사람들이 왜 죽나' 하는 고민을 했지. '안 죽는 도리가 없나' 하는 생각으로 고뇌하고 깨달아 전 인류가 의지하고 있잖아. 절은 생로병사生老病死를 초탈해 영원히 잘살기 위한 도를 배우러 가는 곳이야."

대종사는 사찰의 고유한 기능을 부처님의 가르침에 접목시켰다. 2600여 년 전 고타마 싯달타가 네 개의 궁궐 성문을 돌아보며 '인간은 왜 나서 늙고 병들고 죽는지'를 고민했던 근본적인 문제에까지 천착시킨다. 그래서 사찰은 그 문제를 해결하기 위한 제반 시설을 갖춰야 한다는 것을 강조한다.

"거기(절)에 가서는 하루는 (안 늙어 죽는 법 가르쳐 달라고) 사정하고, 하루는 애원하고, 하루는 항의하는 곳이야. 그래도 안되면 '네 이놈 부처야, 대자대비는 어디 팔아 쳐 먹고 (안 늙어 죽는 법) 안 가르쳐 주냐' 고 항의하는 절실한 마음 가지고 가야 하지."

역시 투박하고 거친 역설 속에 보편의 진리가 감춰져 있었다. 경상도의 억센 사투리 속에는 진리에 대한 간절함을 추구하는 수행자의 진지한 자세가 묻어 나왔다. 대중이 대종사의 가르침을 따르는 이유도 여기에 있었다. 성수 대종사가 설파하는 가르침에는 철저한 수행의 경험에서 우러나오는 실체가 숨 쉬고 있었다.

성수 대종사의 출가 동기는 범상치 않았다.

"내 어렸을 적 별호(별명)가 '햇 노인' 이었어. 요샛말로 '애늙은이'라는 말이지. 왜 그런 별호를 갖게 됐는고 하니, 같은 또래의 친구들과는 놀지 않고 언제나 노인들이 모여 있는 곳에 한자리 차지하고 노인들이 주고받는 이야기에 빠져들기 일쑤였기 때문이야."

그 노인들의 이야기 중에는 원효대사가 의상과 함께 당나라로 유학을 떠났다가 해골에 고인 물을 마시는 대목이 있었다.

"원효와 의상스님이 깨달음을 얻은 이야기라든가 왕이 고승들 앞에서 금강삼매경을 풀이하여 존경을 받았다는 이야기 등등 원효대사의 대장부다움에 흠뻑 취해 언젠가는 나도 출가해서 원효대사와 같은 도인이 되겠다는 생각이 출가에 크게 작용했던 게지."

열아홉 살 되던 해에 부친의 별세로 인생무상을 뼈저리게 느낀 대종사는 출가하기로 결심하고 가족에게 말하자 형님이 출가를 막을 요량으로 동네 노인들의 허락을 받아 올 것을 명했다고 했다.

"형님께서 말하길 네가 출가를 하면 내가 너를 못살게 굴거나 잘 다스리지 못해서 출가하는 줄로 동네 사람들이 오해를 할 테니 동네 노인들의 허락을 받아오라고 하는 거야. 나의 출가를 막을 속셈이었지. 그래서 동네 노인들을 죄다 찾아다니면서 십 년 내에 원효대사 같은 훌륭한 도인이 되어 돌아올 테니 허락을 해달라고 애원도 하고 설득도 했어. 그 결심이 너무나 간절해 보였는지 동네 노인들이 모두 허락을 했어. 그러고는 동네 사람들이 모두 모인 자리에서 십 년 후에 반드시 돌아오겠다는 서약서를 쓰고 난 후에야 출가를 했어. 장가를 보내려고 준비해 놓은 옷 보따리를 지고 집을 떠날 때 어머니께서 흘리시던 눈물이 지금도 눈에 선해……"

일 년 동안 전국을 돌아다니며 스님들이 생활하는 것을 본 성수 대종사는 원효대사 같은 큰 도인은 없고, 스님들이 절에서 놀고먹는 사람들처럼 한심하게 보였단다. 그러던 중 범어사에 당도했을 때인데 법당 앞에서 고래고래 소리를 질렀다.

"이 절에 원효대사 같은 큰스님이 있으면 내 앞으로 어서 나오시오. 내가 따질 이야기가 있으니 어서 나오시오."

절이 떠나가라고 그렇게 소리를 질러대니 젊은 스님들이 성수 대종사를 쫓아내려고 애를 썼다. 이렇게 당돌하게 대들자 한 노스님이 나와 말을 걸었다.

"'총각, 자네가 참 기특한 생각을 하고 있네' 하시며 나의 등을 툭툭 두드리시는 거야. 나중에 알게 되었지만 그 스님이 도인이라고 소문난 하동산스님이었어."

스승 찾는 일을 포기한 대종사는 천성산 내원사 조계암에서 정진하다 성암스님을 만나 초발심자경문을 49일 동안 십만 번 독송하고 은사의 인연을 맺고 수행자의 길에 들어서게 된다. 그 후 은사 스님을 따라 강원도 정선 갈래사(현재의 정암사)로 가서 용맹정진에 돌입한다.

"갈래사에서 겨울 한철을 지낸 뒤 원효대사가 공부했다는 함백산 토굴터에 움막을 지어놓고 십 년쯤 공부하면 큰 인물이 될 것이라 생각했어. 그곳에서 아무런 근심걱정 없이 풀만 뜯어 먹으며 잘 지내며 정진하다가 약초를 캐러 올라온 촌부를 통해서 우리나라가 해방이 되었다는 소식을 듣고 산을 내려왔어."

'젊은 사자새끼'가 되어 진리에 굶주린 '수좌 성수'는 거침이 없었다.

"구산스님이 해인사에서 도감을 맡고 계실 때였어. 스님이 먼저 공양주를 하라고 해서 나는 '어떻게 하는지 모른다'고 했지. 스님은 '그럼 배워서 하라'고 하길래 난 '도 배우러 왔지 공양주 하러 오지 않았다'고 하니 삼 일 동안 달래더니 도총섭인 청담스님에게 넘어갔어. 거기서도 삼 일 동안 달래다가 안 되니 부조실 스님이신 인곡스님에게 넘어갔고 다시 조실 이셨던 효봉스님까지 넘어갔어. 효봉스님은 '네 이놈 하심下心 좀 해라' 했어. 그래서 '스님께서 상심上心을 가르쳐주고 하심을 가르쳐야지요'라고 하니 한나절 입을 안 떼셨어. 다시 스님은 공양 시간이 되어서 예의를 갖추고 '수좌 왜 왔소?' 하기에 '도 배우러 왔소!' 했지. 그러니 '도를 아요?' 하기에 '알면 집에 있지 여기까지 왜 왔겠소!' 했어."

당시 성수 대종사는 효봉스님으로부터 '도는 칠 일 만에 해결해야 된다'며 그 기간에 모르면 스님 생활 안하겠노라고 손도장을 찍으라는 서약을 요구받았다.

"서옹스님이 입승으로 있던 상선원에 가서 물도 안 먹고 밤낮없이 참구해서 육 일 만에 '도 가져왔다'며 다시 조실 방을 찾으니 '그거 아닐세' 하는 거야. 그래서 '성수는 아닌 것이로되 효봉 네 것 내놔라' 하며 달려들었어. 그러니 '그럼 못 쓴다' 하기에 게송으로 '천하만물 무비선天下萬物 無非禪이요 세상만사 무비도世上萬事 無非道'라며 답했어. 그러면서도 조실 스님 방을 수시로 찾아 애를 먹였지. 그때는 공부에 대한 의구심이 대단했지."

성수 대종사는 봉암사결사에 든 성철스님을 찾았다. 불법에 대해 묻자 "도나 닦으라"는 대답이 돌아왔다. 대종사는 대뜸 고함을 지르며 멱살을 잡고 "이마를 닦는 건지 엉덩이를 닦는 건지 도대체 도 닦는 게 뭔지나 알려주고 닦으라 해야 옳지 않느냐"고 대들었다. 성철스님은 "당장 마을로 내려가라"며 외면했다. 이에 성수 대종사는 "내려갈 거면 왜 고생해 올라왔겠느냐"며 구도의 의지를 보이기도 했다.

진리에 대한 목마름을 해소했지만 그 당시의 살림살이는 진정한 살림살이가 아니었다. 성수 대종사는 참다운 살림살이의 완성에 대한 이야기를 부언한다.

"도 깨쳤다고 천성산에 주장자 들고 거들먹거리는데 동네 어린아이들이 '야, 중 좀 봐라' 하면서 비아냥거려. 거기서 충격을 받고 가사와 장삼을 그 자리에서 태워버리고 삼 년 동안 묵언정진했어. 그 뒤부터 하심下心에 대해 알게 됐고 효봉스님이 나를 '중선원이나 하선원으로 보내라'며 의분疑憤을 일어나게 한 뜻을 알게 됐지."

이후 한 사찰에 오래 머물지 않고 도道를 찾아 운수납자로 용맹정진했던 대종사는 1967년 조계사 주지를 맡았다. 조계사 주지를 맡은 뒤 당시 서울시장이었던 김현옥 씨를 찾아가 "경상도 무지랭이 일 좀 해 봅시다"라며 신도회장을 권했다.

김 시장은 "서울시장이 신도회장을 해야 하는 이유가 뭐요"라고 하자 "당신이 신도회장 해야 17개 구청장을 부회장으로 끌어올릴 것 아니요"라고 했다. "그건 맞소"라는 대답으로 서울시장을 조계사 신도회장에 앉혔다. 그해 부처님오신날 대종사는 삼만 개의 빵을 구해 서울시내 111개의 양로원에 있는 8,700여 명의 노인들과 종사자들에게 일만 개를 나눠주고, 일만 개는 조계사를 찾는 신도들에게, 나머지 일만 개는 서울역 행인들에게 나눠주기도 했다. 대종사는 초파일, 석탄절, 불탄절 등으로 불리던 부처님탄생일을 순우리말인 '부처님오신날'로 통일하는 데도 앞장섰으며 10·27법난이 일어난 뒤인 1981년에 총무원장직을 맡기도 했지만 이내 결망을 맺다.

출가 때부터 원효대사와 같은 도인이 되겠다고 발원한 성수 대종사는 2002년부터는 산청의 폐교를 인수해 '해동선원'을 개원하고 원효스님의 사상을 계승하기도 했다.

"원효대사는 올 때도 빈손으로 오고 갈 때도 빈손으로 가지만 진짜 가져가는 것은 자신이 일생 짓고 가는 업業이라고 했어. 그러니 일 초도 늦추지 말고 좋은 업을 짓기 위해 노력해야지."

그러면서 대종사가 주창하고 있는 만물선萬物禪에 대한 가르침을 되새겼다.

"자연은 날 때 나고, 클 때 크고, 꽃필 때 꽃피고, 열매 맺을 때 열매 맺고, 마침내 익어서 결실을 보지. 그런데 우리 인간은 익을 줄 모르기 때문에 늙어 썩어지고 버림받는 것이야. 눈을 뜨고 보면 발길에 차이는 게 모두 도道 아닌 것이 없어. 산과 물, 나무와 돌이 모두 부처이고 나 자신이야."

2005년 10월 조계종 전계대화상으로 추대됐을 당시 대종사는 불살생계에 대한 특별한 해석의 법문을 내렸다.

"바로 사는 게 수행이고 바른 계를 지키는 것이지. 바른 수행이란 계행을 바르게 실천한다는 말이야. 계는 중생심을 쉬고 진여眞如세계로 살아가는 길이지. 계만 지키겠다고 그것을 끌어안고 죽는 불쌍한 사람도 있고,

계를 무시하고 자빠지는 불쌍한 중생도 있어. 부처님은 어린 나이에 사문유관을 통해 늙어 죽는 것을 보고, 태자도 이 길을 면할 길이 없다고 깨달으시고 안 늙어 죽는 법을 배우겠다는 포부를 가지고 스물아홉 살에 왕궁을 버리고 출가했어. 결국 '죽지 않고 영원히 살 수 있는 길'인 '불살생不殺生'의 길을 찾아 나선 거야."

구순을 바라보면서도 노익장을 과시하는 성수 대종사. 때로는 큰 호통으로 때로는 호방한 웃음으로 선기禪氣 넘치는 모습을 보여주고 있다. 그러면서 "즐겁게 살다가 웃으면서 죽는 법을 알기 위해 수행을 해야 한다"며 "지독하고 까다롭게 공부해야지 시부적(적당히) 시부적 살아서는 가치 없는 삶"이라고 강조했다. 황대선원 앞 쭉쭉 뻗은 대나무 밭을 바라보며 아직도 살아 있는 사자새끼를 기다리고 있다는 성수 대종사는 '한국불교의 희망'을 설파하고 있었다.

여태동(불교신문)

성수 대종사 1923년 경남 울주에서 태어나 1944년 부산 내원사에서 성암스님을 은사로 득도한 후 1948년 범어사에서 동산스님을 계사로 구족계를 수지했다.

1955년 범어사 강원을 졸업한 스님은 1967년 조계사 주지에 이어 1968년 범어사 주지, 1972년 해인사 주지, 1974년 회암사 주지, 1976년 고운사 주지 등을 거쳐 1981년에는 제18대 총무원장을 맡아 혼란스런 종단을 수습하기도 했다. 1978년 일본에서 열린 세계불교지도자대회 한국대표로 참가하기도 했다. 1994년 조계종 원로의원으로 선출된 뒤 2005년부터 2008년까지 조계종 전계대화상을 역임했다.

도심포교 활동에도 앞장선 스님은 1973년에는 서울 법수선원을 열었으며, 1994년부터는 황대선원에 주석하며 출·재가자를 구분하지 않고 바른 깨달음을 이끄는 선지식의 면모를 보여주고 있다.

• 계율은 잡념과 망상, 게으름을 걷어내는 지렛대라고 하며 계율의 중요성을 강조하는 도견道見 대종사.

수행자 계를 철저히 지켜야

도견 대종사

　해인사는 말 그대로 첩첩산중疊疊山中에 있는 절이다. 해인사로 가는 길에 늘어서 있는 아름드리 소나무들은 오랜 연륜을 무기로 속세에서 찾아오는 사람들을 한번에 절복시킨다.

　가도 가도 끝없는 소나무길을 달리며, 중생의 번뇌 망상이 멈출 때 우주의 참된 모습이 물속에 비치는 경지를 뜻하는 '해인海印'처럼 속세에서 힘들게 사는 사람들에게 있는 그대로의 세계가 있음을 있는 그대로 설명해 주는 듯하다. 멀리서부터 가야산을 조망해보니 참으로 아름다운 산이다. 명산답게 웅장하기도 하지만 송림과 어우러져 유난히 구색이 맞다.

　수행자는 큰 산 아래 큰 절에서 대중과 함께 생활을 해야 한다는 도견道

㊧ 노스님의 뜻을 헤아려보며 해인사에 점점 다가간다. 신선한 공기를 폐부 깊숙이 들이마시며 전나무 자작나무 숲 사이로 난 길을 따라 해인총림 해인사 부방장인 도견 대종사께서 주석하고 있는 해인율원에 들어섰다.

도견 대종사 방에는 인기척이 없다. '스님' 하고 불러도 대답이 없다. 그간 스님을 세 차례 친견했는데 항상 찾아오면 으레 포행 중이셨다. 하루 몇 시간씩 산내 암자를 포행하시던 스님의 모습을 떠올리며 마루에 앉아 있는데 인기척이 들린다.

문을 살짝 여니 스님이 방 안에 있는 의자에 앉아 계신다. 잠시 후 뒷문으로 시자가 들어왔는데 나가 있으라고 말한다. 스님에게 인사를 드리니 살며시 해맑은 웃음을 지으시며 앉으라고 손짓한다.

"하루 대여섯 시간씩 포행을 했는데, 이제는 혼자 걷기가 어려워서 시자의 손을 잡고 다니고 있어. 작년 8월부터는 앉고 서는 것이 불편할 정도로 무릎이 안 좋아 몸을 제대로 움직이기 어렵고, 귀도 잘 들리지 않아."

대종사께서 포행하는 모습이 표지로 나온 〈해인〉지 사진을 보여주더니 한참을 쳐다보셨다. 내지에 있는 스님의 대웅전 법문 모습도 설명하셨다.

"해인총림 부방장이라 방장이신 종정 스님을 대신해서 작년까지 법문도 했는데 이제는 말도 더듬거려서……"라며 말끝을 흐렸다.

스님은 잠시 뒤 의자에서 일어서려고 하셨다. 스님을 부축해 드리니 굽은 허리를 하고 침소 쪽으로 몇 발짝 힘들게 가시더니 장롱을 열라고 한다.

그곳에는 여러 개의 앨범이 있다. 앨범을 모두 꺼내라고 해서 보여 드리니, 들춰보시며 자상하게 설명해주신다. 젊은 시절 수행하시던 모습, 큰스님들과 함께한 사진 등 오래전 일들 그리고 또 지금의 상좌들이 어디에서 뭐 하는지까지 일러주신다. 다시 자리로 돌아온 대종사는 옆에 있는 서랍을 열라고 한다. 그곳에 있는 은사 스님의 추모집도 보여주며 한참동안 옛 추억을 회상하시는 말을 잇는다.

"우리 은사이신 지월스님은 참 대단하신 분이셨어. 스님은 참 인자하신 분이셨지. 보름에 한 번 목욕을 하곤 했는데 그때마다 스님께서는 내가 목욕하는 도중 벗어놓은 옷을 빨아주시곤 했어. 한번은 그 광경을 지켜본 은사 스님의 도반 스님에게 혼이 났지. 나는 은사 스님이 상좌 옷도 빨아주시는구나 하고 생각했었지. 또 천수경을 외느라 불에서 솥을 내려놓은 것을 잊어버려 밥을 까맣게 태운 적이 있었지. 스님께 죽을 죄를 지었다며 용서를 빌었더니 파안대소하시며 '잘못하는 것은 앞으로 잘할 수 있는 근본'이라고 오히려 격려해 주셨어."

스님은 은사 스님에 대한 일화를 한 가지 더 들려주었다.

"내가 행자로 가 있는데 한 지게꾼이 감자를 한 짐 지고 왔어. 연유를 물으니 자신이 문둥병 환자인데 손이 짓눌려서 죽게 돼버렸다고 해. 삼 년 동안 오대산 삼왕봉에서 산신 기도를 하며 혼자 살았는데 삼 년 만에 산신령이 꿈에 나타나 '왜 나를 자꾸 부르느냐'고 얘기하더래. 그래서 자초지종을 얘기하니 '나는 산을 지키는 산신령이어서 단명한 사람 장수하게 할 수 없으니 오대산 산줄령을 타고 삼십 리 내려가면 동관암이 있는데 거기

스님이 시키는 대로 하면 나을 수 있다'고 말했다고 해. 그래서 문둥병 환자가 은사인 지월스님을 찾아와 스님이 시키는 대로 삼 년간 죽어라고 관음기도를 했다고 해. 삼 년이 지나니 어느 날 꿈에 산신령이 다시 나타나 차를 한 잔 마시라고 하더래. 그것을 먹고 문둥병이 치료돼 버렸다고 해.

그래서 해마다 감자를 가져오고, 상원사에 살 때는 나무도 해주고 겨울에는 눈 속에서 장각나물을 뜯어줘서 먹곤 했지. 후에 효봉스님 사제의 상좌가 됐고, 마을 사람들이 솔내광산에 절을 조그맣게 지어줬지. 내가 쌍계사 보살계를 도와줄 때 그곳에 와서 만났었는데 지금은 입적했을 거야."

평생을 수행에 진력해온 스님에게 옛날 얘기를 여쭸다. 수행 이야기를 꺼내자 스님은 화색이 돌았다.

"출가 수행자는 항상 참선 수행을 게을리하면 안되는 것이야. 나는 삼 년 동안 해제 결제없이 용맹정진하는 결사에 참여를 많이 했어. 처음에는 오대산 큰스님들의 가르침에 따라 빨리 깨달아야겠다는 일념으로 시작했지. 일단 따뜻한 해인사로 왔더니 마음이 흡족해졌어. 그때는 우리나라에 하나뿐인 총림인데 가야총림이라고 했어. 방장이 효봉스님이고, 청담스님 등 많은 스님들이 계셨지. 나까지 포함해 열한 명이 3년 결사를 시작했지. 하지만 해인사 석 년 결사는 2년 만에 한국전쟁이 터져 버려서 대중들이 쌀가루 보릿가루 석 대씩 나눠 담고 모두 흩어져 버렸지.

나도 선산 도리사로 가서 은사인 지월스님을 모시고 한철을 살고, 전국을 유람했지. 그런데 범어사에서 3년 결사에 들어간다는 거야. 그래서 범어사로 갔지. 동산스님 모시고 3년 결사에 들어갔어. 일타스님하고 같이 공부하는데 밥 먹는 것도 잊어버리고 살았지. 참 행복했었어. 그런데 동산 스님이 열반에 드셔서 또 깨져버렸어. 참 3년 결사 채우기가 힘들구나 하고 있는데 송광사 현호스님이 자꾸 결사를 하자고 해서 송광사로 갔어. 결국 송광사 방장 구산스님을 모시고 3년 결사를 마칠 수 있었지."

스님에게 수행과 성불에 대해 여쭸다. 스님은 대뜸 "뭣이든 직접 해봐야 한다"고 말했다.

"구두로 깨달음을 설명하기에는 무리가 있어. 직접 물을 먹어봐야 차갑고 뜨거운 것을 알 수 있듯이 직접 해보기 전에는 아무리 차갑다고 설명해도 알지 못해. 성불이란 땅속에 묻혀 있는 나의 본성을 드러내어 그것이 나의 본성임을 아는 것이야. 화두 참선을 해야 성불에 이를 수 있지. 참선하기 전에 먼저 모든 번뇌 망상의 집착을 놓아야 하지. 무엇보다 계를 지켜 선정을 닦고, 성불에 이르는 것이 불법의 가르침이야. 번뇌 망상이 무엇이냐 하면 밀림에서 큰 나무를 베어서 가지고 내려오려면 가지를 모두 쳐야 해. 집착을 끊고 화두가 일념이 되어야 깨달음에 이를 수 있는 것이야."

스님에게 오대산 문중으로 해인사에 사는 이유를 여쭤보았다. 스님의 대답은 간결했다. "오대산은 춥다"는 것이었다.

"해인사에만 있으면 알 수 없는 편안함이 느껴져. 살다 보니 주지 소임도 살고, 은사 지월스님도 이곳에서 열반하셨고 해서, 이곳을 떠날 수가 없어."

스님은 원래 오대산도 첫 출가지가 아니라고 하셨다.

"처음에는 지리산 영원사가 공부하기에 좋다는 소문을 듣고 힘들게 재를 넘어 찾아갔는데 절이 홀랑 불에 타고 없어져 버렸어. 그래서 화엄사로 찾아갔더니 밥 먹기도 힘들어서인지 스님들이 냉정해. 두 끼를 굶고 칠불암에 올라갔더니 3대 종정이던 석우스님이 조실로 계셨어. 열여섯 분이 수행하고 있는데 이곳에 있어야겠다 싶었지. 그런데 큰스님마저 내가 간 지 삼 일 만에 열반에 드시고, 칠불암에서는 나를 징병 기피자로 오인해 받아주지 않았지. 낙망 끝에 어떻게 해야 할지 고민하고 있는데 뜻밖에 거기서 출가하는 것을 극구 만류하던 속가 형님을 만나 집으로 끌려왔어. 집으로 다시 끌려 왔지만 속가 형님도 가족도 출가하겠다는 내 고집을 꺾지 못했어. 그래서 다시 오대산으로 들어갔지."

도견 대종사는 1944년 오대산 동관암에서 지월스님을 은사로 득도했다. 이어 45년 오대산 상원사에서 한암스님을 계사로 사미계를 받고 삼 년간 교학에 정진할 수 있었다.

"내가 행자 생활할 때 우리 노스님이 이종욱스님이야. 그때 시키는 대로 모든 것을 배웠어. 방한암스님, 이종욱스님, 지월스님은 참 훌륭하신 스님들이셨지. 지금도 방한암스님이 번역한 《금강경》을 매일 보고 있어. 금강경을 보면 '일체유위법一切有爲法이 여몽환포영如夢幻泡影이요 여로역여전如露亦如電이면 응작여시관應作如是觀, 모든 현상이 꿈·허깨비·물거품·그림자·이슬·번개 같으니 변치않는 진리를 바로 보아야 한다' 는 구절이 있어.

하루 24시간 동안에도 64억 9만 9천 80찰나에 오온의 변화가 있고, 이 세상의 모든 사물은 실체가 없으므로 항상 변화 중에 존재한다는 것이야.

찰나와 찰나 즉 생각과 생각의 사이에도 꿈(夢), 허깨비(幻), 물거품(泡), 그림자(影), 이슬(露), 번개(電)처럼 멈춤이 없이 변화하는 것을 보라는 것이지.

내 고향이 강화도인데 중국 사람인 함허스님(1376~1433년)이 아들딸 다 낳고서 공부하기 위해 그곳에 와서 출가했어. 늦게 입문했지만 소견이 열려서 《금강경오가해》를 썼어. 그런데 글을 내놓자니 부처님 법에 어긋날 것 같아서 땅속에 파묻어 버렸어. 함허스님 열반 10년이 지나 땅에서 방광이 일어나 세상에 퍼지게 된 것이지. 나는 강화를 가면 꼭 그곳을 가보고 와.

함허스님이 설의說誼한 《금강경오가해》의 '유일물어차有一物於此하니 일물一物이 하물何物하고, 범유사물凡有事物이 소불능대小不能大하고, 대불능소大不能小로다 차즉반시此則反是하야 능소이세입인허能小而細入隣虛하고 능대이광포법계能大而廣包法界라' 는 내용도 기가 막혀.

여기에서 말하는 한 물건은 다름 아닌 마음 경지를 얘기한 것이야. 온갖 사물은 작은 것이 능히 클 수 없고, 큰 것은 능히 작아질 수 없지만 마음은 사물과 다르게 능히 작고 미세하여 해가 떠오르면 먼지 틈으로 들어오는 빛에 보이는 먼지 속에도 들어가기도 하고, 아주 커서 법계를 널리 에워싸기도 한다는 것이지. 천겁을 지나도 옛것이 아니고 만세에 뻗쳐 있어도 항상 지금 이 마음자리요, 우리들 누구에게나 있는 항하사 같은 커다란 마음자리를 수련해야 한다는 것을 말하는 것이야."

스님은 사부대중에게 자기 마음을 닦아야 한다고 말했다. 특히 계를 잘 지켜야 한다는 말도 잊지 않았다.

"금강경 공부로 근본을 알고 나면 부처님 말씀대로 지키는 계를 철저히 수지해야 하지. 불자라면 마땅히 오계를 지키고 부부가 함께 신행하는 생활 불교가 되어야 해. 독사에게 물리면 몸뚱이만 벗어버리면 되지만 여자에게 물리면 세세생생 벗어나기 힘들다는 사실을 알아야지. 계라는 것은 원리로 따지는 것이 아니야. 계는 수행 정진의 밀도와 강도를 높임으로서 자연스레 체화되는 것이지. 억지로 참고 부정하면 그만큼의 반작용이 있어서 무척 고통스럽게 되고 말아."

요즘 계율이 약간 헐렁해진 느낌이 든다고 하자 대종사는 대뜸 "계를 철저히 지켜야 수행자라 할 수 있다"며 "계율은 잡념과 망상, 게으름을 건지는 지렛대다. 계를 수지하고 선정을 닦으면 지혜가 드러난다"고 말한다.

"수행의 결정체가 계율이야. 계율이 없으면 불법이라는 건물이 무너지고 말지. 불법은 반드시 계율이라는 그릇에 담겨야만 하는 것이지. 설사 깨침이 깊어서 걸림이 없다 할지라도 함부로 계를 범해서는 안되는 것이야. 옛날 해인사 염불원에 황화담스님이 있었는데, 술을 먹고 한 노보살의 입을 맞추고 그것을 꾸짖는 방장 효봉스님에게 대들은 사건이 있었어. 그래 대중공사 벌어지는데 관음전 마당에 깨진 기왓장을 깔고 그곳에 황화담스님을 앉힌 뒤 등 뒤에 북을 매달고 치면서 산문출송 선고를 했어. 예전엔 이렇게 엄하게 했어. 그래서 해인사가 이만큼 지켜지고 있는 것이라고 생각해. 요즘 승가에서도 계율을 현대에 맞게 고쳐야 한다는 얘기가 나오고 있는 걸로 알고 있지만 불법의 근본인 계는 누구도 손댈 수 없는 부분이야."

대종사를 모시고 밖으로 나와 따뜻한 햇볕 아래서 잠깐 포행을 했다. 대종사는 먼 산을 내려다 보시더니 "요즘 들어 경제가 어렵다고 하니 걱정이 앞선다"고 말했다.

"내가 대구 달성 옥포에 금성사라는 절을 지었어. 그곳에 빈방이 있으니 집 없는 사람들에게 좀 살게 해주고 싶어……"라고 말했다. 스님의 따뜻한 마음이 아주 길게 여운처럼 느껴졌다.

스님에게 인사드리고 해인사를 내려오는데 행전을 야무지게 하고 지팡이 하나에 의지해 가야산 이곳저곳을 헤짚고 다니던 도견 대종사의 모습이 자꾸 아른거린다.

내내 건강하시길 기원드리며…….

김원우(우리불교신문)

도견 대종사   1925년 인천시 강화군 화전면 부곡리에서 태어났다. 1944년 오대산 동관암에서 지월스님을 은사로 득도했다. 스님은 1945년 오대산 상원사에서 한암스님을 계사로 사미계를 받고 삼 년간 교학에 정진했다. 이후 해인사와 순천 송광사, 선산 도리사, 부산 범어사 등 전국 각지의 선방에서 수행했다.

평생 공부에만 전념해온 대종사는 1980년대 중반 중앙종회의원과 해인사 주지를 역임했으며, 조계종 원로의원을 지냈다. 스님은 항상 계를 철저하게 수지하며 선정을 닦아 후학들의 모범이 되고 있다. 생활 속에서 근검절약을 생활화하는 것으로 유명하다.

특히 대종사는 수행자가 금강경을 통달하는 것이 그 첫째라며 부처님 마음자리의 법을 이해하고, 따르라는 뜻에서 《금강경》 일천여 권을 제작하여 해인율원 스님들과 찾아오는 수행자, 재가불자들에게 보시하는 것으로 유명하다.

• 승보 종찰 송광사 조계총림 방장 보성菩成 대종사.

그대 게으른가 게으르지 않은가

보성 대종사

몇 년 전 보성 대종사는 모 일간지 신문과의 인터뷰에서 이런 말씀을 하셨다.

"요즘 종교는 밥장사여. 불교든 기독교든 시주 받아 불사하고 헌금 받아 교회나 짓고 있잖어. 탐심을 못 버린 스님들이 또 돈 빼돌려서 처벌받고. 스님이 세상 잘못된 걸 일깨워야 하는데 거꾸로 됐어. 고려시대 때 불교가 타락해 보조스님이 정혜결사를 한 거 아녀? 오히려 조선조 유생들에게 핍박받을 때가 수행하기가 더 좋았을 거여."

현존하는 최고 율사 보성 대종사. 해인총림(해인사), 영축총림(통도사), 고불총림(백양사), 덕숭총림(수덕사)과 함께 한국불교 5대 총림인 조계총림을 이룬 송광사 삼일암에 주석하고 있는 대종사는 예나 지금이나 부처님 가르침에 따라 살면 무서울 것도, 두려울 것도 없음을 강조한다.

"새로 법 만들고 할 것이 없는 게 부처님 법에 의거하면 중노릇 잘할 수 있어. 하지만 요즘 이런 법도에서 이탈된 것이 많은 것 같아. 중노릇 법도는 전거를 찾으면 다 있지. 옛 어른들의 가르침대로 하면 틀림없어. 새로운 법을 만드는 것보다 부처님 가르침에 복종해야 돼."

스님이 절집에서 처음 맡은 소임은 다름 아닌 미감米監. 쉽게 말하자면 쌀 감독이다. 요즘 세상에는 흔한 것이 쌀이고, 쌀이 남아도는 세상이지만 1940년대 쌀은 귀하고 귀했다.

"당시 해인사 가야총림 식구가 칠팔십 명쯤 됐지. 한 끼에 대두 한 말이 더 필요했어. 당시에는 이것조차 감당하기 힘들었지. 늘 배가 고팠어. 오죽했으면 나중에 절 살림 책임 맡으면 밥만은 배불리 먹게 해야지 라는 생각을 했어."

대종사는 첫 소임과 관련한 일화를 소개했다.

"언제였던가, 하루는 내가 쌀독에서 쌀을 푸고 있었는데 거의 몸이 들어갈 정도로 숙였다가 허리를 펴는데 누가 머리를 누르더군. 효봉스님이셨지. 스님은 나에게 언제나 그리 해라며 미감 소임을 맡기셨어."

구산스님의 수상좌로 효봉스님을 마지막까지 시봉했던 보성스님이다. 스님에게 있어 효봉스님은 어떤 존재였을까?

"스님은 나에게 심부름시키는 것을 좋아하셨지. 이유는 없었어. 대신 심부름하는 대가로 공부하다 묻고 싶은 것이 있으면 언제든지 물으라 하셨지. 둔한 거 다 안다며 그래도 미련하기는 하지만 재주는 안 부릴 것을 알고 그러신 게지. 나는 그렇게 절 살림하는 법을 배웠어."

큰 일이든 작은 일이든 대중의 공의를 모았던 효봉스님. 범망경을 늘 외우며, 계율을 대중 화합의 터전으로 삼아 살자고 한 효봉스님의 말씀을 스님은 아직도 생생히 기억하고 있었다.

"스님은 대중공의할 때 듣기만 하셨어. 먼저 의견을 내면 대중이 자기 생각을 밝히기 주저할 수 있기 때문이지. 듣기만 하시다가 끝내 합의를 이루지 못하면 그때 나서서 적당한 선에서 정리하고 다음에 또 상의하자고 하셨지. 반대 의견이 소수일 땐 따로 한 사람씩 만나 설득하셨어. 잘 생각해 봐. 그게 말처럼 쉬운 일이겠어?"

입적하실 때까지 공부하다 가시겠다고 한 효봉스님은 1966년 10월 15일 세수 79세, 법랍 42년으로 입적했다.

"사람들은 큰스님들을 도인이네 하면서 저 높이 올려놓고 신비화해 전설로 만들기를 좋아하지. 그러고는 자신들과 거리가 먼 초인 정도로 생각해버리고 말아. 하지만 그분들도 한 인간으로 육체적 고통을 피할 순 없어. 중요한 건 그런 와중에도 자신의 본분을 지켜나간다는 거야. 만약 그것을 간과한다면 오로지 쉽게만 살겠다는 것이지. 비겁한 일이야. 부끄러워할 줄 알아야 해."

1966년 5월 표충사 서래각으로 거처를 옮긴 효봉스님은 "공부하다 죽어야겠다. 그러니 나랑 같이 지내자. 내가 잠이 들었는지 늘 살펴라. 잠들었으면 흔들어 깨워라"라고 말씀하셨다고 한다.

입적 일주일 전. 급격히 기력이 쇠한 효봉스님을 진찰한 의사진은 어떠한 약도 주사도 의미가 없다며 진료를 포기했다. 그 후 일주일 뒤 오전 6시경. 잠시 쉬러 일어선 보성스님에게 효봉스님은 "너 어디 가지? 나도 갈 준비 해야겠다"며 입적에 드셨다.

"나에게 중노릇이 무엇인지 깨닫게 해준 스님은 그렇게 가셨지. 도인으로 존경받는 스님의 행적에 대해 제자들이 쉽게 빠지는 함정이 신비화야. 어떻게 하면 더 멋있게, 보통 사람들과 다른 모습으로 부각시킬까 고민을 하지. 그것이 지나치면 신비화가 되는 거야. 사람이 죽는 것은 자연스런 현상이야. 똥오줌 받아낼 형편이면 그렇게 하는 수밖에 없잖아. 단지 그것을 받아들이는 태도가 다를 뿐이지."

효봉스님이 입적하신 이야기를 왜 꺼내셨을까? 스님은 하심下心을 이야기하고 싶었던 모양이다.

"효봉스님 입적 후 장례 문제를 놓고 총무원과 문도들이 첨예한 대립을 이뤘지. 그때 나는 청담스님에게 향로를 갖추고 백팔 배를 하라고 당부했어. 결과는 염두에 두지 말라고 하면서 말야. 결국 청담스님이 백팔 배를 다 채우기 전에 문도들이 스님 뜻을 따르기로 했지. 대중을 설득하는 데는 하심만한 것이 없어. 내가 왜 이야기하는 줄 알아? 어려울 때일수록 하심하면 화합할 수 있는 방편이 열려. 명심해."

과거에도 지금도 앞으로도 불자들은 절을 찾아 부처님께 기도를 올릴 것이다.

"절에 왜 오셨나요?"라고 물으면 십중팔구 불자들은 이렇게 말한다.

• 상좌 지현스님과 산책 중인 보성 대종사.

"우리 딸 대학가고 우리 남편 승진하고 우리 아들 성공하고……"
과연 그것이 진정한 기도일까? 보성 대종사의 일갈이다.
"기도는 자신의 일을 자신이 해결하고자 하는 행위야. 자신이 수용할 수 있는 가르침을 세우고 지키는 것이지. 스스로 뜻을 세워 자신의 위대함을 발현해야 부처님도 힘을 주셔. 원이 바르지 못한 사람이 기도를 많이 하면 어떻게 되는 줄 알아? 아만我慢만 늘어나게 돼. 가장 훌륭한 사람은 스스로 힘을 얻는 사람이야."

이어 대종사는 절만 가면 무엇이든 다 이룰 수 있다고 생각하는 우리에게 이렇게 충고했다.
"사람들은 대부분 문제에 부딪히면 걱정부터 하지. 물은 건너봐야 깊고 얕은지 알 수 있어. 자신의 문제를 자신이 해결하는 것이 바로 기도 성취야. 바른 뜻과 길을 보지 않고 무턱대고 절에 오는 사람, 절에만 가면 된다더라 하는 작자는 참 위험한 중생이야. 설령 절에서 좋은 스님을 만나도 알뜰하게 귀를 기울여 듣지 않으면 소 떼를 몰고 깊은 강을 건너는 꼴을 당해. 불법을 만나는 것은 욕을 원으로 바꾸겠다는 발심을 하는 거야. 부처님은 스스로 갈 길을 찾는 방법을 일러주신 어른이자 조언자지. 스스로 두터운 실천자가 되어야 해. 부처님 말씀이 팔만사천이라 해도 내 손에 잡히는 게 없으면 무용지물이야."

스님의 말씀은 계속된다.

"공작은 꾀꼬리의 목소리를, 호랑이는 무소의 뿔을 탐하지 않지. 욕심이 성한 사람들은 늘 허둥대지만 자신을 살피는 사람들은 이리저리 바깥으로 눈을 굴리지 않아. 늘 살피고 또 살펴야 지옥 극락 타령할 일이 없는 거야. 천도 중에 가장 큰 천도가 뭔 줄 알아? 내가 나를 천도하는 거야. 탐심·진심·치심 삼독을 천도해야 해. 죽은 뒤 자손으로부터 천도받는 일이 없도록 하려면 오직 진실되어 부족함이 없는 진실불허한 마음을 가져야 해. '나 가고 나면 울지 말아. 나는 내 갈 길 갈 뿐이다. 제사는 안 지내도 좋다'라는 유언 정도는 해야 불자지. 돈에 대한 그칠 줄 모르는 욕망, 자식 공부 못하는 거, 조금 못생긴 얼굴도 병이 되는 사람들이 무슨 불자야? 순간순간 자신이 어떤 마음자리에 서 있는지 봐. 멈추고 내려놓을 줄 알아야 해."

불자들에게 호된 꾸짖음을 내린 대종사는 이어 절집에 대한 질책도 내

놓으셨다.

"우리 스님네들은 입만 열었다 하면 부처님의 가르침이 문자에 있는 것이 아니라고 말하지만, 실제로는 그 반대야. 아주 어렵고 고상한 문자를 좋아하지. 스님네들이 들떠 있어. 하루하루의 일상이 바로 부처님의 가르침이야. 우리 스님네들은 지금 부처님의 제자로서 지도력을 상실했어. 일상이 반듯해야 해. 사는 일이 깨달음의 발현이어야 하기 때문이야."

스님은 달라이 라마를 예로 들어 일상에서 얻는 깨달음을 강조했다.

"달라이 라마를 봐. 그는 자신을 박해한 사람들을 용서했어. 그는 정직하고 유쾌한 사람이야. 그는 세계인과 대화를 나눌 때 일상적인 대화를 하지. 상대방이 스스로 그 너머의 세계를 깨닫게 해. 종교의 우월에 대해서도 말하지 않아. 깨달음의 길이 스스로에게 있음을 알려주지. 모든 인간이 무한한 가능성을 가지고 있기에 누구나 훌륭한 자질과 품성을 갖출 수 있다고 생각하기 때문에 가능한 일이야. 일상의 언어로 부처님 법에 관한 대화를 나누는 것은 현대사회에서 중요해. 아쉽지만 한국불교는 그것이 부족해."

불자들은 늘 "한국불교의 미래가 암담해" "기독교보다 불교가 약해"라며 불교를 걱정한다. 걱정만 한 지 꽤 오랜 세월이 흘렀지만 현실은 나아진 것 하나 없는 것이 우리 불교의 현실이다. 그렇다면 보성 대종사는 불교의 미래와 가야할 길을 어떻게 생각하고 계실까?

"불교는 참다운 인간성을 회복하도록 일러주신 부처님의 가르침을 따르는 종교야. 지금 불교는 엉뚱한 방향으로 나아가는 경우가 적지 않아. 불교를 믿으면 돈을 잘 벌고, 계급도 올라가고, 회사도 잘 된다는 말들을 하는데 본질과 거리가 먼 이야기야. 물론 방편으로 그런 이야기를 할 수 있지만 문제는 그것이 전부인 줄 알고 공부를 하지 않기 때문에 길 위에서 길을 잃는 악순환이 반복되는 거야."

보성 대종사의 해답은 너무나 간단명료했다.

"부처님도 분명 인간이셨어. 우리도 인간이야. 부처님은 인간이 가야 할 길을 보여주셨지. 지옥이니 극락이니 공연한 소리 그만하고 인간의 기본을 새롭게 하고 의식을 새롭게 하는 일을 해야 해. 불교가 가야 할 길은 오로지 그 길밖에 없어."

끝과 끝은 통한다고 했던가? 스님은 현재 승단이 대중에게 신뢰를 회복하기 위해서는 오히려 더 푹 썩어야 한다고 설했다.

"불교 대중화한다고 포교 기치를 꽤나 들었지만 세속화에 더 깊숙이 물들었어. 또 현대화한다고 계율에 대한 분분한 해석과 논쟁을 하는 본말전도 현상도 일어났지. 게다가 대중 수행 생활보다 변질된 토굴 생활로 허송세월하는 이들도 많아졌고. 결국 푹 썩어야 부처님 가르침이 사회 속에 뿌리내리고 새순으로 싹을 틔울 수 있을 거야. 지금 한국불교의 시급한 과제는 지계 정신과 수행 풍토 회복을 통한 승가상의 정립이야. 그것이 되어야 한국불교의 중흥과 민족의 장래가 있어."

"노인네가 남의 밥통 다 깬다고 야단할지 몰라도 할 말은 해야지. 불자들에게 사월 초파일은 부모 생일과 같은 날이야. 모두가 함께 즐겁게 지내면서 부처님 오신 참뜻을 새기는 날이지. 중이 된 것도 부처님 덕인데 이런 날 돈 없으면 주지 스님이 어디 가서 탁발해다 신도들 먹여도 괜찮아. 아무리 절 살림이 어렵더라도 찾아오는 신도들한테 밥 한 끼라도 따뜻하게 대접해 드릴 수 없을까 고민해야지 어째 스님네들이 등 값이 얼마나 들어왔냐고 따지고 있나. 한심하기 짝이 없어."

"신발을 흐트러지게 벗어놓는 사람은 가지런한 신발을 신을 수 없어. 신발 벗어놓은 걸 보면 그 사람이 매순간 어떻게 살고 있는지를 알 수 있지. 신발 하나도 똑바로 벗어놓는 게 마음 공부야. 발밑을 잘 살피라는 조고각하照顧脚下라는 말이 괜히 있는 것이 아냐. 자세가 달라져야 마음도 바뀌는 거야. 모든 것은 다 사람이 하는 거야. 사람을 가르치지 않고 결과만 바라게 되면 속이 텅비게 돼. 우리 스님네들 불사 참 많이 하지. 불사가 나쁘다는 것이 아니라 불사를 하면 최소한 오십 년, 백 년 정도 해야 나중 사람들에게 욕을 먹지 않아."

부처님께서 일흔아홉 해를 사시다가 열반에 들면서 남긴 마지막 유훈은 "게으르지 말라"라는 한마디였다며 그래서 정진의 길에는 "게으른가, 게으르지 않은가"라는 두 가지 밖에 없다는 보성 대종사.

보성 대종사가 앞에 놓인 찻잔을 보이며 법문을 전한다.

"이 찻잔에 물을 따라 마시고 싶은데 어찌하면 되겠노? 찻물을 마시던지 버려야겠지. 또 차가 너무 뜨거우면 어찌해야 할까? 찬물을 좀 넣으면 될 터인데, 이미 뜨거운 차가 넘칠 듯 차 있으면 어쩌겠노? 차를 조금 덜어내는 수밖에 더 있나. 마찬가지인 기라. 다른 것을 받아들이려면 나를 버려야 하는 기라. 내가 꽉 차 있으면 찻잔에 다른 것을 넣을 수가 없다."

대종사는 인생도 그처럼 조금 여유를 남기면서 살아가야 한다고 말씀하신다. 그래야 다른 것을 받아들일 수 있다고.

마지막으로 대종사만의 계산법을 소개한다.

'칼을 갈 때 한쪽을 지나치게 갈면 칼날이 넘어집니다
제대로 날을 세우려면 처음부터 가는 것만 못합니다.
9 × 9=81 알맞게 날이 선 사람의 셈법입니다.
9 × 9=83 요새는 이런 사람이 너무 많습니다.
9 × 9=80 차라리 이게 낫습니다.
넘치면 모자란만 못하다고 한 건 되돌리기 힘들기 때문입니다.'

김치중(주간불교신문)

보성 대종사   1945년 해인사에서 구산스님을 은사로 사미계를 수지했으며, 1950년 해인사에서 상월스님을 계사로 구족계를 받았다. 제방선원에서 안거를 거쳐 송광사 주지와 중앙종회 의원을 역임했다. 특히 달라이 라마, 틱낫한, 대만의 성운 대사 등 세계적인 고승과 깊은 교분을 쌓아온 것으로 유명하다. 조계종 전계대화상을 역임했으며, 승보종찰 송광사 조계총림 방장으로 있다. 현재 송광사 산내암자 삼일암에 주석하고 계신다. 저서로는 수행과 법문을 담은 책 《청소》가 있다.

● 대구 시내 관음사에 주석하며 온화한 미소로 대중을 제접하고 있는 원명元明 대종사.

처처의 이치가 부처님 가르침

원명 대종사

    팔공산과 비슬산을 병풍삼아 조성된 대구분지는 덥고 춥기로 유명하다. 그 중심에 회색 빌딩이 향연을 펼치듯 들어서서 대구광역시를 형성하고 있다. 8월 끄트머리에 찾은 대구는 그야말로 찜통이었다. 여름휴가철을 지나 찾아온 더위에 사람들은 적잖이 당황하는 듯하다.

    대구 도심 한복판이라 해도 지나친 말이 아닌 삼덕동 관음사에 주석하고 있는 대응당大應堂 원명元明 대종사를 친견하러 가면서 적잖이 걱정이 된다. 서울에서 전화로 내려간다니 "더워 죽겠는데 뭐하러 오노?"라며 한사코 거부한 터였다. 그래도 만나야 했다. '한국의 대종사들'이라는 책을 내는데 원로회의 부의장까지 역임한 종단의 어른이 빠지기에는 아쉬움이 컸다. 더구나 30여 년 동안 멀고 가까운 거리에서 대종사의 모습을 봐 왔던 기자는 반드시 행장과 사상을 기록으로 남겨야 하겠다는 의무감 같은 게 발동됐다. 대종사는 다른 기자들의 요청을 다 뿌리쳤지만 기자가 찾아뵙겠노라니 '오지 말라'는 분명한 반대는 하지 않았다.

서울에서 대구까지 예전에는 한나절은 족히 걸릴 시간이지만 'KTX 철도'라는 문명의 이기는 단 두 시간이면 충분하게 만들었다. 관음사로 가는 시간도 택시를 이용해 십여 분이면 가능했다. 일제 적산가옥을 불하 받아 개조해 건립된 관음사의 큰 주당은 '무설전無說殿'이다. 그 안에는 관세음보살님이 봉안돼 있다. 그래서 사찰명이 관음사다.

원명 대종사를 친견해 법을 듣기란 쉽지 않은 것으로 유명하다. 대중을 위한 법문은 자주 하시는 편이지만 인터뷰라는 형식으로 부처님의 가르침을 이야기하는 것은 좀처럼 하지 않기 때문이다. 워낙 자신을 드러내지 않으시는 성품이기도 하고 "말로 하는 가르침은 실천이 담보되지 않으니 '구두선'에 불과한 것"이라는 게 대종사의 지론이다.

누가 와도 내치지는 않는 성격을 아는지라 서울에서 애써 내려온 일행을 물리지는 않을 것이라 생각하고 사찰 문을 열었다. 한참 동안 못 뵈었던 대종사에게 예를 올리니 반갑게 손까지 잡아주신다. "그만큼 내려오지 말라카이……"라면서도 내심 반가운 마음이 천진한 얼굴에 가득하다. 스님의 정돈된 생각을 듣기 위해 장광설을 부탁하려면 소위 '구실'이 있어야 했다. 25년여 전 대학생 때 다녔던 관음사 법회 인연도 재인식시키고 책 발간 이야기도 우회적으로 고하니 대종사는 조용히 법좌를 펼쳤다.

"처처處處의 이치가 부처님 가르침인데 구태여 말로 표현해서 뭣해. 나는 팔십 평생 살면서 무슨 대접받고, 무슨 자리에 연연한 중이 아니여. 그러니 나 말고 다른 훌륭한 시님(스님)들 만나 좋은 말 많이 들으란 말이여."

"그래도 스님의 살림살이를 내어 놓으셔야죠"라고 법거량 같은 질문을 툭 던졌다. 전광석화 같은 대답이 되돌아왔다.

"마음을 잘 다스리면 극락세계야. 마음 밖에 다른 게 없어. 경전은 그 방편에 따라 각각 만들어진 거란 말이야. 부처님이 45년 동안 설하신 가르침인 팔만사천법문은 팔만 사천 번뇌를 없애기 위한 방편이야. 그 번뇌가 없으면 무아無我요 부처지. 모든 번뇌 망상을 떠나면 법도 얻을 것이 없는 것이지."

대종사는 '부처님의 가르침은 번뇌 망상을 여의어 가는 그 자체' 라는 것이었다. "부처님이 탁발을 한 것도 이 몸뚱이에 집착하는 '나' 라고 하는 집착 덩어리를 버리기 위해 보이신 방편이야. 자기 집착에 빠진 수행자는 탁발을 위해 두 발짝도 못갈 것이야. 그러니 고정불변하는 절대적인 그 무엇이 있다고 생각하는 집착과 번뇌 망상에 사로잡힌 '나'를 내 몸에서 떼어내야 공부에 진전이 있는 것이야."

공부하는 방법에 대해서 스님은 송광사의 전통인 목우가풍牧牛家風의 입장을 견지했다.

"보조스님은 '수심결'에서 돈오라 함은 단박에 깨닫는다는 말이라 했어. 범부가 미혹했을 때 사대四大를 몸이라 하고 망상을 마음이라 하여 자

•1966년 효봉스님이 원적에 들 때까지 시봉한 원명 대종사(맨 아래).

기의 성품이 참 법신임을 모르고 마음 밖에서 부처를 찾아 끝없이 헤맨다고 했어. 선지식의 가르침을 받고 바른길에 들어가 번뇌 없는 지혜의 성품이 본래부터 스스로 갖추어져 있음을 보면 '단박에 깨친다' 고 했지."

"또 점수漸修라 함은 비록 근본 성품이 부처와 다를 바 없다는 줄 깨달았으나 옛부터 끝없이 익힌 습習을 갑자기 떨쳐버리기 어려운 까닭에 차츰 익혀 공功이 이루어져 성인이 될 수 있는 요인을 기른다는 의미에서 '점차로 닦는다' 고 했어."

"물론 단박에 깨쳐서 미혹에 떨어지지 않으면 이는 최상승의 방편으로 더 말할 나위 없이 좋지. 그렇지만 범부 중생은 그렇지 못한 경우도 많아. 그래서 점수漸修 이야기가 나오는 거야. 예를 들면 이런 거야. 흰 천을 물들이는데 단박에 물감을 넣어 색깔이 완전하게 들도록 하는 것이 돈오돈수頓悟頓修라는 것으로 보면 돼. 그렇지 않으면 두 번 세 번 다시 물감에 넣어야 하지 않겠어? 그게 돈오점수頓悟漸修지."

결국 천을 물들이는 깨달음으로 가는 길을 찾아가는 것은 같다. 다만 그 방법만 다를 뿐이라는 말이다. 서울로 가는데 경기도 수원을 거쳐 도착하든 경기도 이천을 거쳐 도착하든 서울로 오는 종착지가 깨달음의 궁극 목적지가 아니겠느냐는 게 대종사의 요지였다.

대종사는 수행자들이 경계해야 할 점도 강조했다.

"수행이 잘 돼 있으면 화낼 일도 없고 허물될 일도 없는 거야. 수행한다고 거드름 피우는 자들이 마치 수행이 다된 성인처럼 행세하니 그것이 문제야. 끝없이 수행하는 과정에 있다고 생각하고 꾸준히 정진하다 보면 헛된 망상도 사라지고 탐하는 마음, 화내는 마음, 어리석은 마음이 다 사라지지."

요즘 수행자들이 범하게 되는 잘못된 점도 지적했다. 수행에 대한 서적이 과도하게 쏟아지고 있다는 것이다.

"부처님의 가르침을 쉽게 이해시킨다고 여기서 주석 달고 저기서 주석 달고 해서 보는 사람들로 하여금 착각과 혼란을 일으켜. 이거 보면 옳은지, 저거 보면 옳은지 분간을 못할 지경이지. 옛날에 공부할 때 한 소절의 가르침을 얻기 위해 수많은 의문 덩어리를 삭이며 참구한 것과 비교가 돼. 쉽게 얻은 진리는 또 쉽게 던져버리는 법이야. 부처님 법은 아는 데 있는 것이 아니라 실천으로 연결할 때만 실현된다는 사실을 명심해야 돼. 강한 의문을 가지고 절절하게 참구하는 공부가 없으니 세상도 어수선하고 시끄러운 거야."

'양은솥식 공부'가 '가마솥식 공부'를 따라올 리가 없다는 말이었다. 현대인들이 쉽게 아상我相에 끄달리는 세태에 대해서도 강한 질타의 죽비를 내리셨다.

"상相 내지 않겠다고 굳게 마음 먹는 것도 상에 떨어지는 거지. 그러니 항상 평상심을 가지고 살아야 한다는 말이야. 옛 선사들도 '평상심이 도'라고 말하잖아. 주위 환경에 동화되어 이리저리 부유하는 일 없이 자신을 조용하게 관조하는 자세를 항상 견지해야 돼."

1940년대 초반에 출가의 인연을 맺은 대종사는 초심자 시절이었던 한국전쟁 전후의 이야기를 들려주었다.

"요즘은 상상조차 하기 힘든 일이야. 본분종사本分宗師를 지향하는 수행자들의 수행 원칙은 어느 때보다 확고했고 공부 열기도 강했지. 당시에 출가하는 사문들은 양식이 없어 속가에서 양식을 가져오기도 했어. 그때 강원은 예산이 있는 곳이 못됐거든. 그렇지 못하면 은사 스님이 양식을 주던가 아니면 자기가 직접 마련해 와야 공부를 할 수 있었지."

공부에 대한 의지 하나로 배고픔을 이겨냈던 한국전쟁 당시의 수행 이야기는 처절할 정도였다고 대종사는 회고했다.

"해방 후 가야총림에서는 양식이 귀해 감자로 연명했지. 더북더북 썰어서 삶은 감자를 먹고 가부좌를 틀고 앉으면 이내 뱃속에서 꼬르륵 소리가 났지. 그래도 공부에 대한 일념으로 누구 하나 불평하는 사람이 없었지. 포난사음욕 기한발도심飽暖思淫慾 飢寒發道心이라고 했어. 등 따뜻하고 배부르면 엉뚱한 생각이 나고, 춥고 배고파야 도심道心이 발동한다는 말이야. 구할 것이 없는 풍요로운 세상에는 도인도 잘 나오지 않아."

대종사는 잠시 생각에 잠기더니 은사 구산스님 이야기를 들려주었다.

"수도암 토굴에서 정진할 때 직접 밭을 일궈 양식을 조달할 정도로 선농일치禪農一致의 행을 보였지. '일 수좌'란 말을 들을 정도로 가람 불사나 울력에 솔선수범하셨어. 그러다 보니 상좌들도 자연히 부지런할 수밖에 없었고, 일하는 가운데서 하심下心을 배울 수 있었어. 또한 은사 스님은 송광사에서 해인사로 또 동화사로 스승인 효봉스님을 모시고 직접 수발을 들 정도로 효성이 지극해 '효孝 상좌'란 별명도 얻었지."

대종사는 그 덕분(?)에 출가한 이후부터 줄곧 '할아버지뻘' 되는 효봉스님을 모신 '효 손상좌'로 유명하다. 그래서 대종사는 늘 효孝를 강조한다.

"효는 백행百行의 근본이야. 효행을 보면 그 사람의 됨됨이를 알 수가 있어."

1966년 효봉스님이 원적에 드실 때까지 모셨던 일화도 있겠다 싶어 그쪽으로 말머리를 돌렸다.

"스님은 제자들에게 말씀보다는 실천으로 묵묵히 보여준 어른이라 주변에서 모셔 봐도 별다른 말씀이 없는 분이셨지. 그저 물 흘러가듯 막힘없이 살다 가신 어른이셨어."

그래도 교훈을 줄만한 일화가 있을 거라는 생각에 한번 더 효봉스님을 모시면서 겪었던 일을 들려달라고 청했다.

"금강산에서 큰스님이 주석하시면서 읊은 경계송이 있었어. 그 구절이 지금도 내 마음에 자리하고 있지."

대종사는 효봉스님의 게송을 읊었다.

청간동류수　請看東流水
곤곤무정시　滾滾無停時
참선약여시　參禪若如是
견성하득지　見性何得遲

동으로 흘러가는 저 물을 보라
도도히 흘러 멈추지 않네

만약 참선을 이같이 하면
견성이 어찌 더딜까

대종사는 출가 수행자들이 지켜야 할 자세를 강조했다.

"출가는 몸으로 하는 것과 마음으로 하는 두 가지가 있어. 절에 가서 삭발하고 가사장삼을 입는 것은 몸의 출가요, 탐진치貪瞋痴 삼독三毒을 여의는 것은 마음의 출가야. 몸만 출가하고 마음은 탐진치로 가득 차 있다면 진정한 출가라 할 수 없지."

출가자가 도를 이루는 선결 조건에 대해서도 조목조목 짚었다.

"먼저 인과를 깊이 믿어야 해. 인연으로 인한 과보의 상응함은 털끝만큼도 어긋나지 않고 결정된 업은 실제로 피할 수 없는 것임을 알고 막행막식莫行莫食하지 말아야 해. 현전업보現前業報, 현세에 잘못된 과보를 곧바로 받는 일를 받을 수도 있어. 또 계율을 엄격히 지켜야 하고 세 번째는 믿음을 굳게 가져야 해. 부처님께서는 '모든 중생이 다 여래의 지혜와 덕상은 있지만 다만 망령된 생각과 집착으로 말미암아 능히 깨달음을 증득하지 못한다'고 했어. 계행이 청정하지 못하고 항상 동요하면 생각 생각에 분별심을 내 업장이 두터워진다는 사실을 명심해야 해."

대종사는 수행에 있어 가장 중요한 점을 강조했다. "하나의 수행 방편을 결정해서 곧바로 달려 나가야 해. 아침저녁으로 변해서는 안 된다는 것이지. 화두선도 좋고 염불도 좋고 경학도 좋다고 하면서 이것저것 두들기기만 한다면 결코 도를 이루지 못해. 해인사 선방에 가면 '唯以無念爲宗유이 무념위종無念爲宗' 이라는 편액이 있어. 오직 무념으로 가르침을 삼으라는 뜻이야. 하나의 목표가 정해지면 처마 끝에 낙숫물이 바위를 뚫는 것처럼 끈기 있게 그 길에 매진해야 해."

대종사는 마지막으로 대중과 더불어 살아가는 공동체의 삶을 강조했다.

"부처님 법을 따르는 자는 항상 대중을 의식해야 해. 내가 행동할 때 대중에게 피해를 끼치는지를 생각해 보아야 한다는 말이지. 자기 독창적인 사고는 좋은데 대중에 피해가 돼서는 안된다는 거지. 참선도 자존심과 이기심을 버리고 무아의 경지에 들기 위해 하는 거야. 대중 생활은 공동체의 소양을 함양하기 위한 수련장인 셈이지."

그러면서 금강경의 가르침을 설파했다.

"아상 인상 중생상 수자상我相 人相 衆生相 壽者相이 있으면 보살이 아니라고 했어. 이 이야기는 역으로 말하면 나보다 나 주변에 있는 사람을 생각하란 말이야. 목적을 성취하기 위해서 어떻게 보면 필요하지 않겠느냐고 생각할지 몰라도 그렇게 성취한 목적은 정당한 방법으로 얻는 결과가 못되는 거지."

독자들을 위한 덕담 한마디도 청했다.

"아름다운 마음씨를 가져야 해. 누구는 아름다운 마음씨는 타고난 성품이라 하는데 그렇지가 않아. 착한 마음을 내서 이웃에 대한 자비심을 내다 보면 선근善根이 자라게 돼. 그리고 세상에 나만 잘났다고 생각하는 오만한 마음은 버려야 되는 거야."

인터뷰를 마치고 절을 나서려고 하자 대종사는 보여줄 게 있다며 기자를 안내했다. 대구사원주지연합회장 시절부터 계속해온, 지역민을 위한 무료급식소인 '불자의 집'이었다.

"아직도 무료 급식하고 계세요?" 하고 물었다.

"경제가 어려워지니까 사람들이 더 와. 절 살림 어렵다고 매정하게 문 닫아 버릴 수도 없잖아."

예전에는 사원주지연합회 차원에서 점심시간에 무료 급식을 했는데 지금은 관음사 단독으로 자원봉사자들과 함께 매주 사흘(목 금 토) 동안 하루 백오십여 명의 점심 식사를 제공한다고 했다. 원명 대종사는 손수 음식을 장만하는 곳을 들여다보며 일일이 위생 상태를 점검하고 자원봉사자들을 독려했다. 그 모습 속에 지금까지 말씀하신 대종사의 자비 실천행이 오롯하게 들어 있었다. 대종사의 원력을 보니 무덥고 짜증스럽게만 느껴지는 대구의 더위가 견딜 수 있을 만큼 수그러들었다.

여태동(불교신문)

원명 대종사 1930년 경상북도 김천에서 태어나 1945년 송광사에서 구산스님을 은사로 득도했다. 이후 해인사와 부산 금정선원, 통영 용화사, 오대산 상원사 등 제방선원에서 수행, 정진했다.

계율과 효孝를 항상 중시한 대종사는 한국불교계의 거봉이었던 구산스님과 효봉스님을 지극히 모신 스님으로 이름이 높다. 특히 대종사는 '절구통 수좌'로 유명한 효봉스님이 밀양 표충사에서 원적에 들 때까지 시봉한 것으로 유명하다.

1968년부터는 송광사 대구포교원이었던 관음사에 부임해 40여 년이 넘게 주석하며 대구지역 불교 발전에 일조했다. 대종사는 1981년 9교구 본사인 대구 동화사 말사들과 그 밖의 조계종 사찰들의 연합체인 대구사원주지연합회를 창립해 회장으로 활동했다. 1989년에는 불교대구교육원을 창립, 지역 불자 교육에도 앞장섰다. 또한 대구사원주지연합회 산하에 (사)마하야나 불교문화원을 창립해 수성구 청

소년회관을 위탁받아 운영하기도 했다.
이 밖에도 광주사암연합회와 자매결연을 맺어 매년 영호남 불자 화합법회를 개최하기도 했다. 1979년에는 송광사 주지를 역임했으며 조계종 중앙종회의원(제5대, 6대)을 지내기도 했다. 송광사 율주도 역임한 대종사는 2002년 10월 조계종 원로의원에 추대돼 현재까지 활동하고 있다.

• 법문 원고를 검토하는 도문道文 대종사.

마음 가는 곳에 부처님 계시니

도문 대종사

가을로 접어드는 들판에서는 벼 익는 냄새가 구수했다. 신라 불교 초전법륜 성지 아도 모례원은 알곡이 영그는 논을 배경으로 조금씩 붉어지는 감나무들을 한가슴에 안고 있었다. 산뜻하게 정비된 모례원은 마치 시간이 멈춰선 곳 같았다. 1600여 년의 시간이 흐름을 멈추고 얕은 돌담 너머에서 모례장자와 아도화상이 걸어나올 것 같았다. 피폐했던 초전법륜 성지를 이토록 산뜻하게 가꿔 낸 불심佛心 도문道文 대종사를 찾아 뵙기에 가장 적절한 계절이다. 인사를 드리고 이것저것 질문을 드리니 사방의 벽이 무너질 듯 쩌렁쩌렁 답하신다. 한 사람 앞에서도 일만 사람 앞에서도 스님의 법문은 사자후다.

• 대종사께서는 출가 이후 줄곧 지니고 계시는 신조가 있으신지요?

•   용 성 진 종조사의 교훈인 마음 가는 곳에 부처님이 계시니(心處存佛), 차별 현상의 일용범사와 평등본체의 이치분상에 불공하라(理事佛供)는 가르침이 내 수행자적 삶의 줄기입니다. 또 3대 교화 지침인 생활이 곧 부처님 법이요 부처님 법이 곧 생활이라는 불교의 생활화와 불사佛事를 통하여 온 겨레 전 인류를 다함께 성불 인연 짓는 불교의 대중화, 참선參禪 염불念佛 간경看經 주력수행呪力修行인 불교의 지성화입니다. 3대 생활은 악을 그치고 선을 닦는 지악수선止惡修善의 보통생활, 나고 죽는 괴로움을 여의고 열반의 즐거움을 얻는 이고득락離苦得樂의 신앙생활信仰生活, 미혹을 굴려 깨달음을 여는 전미개오轉迷開悟의 수행생활修行生活로 정리할 수 있습니다.

• 스님께서 늘 강조하시는 5대 수행, 즉 참선 수행參禪修行 염불수행念佛修行 간경수행看經修行 주력수행呪力修行 불사수행佛事修行에 관한 자세한 설명을 부탁드립니다.

•   참선수행, 의단독로疑團獨露하여 지이다. 참선수행은 생각하여 닦는 사유수思惟修입니다. 선은 고요히 생각하는 정려靜慮인데, 마음은 육단심肉團心 연려심緣慮心 집기심集起心 견실심堅實心이 있어요. 육단심은 육체적 생각에서 우러나는 마음이고, 연려심은 보고 듣는 데서 분별하여 내는 마음이며, 집기심은 제7식第七識과 제8식第八識을 말함인데, 망상을 내는 깊은 속마음이지요. 견실심은 본성本性으로서 부처님의 성품과 같은 불성佛性입

• 인도 성지 순례 중 참선에 든 도문 대종사.

니다. 참입선도參入禪道의 준말이 참선인 바, 이 참선은 부처님의 성품과 같은 불성 곧 견실심을 보는 수행입니다.

그러기에 참선은 만법의 근본이고 불교의 핵심입니다. 부처님의 교법은 필경 이 선의 경지를 깨우쳐 주려는데 근본이 있는 것입니다. 그러기에 8만4천 무진 법문의 교리는 부처님 말씀이고, 선은 부처님의 마음이라고 하는 것 아닙니까? 닦지 아니하여도 되는 분이 있고 닦아야 할 사람이 있으니, 닦아야 할 사람을 위하여 세 가지 기본 방법을 설명 드립니다. 이를 삼관법三觀法이라 합니다. 정관靜觀 환관幻觀 적관寂觀이 그것이지요. 정관이라 함은 한 생각 일어나는 데서 고요히 관觀하기를 "이 한 생각이 어디서 일어나는고?" 일어나는 당처當處가 없는 도리를 깨달으면 고요해집니다.

환관이라 함은 밖의 경계를 보는 수행인데 보고 듣는 그 모두를 허깨비 환상이라고 보는 것입니다. 꿈은 허상이지 실상이 아니라고 알아버림으로써 환몽에 집착하지 않게 되는 겁니다. 삼라만상이 환상幻相임을 깨닫게 되면 집착을 여의고 자성自性이 밝아집니다. 지악수선止惡修善이 되는 것입니다. 적관이란 정관과 환관이 일치하게 된 것을 말합니다. 안으로 번뇌가 일어나는 것이 없고, 밖의 경계에 집착하지 않게 되는 것이니, 이것이 참선수행의 첫걸음입니다.

선은 외도선外道禪 범부선凡夫禪 소승선小乘禪 대승선大乘禪 여래선如來禪 조사선祖師禪으로 나누어 설명합니다. 저는 조사선을 설명하고자 합니다. 조사선 가운데에도 묵조선默照禪과 간화선看話禪이 있어요. 그중 간화선을 설명하면, 간화선의 3대 요건은 대신근大信根, 대분지大憤志, 대의정大疑情입니다. 대신근은 나도 부처님과 똑같은 불성인 진실본성眞實本性이 있다는 겁니다. 용성 진종조사와 똑같은 자성인 진실본성이 나에게도 있다고 확신하는 수행이고 대분지는 용성 진종조사도 하셔서 되셨다, 나도 하면 된다! 하는 대분지를 일으키는 것입니다.

대의정은 명안조사明眼祖師에게 화두話頭결택을 받아 대의정을 일으키어 확철 견성오도見性悟道함으로써 부처님과 조사님의 가르치심을 증명하는 것입니다. 이에 복덕보임福德保任 자심비심보임慈心悲心保任을 하면서 중생교화를 하는 세세상행 보살도를 정진해 나아가는 것이라 할 수 있습니다.

염불수행, 삼매현전三昧現前하여 지이다. 염불의 염念은 마음으로 생각하고 입으로 부처님 명호를 부르는데 통하고, 염불의 불佛은 불상佛像과 불체

佛體와 불명호佛名號에 통하므로 사종염불四種念佛로 나누어 해설합니다.

우선, 칭명염불稱名念佛은 불명호를 부르는 염불을 말합니다. 마음이 안정된 칭명정심염불稱名定心念佛과 마음이 산란한 칭명산심염불稱名散心念佛과 큰 소리의 칭명대념염불稱名大念念佛과 작은 소리의 칭명소념염불稱名小念念佛과 한 부처님 명호만을 부르는 칭명정행염불稱名正行念佛과 여러 부처님의 명호를 염불하는 칭명잡행염불稱名雜行念佛이 있어요.

관상염불觀像念佛은 아미타불 화신化身의 형상을 마음속에 관상하는 염불수행입니다. 일심으로 한 부처님의 성상을 관하고 생각하는 관상염불수행자는 사후에 그 부처님의 정토에 왕생하는 것입니다. 관상염불은 단정히 앉아 순일한 마음으로 한 부처님의 상호 공덕을 관하여 생각하는 염불수행입니다. 이리하여 염불삼매에 들면 염불삼매 가운데에서 부처님을 친견하게 되고, 한 부처님을 친견하게 되면 제불을 친견하는 것입니다.

실상염불實相念佛은 자신과 아울러 제법諸法의 진실한 자성인 법신을 관하는 염불수행이니 염불수행의 백미라 하겠습니다.

간경수행, 혜안통투慧眼通透하여 지이다. 간경은 경經을 보는 수행입니다. 경문經文을 소리 없이 눈으로 보고 읽어 나아가는 좁은 의미에서의 간경과 소리 내어 경문을 읽는 풍경諷經과 독경讀經 그리고 불전佛前에서 독경讀經 예배禮拜 등의 근행勤行까지 포함해서 간경수행이라고 합니다.

부처님께서 열반하신 그 해로부터 6백 년 동안 4차 경전결집이 이뤄진 것은 잘 알려진 사실입니다. 팔리어 경전은 남방불교로 전래되고, 산스크리트 범본 경전은 북방불교로 전래가 되었습니다.

한역漢譯 고려대장경은 81,258판 6,802권이며 1,511부이고 연기화엄부緣起華嚴部 소승아함부小乘阿含部 대승방등부大乘方等部 공혜반야부空慧般若部 실상법화부實相法華部 원적열반부圓寂涅槃部인 대종6부로 나누지요. 이 대종6부를 간경수행할 수 있도록 용성 진종조사께서는 근 20여 종의 한문 경전을 한글로 번역하시고, 10여 종의 어록을 저술 간행하여 온 겨레로 하여금 간경수행 혜안통투의 문호를 열어 주셨습니다.

주력수행, 업장소멸業障消滅하여 지이다. 주력呪力은 진언眞言 다라니陀羅尼의 작용作用입니다. 다라니의 힘의 작용을 사종四種으로 나눠서 법法다라니, 의義다라니, 주呪다라니, 인忍다라니라 합니다.

법다라니는 부처님의 교법을 듣고 잘 기억해 지니고 잊지 않는 것입니다. 문聞다라니라고도 해요. 의다라니는 모든 법의 한량없는 뜻을 모두 지녀서 잊지 않음인 것입니다. 주다라니는 선정에 의하여 발한 비밀어秘密語로서 부사의不思議 신묘한 영험이 있습니다. 마지막으로 인다라니는 모든 법의 실상을 깨달은 경지에 안주安住하여 있으면서 인지忍持하여 잃지 않음을 말합니다.

다라니는 무량무변한 뜻을 지니고 있어 모든 악한 법을 버리고 한량없이 좋은 법을 가지는 것인데 보통으로 다라니라 하는 것에는 두 가지 의미가 있습니다. 한 가지는 지혜 혹은 삼매를 말합니다. 말을 잊지 않고 뜻을 분별하며 우주의 실상에 계합하여 수많은 법문을 보존하여 가지기 때문입니다. 또 한 가지는 진언을 말합니다. 범문梵文을 번역하지 않고 음音 그대로 적어서 염송하는 것 말입니다. 이를 번역하지 않는 이유는 원문에 전체

뜻이 한정되는 것을 피하기 위한 것과 밀어密語라 하여 다른 이에게 비밀히 한다는 의미입니다.

불사수행, 복덕구족福德具足하여 지이다. 이 세상 재가와 출가의 모든 일이 불사를 통하여 성불인연을 짓게 되는 것입니다. 우리 인간에게 가장 소중한 것이 있다면 복덕과 지혜입니다. 불사는 복으로부터 시작하는 것이기 때문에 그 복전을 알아야 합니다. 복전은 경전敬田, 은전恩田, 비전悲田인 삼복전三福田이 있는데 용성 진종조사께서는 사전事田 불사수행까지 포함하여 사복전四福田을 설명하셨습니다.

첫째로 경전불사수행은 불법승 삼종삼보에 귀의하여 공경, 공양, 예배, 찬탄, 참회, 발원하는 것입니다. 은전불사수행은 보은복전報恩福田이라고도 합니다. 부모에게 효도하고 사장師長인 스승과 어른을 공경하며 국가에 충성하고 중생에게 은혜를 갚는 것입니다. 비전불사수행은 가난하고 어렵고 힘들고 병들고 의지할 곳 없는 환鰥, 과寡, 고孤, 독獨을 불쌍히 여기어 그들을 동정하여 구제하여 주면 한량없는 복보福報를 받는다는 것입니다. 밭에 씨앗을 뿌리면 싹이 돋아나는 데 비유하여 전田이라고 한 것이지요. 용성 진종조사께서 추가하신 사전불사수행은 부처님이 탄생誕生하신 네팔 룸비니원과 부처님이 성도成道하신 인도 보드가야 보리수원과 부처님이 최초로 설법하신 바라나시 녹야원과 부처님의 장구주석성지인 쉬라바스티 기원정사와 부처님이 열반시현하신 쿠시나가르 사라수원을 잘 가꾸는 것입니다. 또 가야, 고구려, 백제, 신라불교 초전법륜 성지와 신라의 진산鎭山인 낭산狼山과 신라의 성산聖山인 남산南山과 호국 호법도량 신라고도 남산 중

고위산 천룡사 제4창 불사인 불타조사(佛陀祖師)의 성지 가꾸기를 말하는 것입니다. 성지를 황무지로 만들어 놓고 어떻게 종교가 그 근본을 바로 세우고 교리를 펼쳐질 수 있겠습니까?

• 용성 진종조사께서는 기미년 3.1독립운동 민족대표 33인 가운데 불교계 대표로 잘 알려져 있습니다. 조사께서 불교의 정신과 가르침으로 불법을 길이 보전하기 위하여 수법제자인 동헌 완규조사에게 열가지 조목의 유훈[遺訓十事目]을 부촉하셨습니다. 완규조사는 제자이신 불심 도문스님에게 유훈실현을 당부하시니 스님께서는 용성 진종조사 유훈실현 후원회 지도법사로서 법사단, 고문단, 회장단, 화주진 등이 1961년부터 오늘에 이르기까지 유훈실현에 매진하신 것으로 알고 있습니다. 이 유훈 10사목에 대하여 알고 싶습니다.

• 　　　　제1사목은 가야불교 초전법륜 폐허성지를 잘 가꾸라는 것입니다. 가야불교 초전법륜 성지이고 신라불교 5교 9산 선문 중 제8 봉림산 선문인 창원 봉림동 봉림산 봉림사 봉림선당지인 경상남도 창원시 봉림동 176번지를 위시로 하여 총 20필지 13,625㎡(4,129평)를 민간인의 소유에서 구입 도량화하여 복원불사가 성취되기를 발원하고 있습니다. 이곳 봉림사지 일대는 1993년 12월 27일 경상남도 기념물 제127호로 지정되었습니다.

제2사목은 고구려불교 초전법륜 폐허 성지를 잘 가꾸는 것인데, 중국 길림성 집안시 국내성의 성문사지와 이불란사지는 중국의 형편이 여의하지 아니하여 방향을 바꾸어 중국 하남성 신정시 시조산始祖山에 인문초조人文初祖이신 황제黃帝 헌원軒轅 중천각中天閣 예배전禮拜殿 건립과 중국 하남성 등봉시 숭산 소림사 불심도량 경내에 용성 진종조사 해동법맥 비명 건립과 중국 복건성 천주시 남안에 동양 3국인의 제1충신이요, 천하 임林씨 태시조 비간공 유상을 모신 비간기념당 건립으로 대신했습니다.

제3사목은 백제불교 초전법륜 폐허 성지를 잘 가꾸라는 것입니다. 서울시 서초구 산 140-2번지를 위시로 한 10필지 54,029㎡(16,373평)를 민간인의 소유에서 구입, 백제불교 초전법륜 성지 우면산 대성사로 등기 완료하고, 대웅보전 33평, 요사 1층 157평, 요사 2층 157평, 도합 347평을 건립하여 유훈 실현을 완료하였습니다.

제4사목은 신라불교 초전법륜 폐허 성지를 잘 가꾸라는 것입니다. 경북 구미시 도개면 도개리 347번지를 위시로 하여 총 15필지 16,316㎡와 민가 5가구를 구입하여 도량화하고 1994년 모례샘을 경북문화재 자료 제296호로 지정받았습니다. 신라불교 초전법륜 기념관 목조와가 33평과 요사 1층 60평, 2층 다락 임시법당 40평을 건립하고 불사를 추진 중입니다.

제5사목은 신라의 진산鎭山인 낭산狼山과 신라의 성산聖山인 남산南山을 잘 가꾸라는 것인데, 경주시 배반동 634번지를 위시로 하여 총 33필지 29,399㎡를 민간인의 소유에서 구입 도량화하였습니다. 신라 제30대 문무대왕 다비지인 능지탑 기단부를 복원하고 낭산 사천왕사지를 민간인의 소유에서 구입 정부에 증정했으며 의상조사의 삭발 본산인 낭산 황복사가 폐허가 되어 3층 석탑 국가지정문화재 국보 제37호만 남았는데, 이 도량을 개인의 소유에서 구입하여 도량화하기도 했습니다. 중생사 서편 요사 뒤에 소재한 지장당 마애지장보살 성상을 국가지정문화재 보물 제665호로 지정받았습니다. 남산 칠불암을 민간인의 소유 관리에서 인수하여 도량화하고 국가지정문화재 보물 제200호인 칠불암과 보물 제199호인 신선대를 문인이 보호하고 있습니다.

제6사목은 호국 호법도량인 남산 중 고위산 천룡사지를 잘 가꾸어 수도발원 교화도량의 언덕으로 삼아라, 그리고 여력을 몰아서 부처님이 탄생하신 네팔 룸비니원 등 인도의 5대 성지를 잘 가꾸라는 것입니다. 경주시 용장리 887번지를 위시로 한 총 50필지 195,350㎡(59,093평)를 민간인의 소유에서 구입하고 민가 5호 등을 구입하여 도량화했습니다. 신라 3층 석탑이 폐탑이 된 것을 복원하여 1993년 12월 29일자로 국가지정문화재 보물 1188호로 지정받았습니다. 천룡사 법당 주위를 발굴 조사하여 천룡사지 발굴조사보고서가 나왔는데 이를 근거로 천룡사 제4창 확장불사를 기원하고 있습니다.

부처님이 탄생하신 네팔 룸비니원 국제사원구역내 한국사원 부지를 1995년 2월 27일에 UN산하 룸비니개발위원회로부터 11,616평 38,400㎡를 99년간 부지 임차를 받아 대웅보전 1,935평 제1요사인 대성무우수당 783평, 제2요사인 대성마야부인당 1,162평을 기와를 이지 않은 상태에서 완공하고 현재에도 불사가 진행 중입니다. 부처님이 성도成道하신 인도 비하르주 가야시 보드가야 보리수원 국제사원구역내 한국사원인 대각정사大覺精舍는 부지임차 조인을 추진 중에 있습니다.

제7사목은 불경과 어록을 1백만 권이 넘도록 발간 유포하라는 것입니다. 용성 진종조사 재세 시에 근 20종의 한문 불경 한글번역과 10여 종의 어록을 저술하여 10만 권이 넘도록 발간 유포하셨던 것입니다. 그리하여 그 10배인 1백만 권이 넘도록 발간 유포하라는 유훈 부촉과 그 수법제자인 동헌 완규(태현)조사의 당부를 받들어 제가 1961년부터 오늘에 이르도록 불일佛日 제1호 팔상록으로부터 시작하여 연화蓮華, 무아無我, 불교佛敎, 불심佛心, 가야伽倻 등을 거쳐 죽림竹林 제270호 상역과해 금강경에 이르기까지 제호를 바꾸어가면서 140만 권이 넘도록 발간 유포 무주상 법보시를 하여 유훈을 초과 실현하였습니다.

제8사목은 삼귀의 오계 수계법회를 통하여 수계제자가 1백만 명이 넘도록 할 것이며, 이 수계제자에게 아들이나 내지 손자대나 증손자대에 가서 한 아들이나 한 손자나 한 증손자를 잘 낳아서 잘 길러서 잘 가르쳐서 부처님 전에 바쳐 출가 봉공케 하라는 것입니다.

용성 진종조사께서는 1911년부터 1940년까지 30여 년간 3만여 명에게 삼귀의 오계를 수계하셨고, 그 수법제자 동헌 완규조사께서는 1941년부터 1960년까지 20여 년간 3천여 명에게 수계하셨습니다. 이를 이어받은 저는 1961년부터 2009년 오늘까지 1백 6만여 명에게 수계 설법하여 용성 진종, 동헌 완규(태현), 불심 도문 3대 법사로 이어지는 99년간에 걸쳐서 수계번호 1,092,745번에 이르러서 유훈을 초과 실현한 것입니다.

제9사목은 온 겨레 전 인류 만 중생과 성불 인연을 지으라는 겁니다. 이 유훈 실현을 위하여 저는 동헌 완규(태현)조사를 조실로 모시고 여러 인연

처에서 불사와 수행 전법에 신명을 바쳤습니다. 동헌 완규조사께서 1983년 음력 8월 4일 구례 지리산 화엄사 조실에서 입적하신 뒤로부터는 용성 진종조사 유훈실현후원회의 법사단, 고문진, 회장단, 화주진, 뜻있는 회원 등의 후원으로 불사를 진행해 오고 있습니다.

제10사목은 안으로 수행은 비묘엄밀하게 하고 교화는 중생의 근기를 따라하되, 악한이나 선한 이를 가리지 말고 인연 따라 승려를 만들고 잘난 이나 못난이를 가리지 말고 인연 따라 신도를 삼아 찬양도 받으면서 비방도 함께 받아 모두 다 수용해서 《묘법연화경》 제20상불경보살품의 상불경보살의 수행을 본받아 성불 인연을 지어 나아가라는 것입니다. 이 유훈을 받들며 제가 형성해온 스스로의 수행은 비묘엄밀한 것이기에 막설합니다.

• 워낙 많은 일을 하셨는데 향후 계획은 어떠십니까?

• 수행과 불사 그리고 전법에는 끝이 있을 수 없습니다. 살던 대로 살고 하던 대로 하면서 보다 많은 인연 중생들이 이고득락의 아름다운 인연을 맺을 수 있도록 용성 진종조사의 유훈을 받들겠습니다. 그동안 진행해온 모든 불사를 2013년에 회향하고 그 시점에서 다시 마무리할 것과 보완할 것, 더 진행할 것 등을 검토할 생각입니다.

임연태(현대불교신문)

도문 대종사 조계종 원로의원 불심佛心 도문道文 스님은 1935년 전북 남원에서 출생했다. 1946년 장성 백양사에서 동헌 완규스님을 은사로 득도하여, 만암스님을 계사로 사미계를, 1960년 부산 범어사에서 동산스님을 계사로 비구계를 수지했다. 이후 경주 분황사, 영주 부석사, 공주 마곡사, 의성 고운사, 장성 백양사, 정읍 내장사, 서울 대각사 등 여러 사찰의 주지를 역임했다. 현재 장수 죽림정사, 서울 우면산 대성사, 불타 탄생 성지 네팔 룸비니 대성석가사 조실이다. 국내 초전법륜 성지와 인도, 네팔의 불타 5대 성지 가꾸기에 힘쓰고 있으며 저서로는 《불교인의 365일, 인연과 윤회 이야기》 등이 있다. 1998년 2월 중국 정부로부터 중국 시조산 제12대 명인으로 추존되었다. 2008년 조계종 최고의 법계인 대종사 품계를 받았다. 2009년 제21회 조계종 포교대상을 수상하였다.

• 지관智冠 대종사의 자애로운 미소에는 불법에 대한 깊은 통찰이 담겨 있다.

일체중생을 아낌없이 사랑하라

지관 대종사

한국 현대불교사에 굵직굵직한 흔적을 새긴 지관 대종사. '학승' 그리고 '율사' 두 단어면 스님의 수행 이력 그리고 업적을 대략 상상할 수 있다.

한국불교를 대표하는 '학승' 지관 대종사는 20대 초반 이후 지금까지, 해인총림 도량에서의 20여 년과 종립 동국대학에서의 20여 년 후학 양성 그리고 《가산불교대사림》 편찬으로 대표되는 가산불교문화연구원에서의 20여 년 연구저작활동 등 60여 년간에 걸친 일관된 스님의 활동에서 그 특징이 드러난다. 스님이 불교사전 편찬에 관심을 가지게 된 것은 1970년대 중반 일본에서 편찬된 《망월불교대사전》을 보고 난 후부터이다. 당시 우리나라에는 운허 스님이 일본 모범불교사전을 번역하고 한국불교의 중요 술어 몇 가지를 추가해 1961년 펴낸 《불교사전》 한 권이 전부였다.

"불교의 중흥은 부처님의 가르침인 경·율·론 '삼장'을 바르게 전승하고, 이에 근거해 계·정·혜 '삼학'을 충실히 수행하는 것이 요체입니다. 삼장을 제대로 전승하기 위해서는 불교 용어에 대한 바른 이해가 기초가 되어야 하기에 사전 편찬은 교학 진흥에 토대가 됩니다."

기초자료 조사 기간만 십여 년이 걸렸다. 1991년 가산불교문화연구원 개원과 함께 본격적으로 편수 작업이 시작된 《가산불교대사림》은 자료 입력에서 편집·교정·제작까지 외부의 도움을 받지 않고 연구원에서 모두 이뤄냈다. 이는 난해하고 복잡한 자료를 수용하여 편집·출간하는 과정이 더욱 중요할 뿐 아니라, 제작 과정에서 발생하는 부수적 재정 부담 또한 절약하기 위함이었다. 지금이나 그때나 가장 큰 어려움은 재원 마련이다. 사전 편찬은 대원력이 아니면 수행해 낼 수 없는 수지타산 무한제로의 어려운 작업이다. 자료 수집과 연구에 관한 한 '무한투자' 원칙을 고수하던 지관스님은 '절약'이라는 방법부터 동원했다.

동국대 재직 당시 받는 월급 등 모든 수입을 사전편수실 통장에 자동이체하였고, 승용차를 처분하고 버스 등 대중교통을 이용했다. 15년간 차없이 출근하는 원장 스님 때문인지 20여 명의 연구원들이 상근하는 연구원 주차장은 오직 외방객들을 위한 공간으로 지금도 늘 비어 있다.

"재정 때문에 난관에 부딪힐 때가 언제나 있었고 앞으로도 그렇겠지요. 하지만 부처님의 가피인지 그때마다 호법신장처럼 후원자들이 나타나곤

합니다. 《가산불교대사림》은 수많은 분들의 끝없는 정성 하나하나가 모여서 성취되어 가고 있습니다. 가피는 우리들의 원력과 노력에 비례한다고 생각합니다."

후학들이 그리고 우리들이 좀 더 쉽게 불교를 공부하여 불법을 깨닫고, 살기 좋은 세간을 만들기를 바랐던 대종사의 원력 덕분이었을까? 정부로부터 2009년부터 5년간 10억원을 지원받아 그나마 위로를 받았다. 81년 이후 10여 년간 항목 수집기, 91년 이후 다시 10여 년간 편수 및 기초 작업기를 지나, 1999년부터 본격 출간기를 맞이했고 매년 한두 권씩 11권을 출간하고 있다. 원고의 집필, 교정, 윤문, 감수 그리고 편집제작까지 아우르는 전과정에 년간 8~9억원의 재정이 투입되고 있다. 지관스님은 이 사전의 유통과 전법 원력으로 삼장을 터득하고 삼학에 정통한 후학들이 배출되고, 물신과 서풍에 젖어 방황하는 우리 지식계와 대중 사회에도 요익중생의 무상불법이 활발하게 진흥되길 바라는 간절한 바람으로 이 불사에 고군분투하여 왔다.

스님은 《가산불교대사림》 외에도 불교계 및 학계에서 전인미답이라 할 수 있었던 불교 금석문 분야에도 남다른 열정으로 임해, 10여 년간 강의와 답사 등을 수행하며 400여기에 이르는 고승들의 비문을 수집 역주하여 《역대고승비문총서》(전7권) 역작을 내놓기도 하였다. 1974년 펴낸 《한국불교소의경전연구》는 한국불교학 자료의 서지적 기원으로 평가받고 있으며, 《조계종사》, 《해인사지》 등 율장 연구는 물론 우리 교단사의 정체와 미래를 위한 귀중한 자료들을 정리 출간하였다.

'율사' 지관 대종사는 어떤 모습일까 궁금하다. 근대 계맥의 중흥조 자운스님의 율맥을 이은 '율사' 지관 대종사는 《남북전육부율장비교연구》, 《비구니계율연구》, 《계율론》, 《한국불교계율전통》 등 율학 관련 교재를 발간해, 율풍 진작에도 힘써오고 있다.

경·율·론 삼장에 두루 능통한 지관스님은 "양심을 속이는 중들은 살지 말아라, 계율이 있는 곳에 불법이 있다"는 율사 자운스님의 말씀을 평생 가슴에 새기며 살아오셨다.

"우리나라에는 신라시대에 대표적인 자장율사와 진표율사가 계셨지만, 고려와 조선조를 거치며 공인된 계단설치 등 율맥이 잘 전승되지 못하였습니다. 그러나 개별 사원과 문도들에 의해 수수전계하는 수계 전통은 끊어지지 않았습니다. 그러던 중 조선조에 대은율사께서 칠불암에서 계맥을 중흥하기 시작하였으니, 십여 일을 기도해 불씨 없는 향에 불이 붙는 서상으로 불보살이 증명하는 서상수계를 받아 전하였습니다. 이럴 정도로 계맥을 이어가는 일은 쉽지 않습니다. 은사 자운스님께서는 불교정화 전부터 계율 중흥을 통한 여법한 대중살림이 교단 중흥의 핵심임을 깨우치시고, 일생을 율풍 진작과 대중 중흥에 전념하셨습니다. 강사·선사는 많은데 율사가 없다는 것이었습니다. 남산에 있는 국립도서관 등에 출입하시며 율장과 그 주석 등을 친히 베끼며 연구하셨지요. 율의본과 계첩, 계본 등을 손수 제작·유통하시고, 80년대부터는 계율산림법회를 상설하여 강설하시는 등 늘 바쁘셨습니다. 정화 이후 율장과 계본 수만 부를 교단 내에 유통하셨습니다. 아울러 종단의 단일계단 설치를 완비하셨을 뿐 아니

• 1958년 통도사 금강계단 앞에서 찍은 전등염송 졸업 기념사진
(앞줄 왼쪽부터 월하스님, 운허스님, 영암스님. 뒷줄 왼쪽부터 월운스님, 홍법스님, 지관스님).

라 비구니승가를 위한 이부승 수계 제도를 충실히 회복하는 등, 참으로 근대 이후 필수불가결한 종단 중흥의 토대를 마련하셨던 것입니다. 누가 무어라 해도 근대 율풍 진작의 대선지식입니다. 일타스님 등과 같이 자운스님께 율을 배웠으며, 이후 현재 우리 종단의 많은 율사들이 스님의 율맥을 이어 계단 중흥에 전념하고 있습니다."

현대 불교 최고의 '학승'이자 '율사' 지관스님도 처음 절에 들어갈 때는 출가를 염두에 둔 것은 아니었다. 15세쯤 됐었을 때 몸이 많이 아파 일여 년 동안 정양차 고향 가까운 보경사에 머물게 되었다. 일 년이란 시간 동안 아침저녁으로 부처님을 뵙고 스님의 법문을 듣고 하니 자연스레 불교에 귀의하고픈 마음이 들었다. 그때 마침 해인사에서 온 스님을 따라 해인사에 첫발을 내디딘 것이 16세 때이다. 자운스님을 은사로 계를 받고 운허스님 문하에서 삼장을 익혔다.

지관스님은 은사 자운스님 외에 모시는 스승이 두 분 더 있다. 스님은 손수 '일생에 잊지 못할 삼은사三恩師' 라 모시며 색이 바랜 옛 흑백 사진 3첩을 서재 벽에 걸고 늘상 향을 사른다. 세 분의 스님은 바로 자운, 영암, 운허 스님이시다. 율풍 진작과 종단 화합에 앞장섰던 자운스님, 종단 행정과 대중살림에 밝았던 영암스님, 불학 연구와 후진 양성에 평생을 바쳤던 운허스님 등 한결같이 종단을 위해 실질의 한몫을 해내신 근대의 선지식들이다.

지관 대종사는 선과 교는 양날개와 같이 중요하며, 계율은 그보다 앞선 토대라고 늘 강조한다. 자신을 다스리는 계와 타인과 화합공주하기 위한 율은 출가자 나아가 사부대중에게 필수항목이다. 계와 율은 선택과목이 아니라는 것이다. 율사는 모든 대중에게 계율을 가르키기 위한 선지식이 되어야 한다는 뜻이지, 율사만 계율을 전공하라는 뜻은 아니라고 강조한다. 한편 교학승이 참선을 하지 않거나, 선승이 부처님 법을 모른다는 법도 있을 수 없다. 계·정·혜 삼학은 솥의 세 발과 같아 한 가지만 부족해도 바로 서 있을 수 없는 것과 같다고 늘 강조한다.

나아가 스님은 삼학은 삼장교학이 토대가 되어야 한다고 강조한다. "경률론 삼장 공부는 신심을 일으키기 위해 필요할 뿐만 아니라, 출가자나 재가자의 생활 좌표로 삼기 위해서 더욱 필요하다"고 말씀한 스님은 한편 재가불자를 위한 대비대행의 보살행의 좌표가 될 가르침으로서 《법화경》의

• 지관 대종사는 현대인들이 필수로 지녀야 할 패스포트는 바로 "일체 생명이 존엄하다는 자각"이라고 일갈했다.

〈관세음보살보문품〉, 《화엄경》의 〈보현행원품〉, 《범망경》의 〈보살계품〉을 선정, 수지 독경할 것을 권한다.

"신심과 대비행을 일으키기 위해서 〈관세음보살보문품〉을, 자신의 습기와 업력을 다스리고 일체생명을 존중하게 하는 대승계법인 《범망경》의 10중대계 48경계를 생활 좌표로 삼으세요. 더불어 고단하고 지친 자신과 세간의 모든 중생을 위해서는 《보현행원품》을 수지 독송하시며 늘 대비원행을 실천하십시오. 십대행원 끝마다 '무유피권無有疲倦' 즉 아무리 힘들어도 피로하거나 권태롭다고 여기지 말고 끝없이 발심 정진하라고 가르치고 있습니다. 재가불자 누구나 실천할 수 있습니다."

지관 대종사는 조계종 소의경전 《금강경》에 대한 말씀도 빼놓지 않으신다.

"수천 종의 경전이 있습니다만 조계종의 소의경전인 《금강반야바라밀경》은 불법의 근본이고 팔만장경 가운데 핵심이 됩니다. 조계종의 종지 전통에 소의가 되는 이유이지요."

"선종은 불립문자不立文字 견성성불見性成佛을 종지로 하는 종파입니다. 관습과 문자에 의존하지 않고 실상을 보게 합니다. '이이집현삼공離二執顯三空'은 금강경의 요체입니다. 아집과 법집을 버리고 아와 법이 공함을 드러내면 허상은 타파되고 비로서 번뇌는 사라집니다. 진정 뜨거워야 벗어날 수 있는 것과 같습니다. 입으로 '불' '불' 하고 아무리 불러봤자, 입속은 뜨거워지지 않습니다. 불덩이가 입에 들어와야 비로서 뜨거운지 알고 벗어날 수 있습니다. 말로 불이라고 천만번 불러봤자 입이 뜨거워지지 않듯이, 말과 모양은 가상이요, 실체가 아닙니다. 번뇌를 여의고 일체중생을 사랑할 수 있는 대자유인이 되기 위해서입니다."

"현대인들은 누구나 몇 개의 카드나 패스포트를 갖고 다닌다"며 이제 온 국민이 필수로 지녀야 할 패스포트가 무엇일까. 스님은 처음도 끝도 '일체 생명에 대한 자애심'이라고 가르치신다.

"개인의 구복을 위해 기도하거나 중생을 상해하거나 괴로움을 주면서 나만의 해탈을 위해 선정에 들려 한다면 바른 선정에 들 수 없거니와 지혜도 얻을 수 없습니다. 대자대비행은 선택의 여지가 없는 만중생을 위한 무상대도입니다. 선정도 깨달음도 그 궁극에는 자비의 실현입니다."

스님의 말씀은 당연하지만 엄중한 '자리이타행'을 다시 한 번 가슴에 새기게 한다. 사바세계, 삼독으로 얼룩진 윤회의 수레바퀴에서 부처님 말씀을 만난다는 것은, 그래서 깨닫고자 정진한다는 것은 그야말로 세간을 밝히는 '등불의 혁명'일 수밖에 없다는 생각을 가슴에 새기게 한다.

"삼독을 여의는 길이 출가요 보리심을 발하는 것이 대승의 길이니 참으로 완전히 비우면 만덕萬德이 꽉 차게 되는 것입니다. 진공묘유眞空妙有는 이를 두고 이른 말입니다. 삼독을 비우고 만덕을 기르는 일은 삼학을 근본으로 합니다. 계정혜 삼학은 번뇌와 윤회의 사슬인 삼독을 끊는 보리의 방편입니다. 나아가 삼학의 토대가 되는 삼장은 불교인의 필독 교과서이고, 수행 정진은 불자의 본분사입니다. 나아가 승가는 이제 우리사회를 보살피는 학교가 되어야 할 것입니다."

스님은 2,500여 년 전 이후 부단히 공주共住의 공화共和전통을 이어온 한국의 승가에 대하여 아낌없는 자긍심과 무거운 책임감을 아울러 강조한다. 불교의 사회적 책임이 정법 중흥과 승가공동체 전승에 기초하고 있음을 나타내는 말씀이다.

"관념적인 불교의 진리만을 자산으로 보지 마세요. 1,700여 년을 이어온 한국불교의 승가는 아시아에 전승된 수승한 대승불교권의 불살생 출가공동체임은 물론, 부종수교扶宗樹敎의 종지 전통마저 아울러, 독특한 선풍으로 개명한 금상첨화의 불연토입니다. 이제 교단 내 모든 구성원들이 무게 있는 이 자산을 자랑스러운 터전으로 삼아, 힘찬 자신감과 건강한 비판 그리고 따뜻한 화합으로 함께하며, 일체중생을 아낌없이 사랑할 때라고 생각합니다."

강지연(현대불교신문)

지관 대종사   1932년 경북 영일에서 태어났다. 1947년 해인사에서 율사 자운스님을 은사로 득도했다. 1957년 해인사 강원 대교과를 졸업하고, 1976년 동국대 대학원에서 철학박사 학위를 취득했다. 스님은 강원 졸업 이후 1970년까지 해인사 강원 강주로 후학들을 지도했으며, 1970~1972년・1993~1996년 해인사 주지를 맡아 대중을 외호하였다. 스님은 또한 1995년 '가야산 국립공원 골프장 건설저지' 해인총림대책위원장을 맡아 훼손 위기에 처한 가야산과 팔만대장경을 지키기 위해 지역 환경운동연합단체들을 격려하며 함께 골프장 건설승인계획 완전백지화에 총력을 기울이기도 했다. 1975~1998년 동국대 선학과 교수로 재직했으며, 1986~1990년 동국대학교 제11대 총장을, 2005~2009년 제32대 조계종 총무원장을 각각 역임했다. 현재 동국대 명예교수이자, 가산불교문화연구원 원장이다.

• 영축산 축서암에서 주석하고 있는 초우初宇 대종사.

매 순간 순간이 출가

초우 대종사

불지종찰 영축산 통도사 산내 암자인 축서암은 축서산 중턱에 자리하고 있다. 축鷲자는 독수리를 뜻한다. 흔히 취로 발음하는데, 불교에서 사용하는 용어는 축으로 발음하는 것이 일반적이다. 부처님께서 법화경을 설하신 곳이 바로 독수리 모양을 한 영축산이었다. 새들의 왕이라는 독수리처럼 용맹정진을 상징하는 산사가 바로 영축산이다.

원로의원 초우 대종사가 주석하고 계신 축서암을 찾았다. 대웅전 뒤편 소나무가 적지 않은 수령을 뽐내며 저마다 멋을 부리고 서 있었다.

"큰스님, 큰스님 계십니까?"

"들어오세요."

누구인지 신분을 확인하는 절차가 익숙한 사람에게 중간 과정을 모두 생략한 채 '들어오라'는 답이 방문을 넘어 왔다. 초우스님과의 첫 만남은 그렇게 시작됐다.

불교의 수행은 버림에서 시작된다. 나에게 이익을 주거나, 편리하도록 이끄는 주변의 모든 것을 끊임없이 버리는 과정이 바로 수행의 과정이 아닐까. 초우 대종사는 15세 때 모든 것을 버리고 출가 수행자의 길을 선택했다. 그리고 질곡의 시대를 헤쳐오면서 자연스럽게 조계종의 중진 위치에 올랐다. 중진의 자리도 편하지 않았다. 수행의 표상인 대종사의 자리에 오르기까지 스님은 일제강점기에서 한국전쟁, 조계·태고종간의 분쟁, 종단 내부의 분쟁을 직간접적으로 겪어야 했다. 출가자가 수행에만 전념할 수 없는 분위기, 시대가 그러했다.

여러 직책은 제쳐두고 조계종 총무원장과 영축총림 통도사 부방장이라는 자리가 이사理事를 넘나들며 수행한 스님의 단면을 보여준다. 스님은 통도사 방장 월하스님이 입적한 이후 총림 대중의 절대적 지지를 받으며 실질적으로 방장 역할을 해왔지만, 방장 추대 문제가 외부에서 붉어지자 '툭' 내버렸다. 출가 수행자에게 화합이 가장 중요한 미덕이기 때문에, 만인의 존경을 받을 자리지만 스님은 이를 주저없이 버렸다. 그리고 작은 암자에 머물면서 후학들에게 '초발심'을 몸소 실천해 보였다. "매 순간 순간이 출가"라는 스님의 말처럼 스님은 출가한 지 회갑이 되는 나이에 다시 출가하는 모습으로 가르침을 전했다.

스님께 삼배를 올렸다. 20여 년 전 대구불교를 결집시키기 위해 동서분

• 대중 화합이 불교의 제일 미덕이라고 강조하는 초우 대종사.

주하던 스님의 사진을 신문을 통해 본 것이 전부였다. 스님은 아무런 말도 없이 절을 하는 기자를 아주 천천히 바라보며 합장으로 절을 받아 들였다. 삼배가 끝나고 자리에 앉자 옅은 웃음을 지어보이셨다. 그리고 물었다.

"그래 누구신데, 무슨 일이십니까?"

"이런저런 일로 스님을 인터뷰하고 싶어 왔습니다."

'인터뷰'란 말에 스님은 눈을 감고 염주알을 돌리기 시작했다. 침묵. 총무원장 소임을 보신 경험을 가진 분이기에 인터뷰는 자연스런 일일 것이라고 짐작했다. 기자의 착각이었다. 스무여 개의 알이 묶인 염주는 하도 닳아서 곧 끊어질 것 같았다. 염주알이 정확히 한 바퀴 돌았다.

"그동안 저는 언론과 인터뷰한 적이 없어요. 신도라면 차 한 잔 줄 수 있지만, 저를 책으로 쓰겠다니 앞으로는 모든 질문에 노코멘트하렵니다."

또렷한 말이 한 자 한 자 귀에 박혔다. 염주알이 다시 스님의 손바닥으로 사라졌다. 하나 하나. 그렇다고 물러설 수는 없었다. 다시 염주알이 한 바퀴 돌기를 기다려 물었다.

"요즘 세인들이 어려운 경제 상황으로 매우 힘들어 합니다." 알고 있다는 듯, 스님이 고개를 끄덕이신다. "그 중생들을 위해 한 말씀 부탁드립니다."

잠시 생각에 든 스님은 "이휴!" 큰 한숨을 내어쉰다. 중생이란 말에 마지못해 답을 하신 것이다.

우리는 세상을 살아가면서 참으로 많이 화 내고, 참으로 많이 다툰다. 심지어 작은 일이 발단이 돼 살인까지 저지르는 세상이다. 천 원짜리 내기 장기를 두다가 살인을 저지른 한 노인, 수억 원의 위자료를 요구하며 이혼을 요구하는 아내를 살해한 수백억 대 자산가 이야기 따위 등이다. 신문 가십난에 실리는 어이없는 사건을 보면 분명 작은 일이지만, 당사자들에게는 당시에 매우 자존심이 상하는 일이었을 거다.

화나는 일을 참는 방법, 힘든 상황을 이기는 손쉬운 방법은 호흡 한 번 크게 내쉬는 것이다. 화가 나는 상황에서 바로 말하지 말고, 한숨 한 번 내쉬고 나면 말은 정화되어 나오게 된다. 주워 담을 수 없는 말을 내뱉어 구업口業을 짓기 전에 생각을 먼저 하고 말을 하게 되면, 그 상황에서는 말주변이 부족하거나 말싸움에서 지는 쪽이 될 수도 있겠지만, 그때뿐이다. 더 큰 화를 면할 수 있다. 스님의 깊은 한숨은 그냥 내뱉은 한숨이 아니라 분명 중생들에게 스님이 전해주고 싶은 법문이었다.

　스님은 올해 세속 나이로 77세, 법랍이 62세다. 15세 때 출가한 스님은 대중이 80명이 넘는 총림에서 수행자의 첫발을 내딛었다. 스님에게 주어진 첫 임무는 채공과 갱두라는 소임이었다. 후원에서 야채를 다듬어 반찬을 만들고 국을 끓이는 임무였다. 가마솥을 이용해 음식을 하노라면 잠시라도 한눈을 뗄 수 없었다. 같은 연배의 스님들 대부분이 그랬겠지만 스님도 '공부'를 하고 싶어 출가한 까닭에 일 분이라도 시간이 나면 책을 들여다 보기에 바빴다. 그 당시 사찰은 살림이 넉넉하지 못해 항상 배고팠다. 쌀독은 항상 바닥을 긁어야 했고, 야채도 잎사귀 하나 버릴 것이 없었다. 국을 끓이라치면 우선 대중의 숫자에 맞춰 물을 붓고 야채나 양념을 넣어야 했다. 음식맛을 낸다는 것은 사치였다.

　하지만 초우스님은 총림 생활이 행복했다. 총림이기에 당시 한국을 대표하는 선지식들이 많이 거주했던 까닭이었다. 판사 출신 수행자로 유명한 효봉스님에게 치문(승가교육의 첫 단계 교과과정)을 배웠을 때가 가장 행복했다는 스님의 회고가 적힌 글이 떠올랐다. 스님은 그때 '부모미생전 父母未生前 본래면목本來面目'이라는 화두를 받았다.

　이생의 몸은 부모에게서 나왔지만 그 이전의 나는 무엇이었을까. 스님께 화두를 깨우친 이야기를 청했다. 스님은 눈 감은 채로 염주알만을 굴리고 있었다. 답은 없었다.

　해방 후 한국전쟁을 걸치면서 전국의 사찰이 황폐화됐다. 그나마 괜찮은 절은 대부분 대처승이 거주하면서 독신 비구승을 멸시하는 풍조마저

심했다. 그래서 대부분의 스님처럼 초우스님도 이 절 저 절 옮겨다녀야 했다. 공부를 하고 싶다는 생각에 절을 돌아다녔지만 어느 정도 거주하려면 자신이 먹을 식량을 싸들고 들어가야 하던 시절이었다.

동화사에서 관응스님에게, 통도사에서 운허스님에게 잠깐씩 학문을 배울 기회가 있었다. 또 부산 범어사, 금수암, 대구 관음사에 잠깐 잠깐 머물면서 운수 행각을 이어갔다. 한번은 부산 대각사에 머물게 됐는데, 그곳에서 강원을 만들었다. 강원을 마치면 대학에 입학할 자격을 받을 수 있었는데, 그나마 좋은 강사를 모시는 일이 여의치 않았다. 얼마 못가 강원은 흐지부지됐다.

일여 년 전 한 선배가 초우스님을 인터뷰한 적이 있었다. 여러 제자 스님께 청탁을 해 간신히 인터뷰 자리를 마련했었단다. 그때의 질문이다.

"월하스님 입적 이후 계속해오던 방장 역할을 어떻게 한 순간에 놓았습니까?" 조심스런 질문에 스님은 거침없는 답변을 하셨다.

"아쉬울 게 없어요. 어떤 소임이든 마찬가지입니다. 나이 들수록 중책은 오히려 놔야 한다는 생각입니다. 원로의원 소임도 원래 생각이 없습니다. 총림에 방장, 부방장 자리가 비워 총림을 위해 맡아달라는 대중의 간곡한 뜻을 받아들인 것뿐입니다. 시비가 있으니 놔야지요. 승가라는 말에는 본래 화합이라는 의미가 담겨 있지 않습니까? 화합이 안 되면 정치도 사회도 그 어느 것도 제대로 되기 어렵습니다. 화합은 고집 부려서는 절대 안 되는 일, 내가 먼저 양보해야 하는 일입니다."

오래전 일이지만 대구사원주지연합회와 대구불교회관, 갓바위(선본사)

를 운영하면서도 우여곡절이 있었다. 하지만 스님은 잡음이 일기 시작하면 미련없이 자리에서 물러섰다. 스님은 그런 자신에 대해 "성격이 좀 과한 데가 있다 보니 결국 제대로 한 것이 없다. 그것이 단점이다"고 한다.

스님의 하심下心하는 마음은 구정九鼎선사의 이야기로 거슬러 올라간다. 구정선사의 법명은 '아홉, 솥가마' 라는 뜻이다. 스님이 출가를 했을 때 한 노스님이 부엌의 가마솥을 옮겨 걸라고 지시했다. 청년은 노스님이 시킨 대로 흙을 파서 짚과 섞은 다음에 아궁이를 만들어 솥을 옮겨 걸었다. 해가 기울 때쯤 후원에 노스님이 들어왔다. 그러고는 다른 쪽에 아궁이를 만들어 옮겨 걸라고 했다. 다음날 해가 뜨자마자 일어난 스님은 다시 아궁이를 만들고 솥을 옮겨 걸었다. 저녁이 되자 노스님은 잘못됐다고 야단치고 트집 잡고, 아궁이를 허물어 버리고 다시 걸라고 했다. 그렇게 아홉 번 아궁이를 만들었다. 하지만 청년은 매번 정성스럽게 아궁이를 만들고 묵묵히 시키는 대로 했다. 그제서야 노스님은 청년에게 계를 주고 아홉 번 솥을 고쳐 걸었다는 뜻에서 구정이라는 법명을 내렸다고 한다. 출가한 지 60년이 넘도록 스님이 항상 간직하고 사는 하심에의 가르침이었다.

살아온 내 모습을 스스로 반추해 봐도 그렇다. 오계를 지키기보다 하심하는 마음을 유지하기가 더 힘들다. 동냥을 하는 걸인에게 야단을 맞고 가만히 있을 사람이 얼마나 될까? 권력이나 재산이 조금 쌓이면 운전기사가 문을 열어줘야 차에 오르는 습관을 가진 사람들도 많다. 식당에서 종업원에게 반말을 하는 중년의 사람들을 만나는 것이 어렵지 않다. 하지만 초우 대종사는 종단 최고의 자리라는 총무원장을 거쳐, 최고의 품계인 대종사의 자리에 올랐지만 속인 누구에게도 말을 놓지 않으신다. 하심이 몸에 배어있는 까닭이다. 그래서 처음 문 밖에서 큰스님을 찾았을 때도 '누구시오?'라는 대답이 아니라 "들어오세요"라는 대답이 돌아온 것이다.

말씀을 하지 않으시려는 스님과 어떻게든 한마디라도 더 들으려는 기자의 무례 속에서 삼십여 분의 시간이 지났다. 최근에 건강이 좋지 않아 앉아 있는 것조차 힘들어하는 스님이지만, 스님은 '가 달라'는 말도 없으셨다. 정좌를 한 채로 염주를 돌리면서 기자가 스스로 일어나 주기를 기다려 줬다. 본인에게는 철저한 수행자이지만, 후학과 중생들에게는 자비로운 면모를 지닌 스님의 단면을 그대로 볼 수 있었다.

일어나서 일 배로 인사를 드렸다. 그제서야 스님은 웃음을 보이셨다.

"조심해 가세요."

방을 나오니 상좌 스님이 떡을 먹다가 황급히 한쪽으로 치운다. 그러고 보니 점심 공양 시간이 훌쩍 지났다. 수행자에게 예불 시간과 공양 시간은 수행의 연장인 까닭에 매우 규칙적이다. 그래서 그 시간을 피해 만나는 것이 상식이다. 하지만 언론과 잘 안 만나 준다는 말에 공양 시간 조금 전에 무작정 절을 찾아간 기자의 무례함이 원인이었다.

"미안합니다" 상좌 스님이 먼저 말을 꺼냈다. 오히려 죄송한 쪽은 기자였다. 상좌 스님은 문 앞까지 나와 배웅을 해준다. 인사를 마치고 다시 돌아와 대웅전 뒤에 위치한 소나무를 감상하고 있자니 스님이 따라와 설명을 해준다.

"멋있지요? 일제강점기에 강제로 소나무를 공출할 때 스님들이 목숨을 걸고 지켜낸 소나무랍니다. 큰 나무들 아래에 보면 구멍이 있는데, 나무를 베어가는 대신 구멍을 뚫어 송진만 채취해 갔다고 합니다. 그때 난 상처지요."

햇볕을 보지 못하는 소나무 가지는 스스로 부러진다. 그래서 나무 맨 윗부분에만 푸른 잎을 간직하고 있다. 소나무는 또 가지를 잘라내면 껍질이 옹이를 감싸 안는다. 그래서 가지를 쳐내고 몇 년이 지나면 그 자리를 찾을 수 없게 된다. 수행자가 그렇다는 생각이 든다. 본인이 허물이 있을 때는 여러 아픔을 감내하며 스스로 그 싹을 잘라버린다. 마치 햇볕을 보지 못한 가지를 부러트리듯. 또, 다른 사람의 허물이 있으면 이를 천천히 덮어준다. 그 안에서 스스로 반성하고 깨닫게 한다.

'오늘 좋은 가르침 많이 받아서 갑니다.' 소나무처럼 살아가는 초우 대종사의 법문을 담고 축서산을 내려섰다. 그렇게 살아야지 하면서.

안직수(불교신문)

초우 대종사　1933년 해인사 인근 마장리에서 태어난 초우스님은 15살 되던 해인 1947년 해인사에서 동운스님을 은사로 출가했다. 같은 해 10월 15일 해인사에서 효봉스님을 계사로 사미계를 수지, 1957년 통도사 전문강원 대교과를 수료한 후 1958년 3월 15일 범어사에서 동산스님을 계사로 비구계를 수지했다.

1973년 동국대 행정대학원을 수료했으며 통도사 주지와 총무원의 재무부장 감찰위원, 중앙종회 부의장을 거쳐 제19대 총무원장(1981.6.10~1982.1.7) 소임을 맡기도 했다. 현재 종단의 원로의원이며, 구하九河스님 문도들로 구성된 축산鷲山문도회 회장을 맡고 있다.

스님은 가끔 통도사에 올라 방장 원명스님과 나들이를 즐긴다고 한다. 6월 초 경봉스님 다례재 때는 많은 후학들을 제쳐두고 손수 다례를 준비했다고 한다. 또 연초 통도사에서 열리는 화엄산림 대법회에서 화엄경을 설하는 등 후학 지도에도 여념이 없다.

• 엄격함과 온화함으로 수많은 중생을 제도해온 고산杲山 대종사.

부처님은 노력하면 다 된다고 하셨어요

고산 대종사

    십여 년 전 조계사에서 고산 대종사를 처음 뵈었을 때 마치 큰 산을 보는 듯했다. 당당하면서 자애로운 지리산의 위엄이 스님의 풍채를 그대로 옮겨 놓은 듯했다. 총무원장 소임을 살 무렵 새벽 세 시면 어김없이 가장 먼저 대웅전 어간에 좌정하는 스님의 모습을 당시 총무원 소임을 살았던 이들은 아직도 생생히 기억하고 있다. 세수 일흔일곱이지만 새벽 예불은 아직도 스님의 철저한 원칙이다. 얼마 전 출간된 《지리산의 무쇠소》라는 스님의 회고록도 평생 엄격하면서 원칙을 강조해온 스님의 성품을 그대로 빗댄 제목이다.

    이후로 스님을 뵐 기회는 많았지만 오랜 시간 가까이서 인터뷰를 한 건

이번 여름이 처음이다. 하동을 들어서자 왼쪽은 섬진강이 오른쪽은 끝도 없이 길게 늘어선 차밭이 눈에 들어왔다. 하동 차는 고산 대종사가 쌍계사에 있던 한국 차 시배지始培地를 가꾸고 널리 알리면서 유명해졌다. 쌍계사의 차나무는 섬진강의 질긴 생명력과 지리산의 한없는 품을 양분 삼아 자란다.

신라 말 진감선사가 당에서 가져온 차 씨를 뿌려 대가람을 이룬 쌍계사는 한국전쟁 이후 폐허가 되다시피 했으나 고산스님의 원력으로 지금의 사격을 되찾았다.

8월 삼복더위에 쌍계사 계곡은 피서객들로 넘쳐났다. 화개장터 초입부터 차량이 밀렸다. 종무소에 용무를 밝히고 총무 스님의 안내를 받아 방장채로 향했다. 멀리 시자와 함께 포행 중인 대종사의 뒷모습이 보였다. 잰걸음으로 스님 앞에 다가가 합장 반 배.

물을 것이 있으면 주저 말고 물어보라고 하신다. 젊은 시절 이미 이름난 강사였던 스님에게 뭘 물어볼까. 경률론經律論 삼장은 고산 대종사를 따를 사람이 없다는 것을 익히 아는데 우매한 기자의 얕은 바닥을 드러내 보일 것 같아 망설여졌다. 스님의 거침없는 법문은 변한 것이 없었다.

먼저 조심스럽게 업에 대해 물었다. 불교를 신앙하는 불자에게 불교의 가르침은 왜 운명론처럼 들릴까. 지은 대로 돌려받는 인과라고 하지만 현생이 고통인 사람들에게 불교는 체념의 종교처럼 들린다. 이들을 감싸고 위로하는 방법은 없을까?

스님은 낮은 음성으로 천천히 입을 떼셨다.

"사람이 살다 보면 자기도 모르는 사이에 선업과 악업을 무수히 반복합니다. 이것도 다 인연으로 자기가 짓는 자작자수自作自受입니다. 업에는 부동업不動業이라는 게 있습니다. 선업도 아니고 악업도 아닌 중간쯤에 위치해 있는 업이 어디로 갈지 모르는 상태를 부동업이라고 합니다. 한 생이 아니라 오랜 세월 여러 대에 걸쳐 무식업無識業으로 내려오는 겁니다. 부처님은 우리에게 '계정혜' 삼학을 닦아 업장을 청정히 하라고 가르쳐 주셨습니다. 업을 그대로 멍하니 받아들이지 말고 마음을 청정히 해서 악업을 녹이라는 겁니다. 아무런 노력도 하지 않고 덤벙대고 살면 윤회하는 업의 수렁에서 빠져나오지 못합니다."

그러면 업을 모르는 무지한 중생들은 어떻게 해야 할까?

"지은 바대로 받다가 보니 계속 끊어지지 않는 겁니다. 그러니 전생을 알고 싶으면 과거를 보고 미래를 알고 싶으면 지금 금생을 보라고 하는 겁니다. 업을 부정하거나 업의 존재를 모르는 이는 한시 바삐 윤회가 인과의 반복이라는 것을 알아야 합니다."

재차 물었다. 근기가 약해 어차피 나쁜 업을 많이 지은 사람은 선업 쌓기를 아예 포기하도록 만들 수도 있지 않을까? 스님의 말씀이 빨라졌다.

"사람들은 자작자수를 잘 이해 못하는 것 같습니다. '어째서 내 사주팔자는 이런가, 내 운명은 왜 이리 고약한가' 탄식을 합니다. 얼마나 어리석은 중생입니까? 불교는 운명도 자신이 만들고 사주팔자도 자신이 만들어 받는 겁니다. 불교를 아는 이들은 업의 무서움을 알지만 세상 사람들 가운데는 이걸 모르고 사는 사람들이 많습니다. 부자가 되고 싶으면 많이 베풀

● 조계종 전계대화상인 고산 대종사는 한국불교 계단의 최고 어른이다.

고, 오래 살려면 죽기 직전의 목숨을 구하는 데 주저하지 말라고 하는데 그 말을 믿지도 않고 잘 듣지도 않아요. 전생의 빚을 갚으려면 남에게 잘해야 합니다. 그래서 업장소멸이라는 말이 나온 겁니다. 중생제도가 다른 게 아닙니다."

스님이 늘 법문에 자주 인용하는 고사 하나를 들려주신다.

"옛날 출가를 작정하고 찾아온 남자를 큰스님이 열흘 후에 다시 찾아오라며 돌려보냅니다. 스님은 그 남자가 열흘이 가기 전에 죽을 운명이라는 걸 직감했습니다. 남자가 절 아래로 내려가다 갑자기 큰비를 만나 어쩔 줄 몰라 하는데 계곡을 떠내려가는 검은 물건을 발견합니다. 그리고 남자가 그 물건을 무심코 건져 올립니다. 쓸만한 물건인가 싶어 건져놓고 보니 나무 널빤지 위에 개미떼가 까맣게 붙어 있더랍니다. 자신에겐 소용없는 물건이라 물가 높은 곳에 올려놓고 집으로 돌아왔어요. 열흘을 보내고 다시 스님을 찾아 갔더니 스님이 깜짝 놀랍니다. 스님은 그 남자가 과거생에 살생을 많이 해 그 업으로 곧 죽을 줄 알았던 겁니다. 스님은 남자에게 그동안의 일을 물었습니다. 남자는 곰곰이 생각하다 그날 개미떼를 살려준 것을 말했습니다. 스님이 무릎을 탁 치며 개미를 구한 선업이 네 목숨을 살렸다며 남자를 제자로 받아들입니다."

알고 지은 악업, 모르고 지은 악업 모두가 내가 짓고 내가 받는다는 무서운 비유다. 우리는 오늘 또 얼마나 많은 죄업을 자신도 모르게 짓고 살아가고 있나.

계단戒壇의 최고 어른으로 추앙받는, 조계종 전계대화상인 스님은 여성성불불가론女性成佛不可論에 대해서는 어떻게 생각할까 궁금했다. 기자가 입사 초기 교계에서는 팔경계법과 여성성불에 대한 논쟁이 뜨거웠다. 비구니 노스님들을 취재할 때 그들은 꼭 내생에 비구 몸을 받아 성불하겠다는 원을 가지고 계셨다. 요즘 같은 시대에 젊은 비구니 스님들에게 그런 얘기를 하면 답답하다는 소리 듣겠지만 엄연한 승단의 현실이다. 보수적인 계단의 성격상 여성의 성불은 받아들이기 힘든 문제일지도 모른다. 하지만 뜻밖에 고산스님은 여성성불불가론 얘기를 꺼내자 손사래부터 쳤다.

"여자라서 성불 못 한다는 소리는 어디 가서 하지 말아요. 여자도 성불한 이가 꼭 찾어. 왜냐면 《법화경》에도 팔세용녀가 성불한 얘기가 나오잖아요. 석가여래와 다보여래 앞에서 자신의 진주 목걸이를 풀어서 받은 석가여래에게 반은 다보여래에게 바치고 난 뒤 남방 무우수 나무 아래서 남자 몸으로 몸을 바꿔 성불했다고 나옵니다.

중국에 노방거사老龐居士 같은 대도인만 봐도 부인이 견성 오도했지, 딸도 견성 오도했어요. 여자도 견성 오도로 생사 해탈하는 게 얼마든지 가능합니다. 다만 현생에 부처가 되지는 않아요. 《화엄경》에 불불불상견佛佛不相見이라는 말이 나오는데 부처가 부처와 마주볼 수 없고 한 회상에 있을 수가 없어. 현세인 사바세계는 석가모니부처의 세계인데 또 부처가 나서 마주볼 수 없기 때문에 지금 세계에서 누구나 깨달음을 얻으면 견성성불해 조사는 되겠지만 누구도 부처라는 이름을 가질 수는 없습니다. 다만 《화엄경》에 부처님이 여자 몸으로 불신佛身이 될 수 없다고 한 것을 문자 그대로 받아들이면 안됩니다. 남자 몸으로 바꿔 찰라 간에 부처가 되고, 범천, 제석천, 전륜성왕, 마왕도 다 될 수 있습니다. 요새는 시대가 바뀌어서 그런지 텔레비전을 보면 여자 몸으로도 마왕이 천지에 널렸어요, 허허. (당시 유행하던 사극 '선덕여왕' '천추태후'를 보신 듯) 일국의 국왕도 못 된다고 했지만 영국이나 다른 나라에 여왕이 있잖아요. 내 생각에 여성성불도 시대적 흐름에 따라 바뀔 수도 있지 않을까 싶어요. 제가 보기엔 여인 신身으로도 얼마든지 대도인이 될 수 있어요, 흔히 남불 여불이라고도 하지 않습니까? 관세음보살은 남신男身도 여신도 아니지만, 남자를 제도할 때는 남자 몸으로 나투고 여자를 제도할 때는 여자 몸으로 나타납니다."

이어서 화엄경 얘기로 넘어갔다. 대종사는 화엄학의 대가이기도 하다. 스님의 평생 도반인 경주 함월사 우룡스님은 '화엄경은 아무리 오랫동안 봐도 그 넓고 오묘함을 감당할 수 없어 두렵다'고 했다. 두 스님은 1961년 젊은 나이에 대강백 고봉스님에게서 강맥을 전해 받았다.

"화엄경에는 없는 게 하나도 없어요. 저잣거리 멱살잡이, 밥 먹고 똥 싸는 일상 모든 게 화엄경의 도리, 삼라만상 두두물물頭頭物物 화엄경 도리 아닌 게 없습니다. 어떤 소리를 해도 화엄경의 도립니다. 그래서 화엄경을 망망대해에서 조각배 타는 것과 같다고 합니다.

화엄경은 모든 중생을 모아놓고 너희는 장차 모두 성불할 것이라고 막연한 수기를 내리는데 특정하지 않은 시간 장소에서 구체적인 대상을 지목하지 않고 깨달음을 얻을 것이라고 말하는 '원돈성불론圓頓成佛論'이 화엄경 교법의 중심이기 때문입니다. 그래서 부처님은 필요하면 법왕신, 제석신, 마왕신으로도 나타나 중생을 제도합니다. 세상에 있는 모든 형상으로 나투어 제도하는데 여자라서 안된다는 게 어디 있겠습니까? 부처님은 지가 노력을 않으니 안 되는 것일 뿐 노력하면 다 된다고 하셨어요."

고산 대종사의 말씀은 결국 여성이라도 성불은 할 수 있지만 부처로 불릴 수 없다는 것인데 논란의 여지는 그대로 남아 보인다.

다시 대화는 종단 이야기로 넘어갔다. 스님은 조계종 제30대 총무원장을 맡아 98년 사태로 어지러워진 종단을 수습했다. 그리고 종단이 안정을 되찾자 미련 없이 쌍계사로 내려왔다.

종단의 미래에 대한 우려의 목소리가 심심치 않게 들려오는 요즘 종단의 어른으로, 한때는 총무원의 수장을 맡았던 스님은 어떤 생각을 가지고 계실지 궁금했다.

"밖에서 보기엔 걱정할 것도 많겠지만 나중에 그 시대를 보면 나름대로 열심히 살아가는 거라고 봅니다. 제가 처음 출가할 때도 불교는 망하는 줄 알았는데 지금 이렇게 성하잖아요. 절이 무너지고 삭아내려도 고칠 만한 신도 한 명 없던 시절에 정화가 일어났습니다. 정화를 시작하니 불교 망한다고 난리를 쳤는데 내용이야 어떻든 결국 비구승이 지금 한국불교를 이렇게 번듯하게 만들어 놨습니다. 종단도 마찬가지로 나름대로 충실히 잘 해나가는 거라고 믿고 따라줘야 합니다."

시골에 오래 계셔서 물정에 어둡고 종단 현실을 잘 모르시는 게 아니다. 대책 없는 낙관이라는 소릴 들을지 모르지만 스님은 쓸데없이 비난하고 무책임한 야유보다 조용히 지켜보면서 응원하는 것이 종단 발전을 위해 더 낫다는 생각인 듯하다. 구경꾼들의 가벼운 한 마디 한 마디는 분란만 가중시킬 뿐, 별 도움이 되지 않는다는 걸 이미 잘 아시는 것 같았다.

방 안의 괘종시계 소리가 서너 번 울리고 한참을 이런저런 말씀이 계속 됐다. 기자는 일어서기 전 마지막으로 묻고 싶었다. 매일 절에 앉아 수행할 수 있는 처지도 아닌 근기 낮은 속인이 매일같이 일어나는 내 속의 산란한 마음은 어떻게 잠재울 수 있을까? 끝 없는 중생심과 어리석은 생각들은 어떻게 멈출 수 있을까 물었다.

"내가 남해바다 끝 통영 연화도에 정사를 짓고 아미타 대불을 세웠는데 시주공덕비 뒤에 쓴 비문이 있어요. 뭐라고 썼는지 압니까? '이 세상 고해에 허덕이는 모든 중생들아 생각을 쉬고 생각을 쉬고 쉰 생각을 또 쉬어라. 이 사바세계는 생각이 많아 고통이 생긴다. 무념무상의 경계에서 오직 한마음 한뜻으로 아미타부처님을 불러 극락정토로 나아가라'고 당부하는 말을 썼습니다. 생각을 쉬면 편한데 기자도 다른 사람보다 더 나은 글을 쓰겠다는 집착에 안달하지 마세요. 꼭 스님들처럼 선방에 앉았다고 생각을 쉬는 게 아닙니다. 일상이 여여해야 합니다. 옛날 큰스님들 가르침이란 어려운 게 아니고 착(着)을 버리고 물처럼 바람처럼 흐르는 삶을 받아들이라는 겁니다."

속인에게 스님들과 같은 삶을 살라고 하는 게 이치에 맞는지 모르겠다. 분초를 다투며 앞만 보고 달려가는 경쟁의 시대를 사는 현대인들에게 그런 삶은 세상에 뒤처지는 불안감만 더할 뿐이지 않을까?

"완전히 생각을 쉬면 불안한 것도 없어지는데 요즘 사람들은 정말 쉴 줄을 몰라요. 물이 흐르는 거, 바람이 부는 걸 잘 봐요. 물은 그냥 흘러가는 게 아니라 구비를 돌고 낭떠러지로 떨어지고 수많은 장애를 만나도 그냥 그대로 수순해서 흘러갑니다. 바람도 아무리 빽빽한 대밭이나 삼밭을 만나더라도 막힘없이 흘러갑니다. 물처럼 바람처럼 살 수 있는데 생각을 쉴 줄 모르면 아무리 얘기해줘도 몰라요. 생각을 쉬는 게 어렵다고 생각하지 마세요. 한 생각을 돌리면 누구나 변할 수 있습니다. 한 생각을 돌릴 수 있는 그 경계를 만나면 극악자도 악한 사람이 되고 악한 사람은 선한 사람이 됩니다. 사회에서 천하에 나쁜 놈이라고 손가락질 받는 이도 한 생각 뒤집으면 착한데 한 생각이 삐뚤어지면 악한 놈이 되는 겁니다. 하루하루를 불안해하며 스스로를 지옥에 가두는 삶을 사는 어리석은 중생이라도 마음 하나 쉬면 부처도 되고 조사도 된다는 걸 명심하세요."

말이 필요 없는 진리를 애써 말로써 물었다는 생각에 낭패감이 들었다. 쌍계사 차 맛을 느끼지 못하고 자리를 일어섰다.

조용수(불교텔레비전)

고산 대종사 1933년 경남 울주에서 태어났다. 1945년 아버지의 권유로 범어사에 입산했다. 1948년 동산스님으로부터 사미계를 받았으며 1956년 동산스님을 은사로 비구계를 받았다. 경률론 삼장에 출중해 고봉스님에게서 강맥을, 석암스님에게서 율맥을 이어받아 일생을 후학 양성과 포교에 매진했다. 조계사, 은해사, 쌍계사 주지를 역임했고 1998년에는 조계종 총무원장에 올랐다. 폐사 지경에 이른 하동 쌍계사의 면모를 일신하고 우리나라 제일의 차茶 종가로 만들었다. 현재 조계종 계단의 최고 어른인 전계대화상으로 쌍계사 방장실에 주석하고 계신다. 《우리말 불자 수지독송경》《반야심경 강의》《대승기신론 강의》《사람이 사람에게 가는 길》《마음이 부처다》《지리산의 무쇠소》《다도의범》 등 다수의 저술과 수필집, 시집, 회고록이 있다.

● "이 세상에 내 것은 없다"는 무소유 정신을 일깨우고 있는 혜정慧淨 대종사.

이 세상에 내 것은 없다

혜정 대종사

　　서울 종로구 구기동 산 2번지 문수사. 주소로 볼 때는 서울 시내 도심의 얕은 산 언저리 자그마한 사찰로 연상되지만 사실은 다르다. 구기동 자연탐방센터에서도 성인 걸음으로 한 시간 삼십여 분을 걸어 올라간 해발 645미터에 자리한 구중심처九重深處 산사다. 앞에는 보현봉이 바라다 보이고 사찰 뒤편에는 우뚝 솟은 문수봉의 정맥이 사찰로 흘러든다.

　　그 혈맥에 자리한 '삼각산천연문수동굴三角山天然文殊洞窟'은 국내 3대 문수성지(오대산 상원사, 고성 문수사, 삼각산 문수사) 중의 한 곳으로 유명세를 얻을 만큼 기도 영험이 있다. 현재의 현판은 전두환 전 대통령이 썼다. 문수사는 고려 예종 4년1109년때 탄연坦然스님이 창건하였고, 조선 문종

1년1451년에 연창延昌공주가 중창하였다. 이후 한국전쟁으로 소실되었는데 공주 국회의원이었던 박충식 거사(정화 불사에 적극 동참했던 무착행 보살 남편, 이승만 대통령의 양아들)가 자그마하게 중건했다. 이 절을 혜정 대종사가 소송으로 되찾아 '조계종 문수사'로 등기하고 전통사찰로 등록했다.

일찍이 태고 보우국사가 문수사 천연동굴에서 정진하기도 했으며 조선조에는 어사 박문수의 부친이 이곳에 와서 기도해 아들을 점지 받았다고 전한다. 근세에는 이승만 대통령의 어머니가 이곳에서 백 일간 치성을 드려 이 대통령을 낳았다고 한다. 지금도 대한민국의 수도인 서울의 진산에 위치해 호국사찰로 전통을 잇고 있다.

서울의 한강이 한 눈에 내려다보이고 맑은 날이면 인천 앞바다까지 보일 정도로 조망이 좋은 문수사는 천여 년의 역사를 가졌지만 현재의 사격寺格을 갖춘 시기는 이십여 년밖에 되지 않았다. 문수사 주지이자 조계종 원로의원인 보광당寶光堂 혜정慧淨 대종사의 원력과 땀이 고스란히 들어가 서울 시민이 즐겁게 찾아 기도하며 마음을 다스리는 도량이 된 것이다.

도선사 조실이기도 한 혜정 대종사는 산중 사찰이지만 매주 일요법회(오전 11시30분)를 열어 마음이 가난한 도시민들에게 청량한 감로법을 내려준다. 주말에는 삼각산을 찾는 사람들에게 점심을 무료로 제공하는 등 수만 명을 부처님 품으로 인도하기도 했다. 가진 것은 적지만 산사의 넉넉한 마음을 내어 주고 있다. 아무리 작은 사찰이라도 어른 스님이 주석하는 곳이면 법法의 그늘이 넉넉해 많은 사람들이 그 안에서 마음의 위안을 얻어가듯 문수사가 그런 곳이다.

혜정 대종사는 청년들조차 오르내리기 힘든 산길을 20여 년 동안 하루가 멀다하고 오르내렸다. 스님을 친견하기 위해 가장 빠른 길인 구기동으로 올랐지만 이내 온몸에 땀이 비 오듯 젖어온다. '일흔이 넘은 스님이 어떻게 이런 길을 다니실 수 있을까' 하는 의구심이 절로 난다.

후들거리는 다리를 이끌고 오후 3시께 문수사에 도착하니 그동안 '발품'이 헛되지 않았다. 한강이 내려다보이는 탁 트인 전망과 보현봉의 자태가 산행의 피로감을 말끔히 씻어준다. 대종사는 일찌감치 문수사에서 기다리고 있었다.

"올라오기가 쉽지 않지요?"

성성적적星星寂寂한 눈길을 대하는 순간 무의식적으로 말이 흘러나왔다.

"큰스님의 건강 비결은 바로 절을 오르내리는 데 있었던 것 같습니다."

빙긋이 웃음을 머금은 대종사의 음성은 작고 낮았지만 또렷했다.

"그래요? 하기야 나이가 드신 분들은 점차 산을 오르내리기가 힘이 들어요. 그래서인지 우리 절 신도들은 다른 절보다 연령층이 낮은 게 사실입니다. 그렇다고 반드시 그런 것만은 아닙니다. 나이가 드셔도 신심을 가지고 기도하는 분들도 많아요."

2시간 전 산 아래서 만났던 사람이 생각났다. 45년 동안 비가 오나 눈이 오나 매주 주말마다 문수사를 찾아 기도했다는 사람. 작달막한 키에 당당한 체구였다. 문수사 가는 길을 묻다가 만난 사람치고는 '대단한 인연'이었다. 대종사께 그런 사람이 있었노라고 전언을 올렸다.

"아 예, 그분 법조인 출신인데 정년 퇴직했을 겁니다. 우리 절에는 특히 법조인이나 교수 등 전문직에 종사하시는 분들이 많습니다. 정몽준 한나라당 대표나 박진 국회 외교통상통일위원장, 김경한 전 법무부장관, 정상명 전 검찰총장, 국회 정각회 최병국 회장, 송영식 2022월드컵유치위 부위원장, 송종의 전 법제처장, 민주당 박주선 의원 등 정관계 인사도 우리 절을 자주 찾습니다. 아마도 문수사에서 기도해 부처님의 가피를 얻어가는 듯합니다."

공양실에 전통電通을 넣어 차를 부탁한 대종사는 자세를 가다듬으며 당신의 출가 시절의 이야기를 풀어냈다.

"소납의 출가 인연에는 가슴 뭉클한 소회가 있습니다. 이는 평생 수행자의 자세를 견지하게 해준 버팀목이기도 합니다. '부처님 법대로 살자'는 모토로 한국불교를 재건하려고 정진하셨던 청담·성철 스님을 문경 봉암사에서 뵈었어요. 그 인연으로 출가 사찰도 봉암사가 되었지요."

충청북도 충주의 탄금대가 고향인 혜정 대종사는 고등학교 때 형이 문경의 은성광업소 자재 과장으로 있던 시절 봉암사로 나들이를 간다.

"절에 가보니 스님들이 장삼을 입고, 염불인지 뭔지를 하고 있었어요. 그 당시에는 불교를 전혀 몰랐지요. 그래서 호기심이 발동해 성철스님에게 '절에 있는 사람은 누구이며, 왜 이렇게 옷을 입고 무엇을 하고 사는지' 등등을 여쭈어 보았어요."

그랬더니 성철스님은 당신의 방으로 들어오라고 했다. 쪼르륵 방으로 따라 들어간 대종사에게 성철스님이 물었다. "절을 둘러본 감상이 어떠하

• 문수사 앞에 선 혜정 대종사.

냐?" 그러자 대종사는 "신선공부하는 곳이라고 생각했어요"라고 대답했다.

그때부터 성철스님은 어린 대종사에게 불교와 인생에 대한 이야기와 인생무상, 북망산가를 소재로 인간이 백 년도 못 살면서 천 년을 살 것 같은 생각을 한다는 이야기를 해주었다. 이어 생사生死문제가 인간에게 제일 중요한 것인데 가장 급한 문제를 해결하지 않고 있다며 '스님들이 바로 그 문제를 해결하기 위해 절에 와 있노라'고 설명해 주었다.

"그때 성철스님을 뵈니까, 인상이 신비스러워 범인凡人은 아닌 것 같아 보였어요. 소납에게 일본 역사에 나오는 스님 이야기도 해 주시고, 일본 불교계에 최고 높은 지위에 있는 스님 이야기도 해 주었지요. 그러면서 가족 상황을 물어보시더니 은근히 출가하라고 권유했어요."

그 길로 절에 머물면서 성철스님이 시키는 대로 '대보누각다라니'를 외우고 반야심경 강의도 듣고 관세음보살의 의미도 배웠다. 한동안 절에 머물자 부모님이 찾아와 아들을 찾겠다고 청담스님과 성철스님을 만났다. 그곳에서 혜정 대종사의 부모님은 두 어른의 법기法器를 알아보고 학업을 마치는 대로 아들을 출가시키겠노라고 허락한다.

고등학교를 마친 혜정 대종사는 열여덟 살 때 문경 봉암사에서 무명초를 잘랐다.

"당시 봉암사에서는 결사가 진행되고 있었어요. '부처님 법대로 살자'는 '공주규약共住規約'을 정해놓고 정진하고 있었어요. 우선 산신각, 칠성각, 신중단 등의 탱화는 다 끄집어내어 없애 버렸어요. 그리고 목발우 대신에 철발우를 사용했어요. 목발우는 대처승들이 사용했고, 부처님 법에는 목발우가 없다는 이유였어요. 제사 때는 위패만 놓고 반야심경 한 편을 읽었습니다. 그리고 능엄주를 매일 외웠고, 가사와 장삼도 새로 해서 입는 일대 혁신을 도모했습니다."

이런 의미심장한 봉암사결사의 중심에는 청담스님과 성철스님이 있었다. 혜정 대종사는 봉암사 수행 시절 때 청담스님과 성철스님을 따라 탁발도 나가고, 매일 백팔 배를 하며 수행자의 면모를 갖춰나갔다. 그러나 빨치산의 잦은 출몰로 봉암사결사가 차질을 빚게 되자 스님들은 뿔뿔이 흩어지게 됐다.

"출가 수행자가 된 이상 선禪 수행을 하며 경전도 배워야겠다는 생각에 오대산 상원사로 찾아가 그곳에서 당대 선지식 한암스님의 지도를 받았어요. 한암스님은 흐르는 시냇물도 함부로 쓰지 말라고 가르치는 분이었어요. 그분으로부터 근검정신을 배웠어요."

은사인 청담스님이 정화불사를 수행하며 조계종 총무원장직을 맡아 정진할 때 혜정 대종사는 잠시 해인사 재무국장 겸 주지 대행이라는 중책을 맡으며 대중에게 봉사하기도 했다.

"당시 선방에는 현재 원로의장이신 종산 대종사를 비롯한 눈 밝은 납자들이 용맹정진을 하고 있었어요. 당시 선원 납자들의 정진기백이 얼마나 서릿발 같았는지 사중에서는 신심이 나서 물심양면으로 시봉한 기억이 납니다."

어느 수행자에게 은사가 중요하지 않을까마는 혜정 대종사에게 은사인 청담스님은 아주 특별한 존재다. 출가해 계를 받을 당시는 불교정화의 기치가 올라 상당한 혼선을 겪고 있던 시기였기 때문이다. 하지만 이 모든 소용돌이 속에서도 혜정 대종사는 은사 스님에게 참으로 소중한 '인욕忍辱 정신'을 배웠다.

"은사 스님은 '그동안 불교정화 과정에서 많은 사람들을 절에서 나가게 했으니 나에게 원한을 품은 사람이 적지 않을 것이다. 이 중에서 나에게 행패를 부리고 욕을 하더라도 너희들은 나에게 이렇게 말해야 한다. 스님, 인과응보因果應報를 믿으십시오. 모든 것은 자업자득自業自得이요, 자작자수自作自受이니 인과응보를 받아들이십시오. 이렇게 말해야 한다'고 저에게 말씀하셨어요."

혜정 대종사는 은사 스님과의 일화도 일러주셨다.

"은사 스님은 제 장삼을 깨끗이 다려 주시기도 했어요. 저는 어쩔 줄 몰라 하며 '제가 상좌이기에 다려 주시는 것입니까?'라고 여쭈어 보았어요. 그랬더니 은사 스님은 '그게 아니다. 너뿐만이 아니라 다른 사람 것도 다려 준다'고 말씀하셨어요. 이 같은 하심下心, 그리고 은사 스님으로부터 우러나오는 인욕 정신을 생각하니 제 은사를 떠나 이 시대를 살아가는 위대한 성인을 만났다는 생각이 들었어요."

이어 대종사는 인욕 정신에 대해 부언했다. "인욕이란 자기를 잊었을 때, 자기를 버렸을 때에 성립된다고 봅니다. 즉 인욕은 성불할 때에 성취되는 것이 아닌가 합니다. 이런 측면에서 볼 때 은사 스님은 완전히 인욕을 성취한 분이 아닌가 하는 생각이 듭니다."

한국불교정화의 한 축을 형성했던 청담스님의 상좌인 만큼 혜정 대종사는 종무행정에도 탁월한 능력을 발휘했다.

"은사 스님을 도왔고 그 후 경산스님께서 총무원장을 맡았을 때 총무원에서 교무국장 소임을 맡은 적이 있습니다. 중생을 제도하기 위한 일에 소홀할 수 없어 그 당시에 일본어를 공부하고 동방연서회와 교우하며 서예 공부를 하기도 했습니다. 이 모두 깨달음을 얻어 만 중생을 제도하는 부처님의 가르침을 실현하기 위함이었지요."

혜정 대종사는 청담스님이 총무원장으로 재직하고 있을 때 태국에서 개최된 세계불교도우의회(WFB) 총회에 다녀왔다. 그때 은사 스님이 "앞으로 서구 사람들과 교류하려면 젊은 스님들은 영어를 배워야겠다"는 말에 고무돼 영어 공부에 매진해 상당한 실력을 갖췄다. 이후 한·태국불교협회가 결성돼 양국의 불교 교류에 상당한 활력을 불어넣기도 했다.

하지만 이러한 일도 결국은 '부처님이 설파한 마음을 깨쳐 중생을 제도하기 위한 방편'임을 간파한 혜정 대종사는 참선 수행에 매진한다.

"깨닫는 곳이 논둑이면 어떻습니까? 깨달으면 정토淨土인 것이고, 못 깨달으면 예토穢土가 아니겠습니까."

여러 선원에서 정진하며 조사 어록을 공부했던 혜정 대종사는 궁극에 '참나'를 찾는 참선 수행에 매진하게 된다. 1981년 대구 동화사 주지를 회향하고 다른 큰 교구본사 주지의 소임을 제안받았지만 '마음을 깨닫는 정진'에 소홀할 수 없어 폐허나 다름없는 삼각산 문수사를 수행처로 정했다. 이곳에서 혜정 대종사는 태고 보우국사로부터 전해지는 임제선맥의 정맥이 한국불교에 유유히 흐름을 확인하게 된다.

"한국불교의 맥이 도의국사로부터 왔고, 신라말 고려초에 중국에서 공부한 뭇 스님들로부터 전해오고 있기에 태고 보우국사가 원나라의 석옥 청공스님을 만나 '태고암가'를 바치며 법거량 한 것에 천착해 보아야 합니다. 그곳에서 '중원中元의 불법이 동방고려로 가버렸도다'라고 말한 의미는 임제의 법맥이 우리나라로 온 것임을 명백히 증명하는 것입니다. 현재 소납이 머물고 있는 문수사 도량 역시 태고 보우국사가 중흥사에 주석하며 정진했던 곳이니 이 또한 남다른 인연이 아닌가 싶습니다. 또, 고려 18대 의종도 태후(어머니)를 모시고 문수사로 와서 기도를 드려서 국난을 극복하기도 한 역사가 있습니다."

최근 혜정 대종사는 법화경 공부에 진력하는 가운데 우리나라 불자들이 가장 많이 신봉하는 '관음신앙'의 정수精髓를 압축한 《관세음보살발원문》을 저술해 불자는 물론 등산객들에게도 보급하고 있다. "사랑으로 한데 뭉친 자비하신 관세음께 아침저녁 향사르고 정성드려 비옵나니"로 시작되는 발원문에는 별첨으로 '기원관세음'이라는 제목의 가사도 수록돼 있는데 이는 노래로도 만들 계획이다.

혜정 대종사는 세상 사람들에게 의미심장한 메시지를 던졌다.

"소유욕을 버려야 합니다. 요즘 사람들은 자본주의 시장 경제에 매몰돼 모든 것을 소유하려 합니다. 무소유의 마음을 가져야 합니다. 무소유는 아무것도 가지지 말라는 것이 아닙니다. 이 세상에 내 것은 없다는 것을 알라는 말입니다. 우리 모두는 이 세상에 왔다가 몸뚱이도 버리고 가지 않습니까? 그러면서 왜 모든 것을 소유하려고만 하나요? 이 세상 모든 것은 모든 사람과 함께 소유(共有)해야 합니다. 나의 것으로 국한시키는 것에서부터 불행이 오게 됩니다. 이 말을 세상 사람들은 꼭 명심하고 살아야 합니다."

천년고찰을 가꾸려는 대종사의 애정은 남달랐다. 일흔이 넘은 나이지만 도량을 찾는 사람들을 배려하려는 마음이 곳곳에 묻어난다.

"과거 수해를 입어 옹벽을 치는 바람에 마당이 시멘트로 변해 보기가 흉합니다. 참배객에게 전통사찰의 이미지를 심어주기에 부족합니다. 비용이 들더라도 시멘트를 파내고 마사토 벽돌을 깔아 문수사를 찾는 분들이 포근한 마음으로 기도하고 돌아가실 수 있도록 할 계획입니다. 많은 참배객을 위해 부족한 해우소(화장실) 시설도 허가가 나서 더 지을 계획입니다."

이제 불사佛事를 그만하실 나이도 됐을 법하지만 당신이 떠난 뒤라도 많은 후대 사람들을 위해 나름대로 원력을 세워 놓은 듯했다.

삼각산 꼭대기에 잠시 먹장구름이 끼면서 보현봉을 맴돈다. 이내 한바탕 소나기가 쏟아지더니 말간 하늘빛이 보현봉에 쏟아진다. '허공계와 중생계가 다할 때까지 오로지 중생을 구제하겠다'는 원력을 세운 보현보살의 무진행원無盡行願의 현현顯現인 듯 황홀하다. 멀리 한강과 63빌딩, 그리고 서울 시내의 빌딩 숲이 멀리 가까이 층층을 이루며 시야에 들어온다. 문수도량에 주석하고 있는 혜정 대종사는 그 점점들을 바라보며 한 마디 던진다.

"저곳에 사는 모든 사람들이 부처님 법을 접할 수 있도록 해 달라고 발원합니다. 이 몸뚱이의 유한함으로 인해 물론 그렇게는 다 되진 못하겠지만 그렇게 되도록 하기 위해 정진하는 게 수행자가 아닌가 싶습니다."

여태동(불교신문)

혜정 대종사 1931년 충북 충주에서 태어났다. 1949년 문경 봉암사에서 청담스님을 은사로 출가해 1960년 부산 범어사에서 동산스님을 계사로 구족계를 받았다. '봉암사결사'에 동참한 스님은 해인승가대학(2기)을 졸업했으며 이후 봉암사, 상원사 등 제방선원에서 정진했다.

은사인 청담스님을 도와 종무 행정에도 능력을 발휘한 스님은 총무원 교무국장과 해인사 재무국장 겸 주지 직무대행, 직할교구의원 부의장, 중앙종회의원 등을 역임했다. 총무원 재직 시에는 틈틈이 영어와 일본어를 공부해 국제포교사로도 활동했다. 교화 활동에도 전념해 서울구치소에서 20여 년 동안 교정위원으로 활동하고 있다.

내전內典 공부뿐만 아니라 세속의 공부도 알아야 부처님의 가르침을 전하는 데 도움이 된다고 생각한 스님은 외전外典 공부에도 나서 성균관대학교 철학과를 졸업했다. 청담스님을 도와 한·태국불교협회를 결성해 태국불교에 대한 관심을 가져 왓트 삼프라야 부디스트 칼리지wat sampraya

buddhist college에서 수학했다.

1981년 동화사 주지를 회향한 스님은 '참 나를 찾는 마음 공부에 진력하겠다'는 원을 세우고 타 교구본사 주지 제안을 고사하고 삼각산 문수사에 주석해 20여 년 동안 가람을 가꾸며 참선 수행에 매진하고 있다. 2007년 11월에는 조계종 원로의원으로 선출돼 현재까지 활동하고 있다. 현재 도선사 조실과 청담사상연구소 고문으로 활동하며 전법傳法에 매진하고 있다.

• 언제 어디서나 한결같은 모습의 원명圓明 대종사.

문에 들어와서 나가지 않은 이

원명 대종사

    평생 한길을 올곧게 걷는 분들을 보면 생각나는 구절이 하나 있다. '초발심시변정각初發心時便正覺'이다. 인생에 있어 큰 전환점을 맞거나 큰 목표를 이룬 사람들이 많이 소개하는 좌우명 가운데 하나이기도 하다.

    어떤 목표를 세우거나 결정을 내리고 이를 실천해가는 과정에서 누구나 한 번쯤은 유혹과 장애에 부딪히면서 자신도 모르는 사이 초심初心이 점점 변질되어 감을 느끼곤 한다. 이럴 때 자기 자신을 다잡아 주는 것이 바로 '초발심시변정각'이기에 이 문구를 눈으로 마음으로 수없이 되새기는 것이다. '처음의 마음가짐을 잊지 않고 모든 일을 대하다 보면 자신이 원하는 결과를 얻게 될 것'이라는 간절함이 들수록 더욱 더 필요한 경구警句가 되기도 한다. 하지만 생사대사生死大事를 해결하기 위해 입산 수행하는 스님에게 있어 그 경구는 이미 경구가 아님을 느끼게 된다. 입에서 흘러나와 귀에 들리기 전에 수행하는 스님들에게서는 보이는 그대로가 '초심' 그 자체로 느껴지기 때문이다. 기축년 하안거 해제를 하루 앞두고 만난 원명스님이 대표적인 분이다.

원명스님은 조계종 제15교구본사인 영축총림 통도사 방장方丈이다. 방장은 선원, 강원, 율원, 염불원을 갖춘 총림叢林의 최고 어른이자 법法을 상징한다. 국내 5대 총림의 하나인 영축총림 통도사는 부처님 진신사리佛寶를 모시고 있는 불지종가佛之宗家요, 국지대찰國之大刹로 불리기에 통도사 방장은 여느 산중의 어른과는 또 다른 상징성을 갖고 있다.

원명스님은 종정을 역임한 월하스님에 이어 2007년 4월 통도사 제3대 방장으로 취임했다. 통도사 극락암에서 경봉스님을 은사로 출가한 이후 30여 년간 극락선원에서 수행하며 은사를 시봉한 것을 포함 60여 년 동안 영축산을 올곧게 지켜왔다. 요즘으로 생각하면 중학생 나이에 은사를 시봉하기 시작해 매 철마다 오륙십 명의 선방 대중까지 뒷바라지했으니 그 일화만으로도 며칠 밤을 지새울 만하지만 스님에게 들을 수 있는 말은 너무나 함축적이다.

"생사대사生死大事를 해결하기 위해 부모형제 버리고 산중에 있는 스님들의 생활을 일반인들이 알아야 할 이유가 뭔가."

첫 인터뷰 때는 이 한 마디에 당혹스럽기 그지없어 말문이 막혔지만 사정이 달라졌다. 자비 도량의 덕이었을까? 스님은 한 말씀 덧붙였다.

"팔만대장경을 거꾸로 외운들 한 경계를 얻지 못하면 아무 의미가 없어요. 우리가 속세를 버리고 오직 산중에 사는 것은 '나'라는, 자성自性 자리를 알기 위해서 사는 것이지, 그렇지 않으면 산중에 살 이유가 없잖아요."

내친 김에 한 말씀 더 청할라 싶어 입을 떼는 그 순간 스님의 답변은 다시 단호해진다.

"어른들이 열반하고 안 계시는 까닭에 대중에게 떠밀려 잠시 집을 지키고 있을 뿐이니 이제 주지 스님을 만나 나날이 발전하는 통도사 이야기나 듣고 가시오."

하지만 차 한 잔 들며 한숨 돌리는 사이 무언의 대화가 오간 것일까. 스님은 더 매몰차게 객을 내치지는 않는다.

"방장 스님께서 총림 대중의 그늘이 되어 주시고 울타리가 되어 주시기에 저희들이 불사도 포교도 마음껏 할 수 있는 것 아닙니까. 이제 속내도 좀 보여주세요. 스님."

차담을 함께 하던 주지 정우스님이 한 마디 거들며 자리에서 먼저 일어서자 스님은 '껄~ 껄~ 껄' 특유의 웃음을 지었다. "평생 절만 지킨 사람이 무슨 할 말이 더 있겠느냐"며 손사래를 치고 있지만 스님의 웃음은 상대의 마음을 끌어주는 한 잔의 차와 다름없었다.

젊어서 스승을 극진히 모신 원명스님은 산중 어른이 돼서는 상좌들 공부를 챙기느라 자신을 버렸다고 한다. 방장으로 오기 전까지 머무르던 비로암에서는 새벽 종성을 직접 챙기며 예불을 올렸다. 상좌들을 모두 공부하러 보내고 혼자 암자에 남아 있다시피 했다. 모처럼 상좌들이 돌아와 있다가 나서려 해도 '너거들 내 시봉 할라고 중 됐나. 니 공부하러 가라' 며 떠밀곤 했다.

"예불하고 하루 세 끼 밥 먹고 일하는 게 하루 일과인데 할 말이 뭐가 있겠는가."

총림 대중 누구를 붙들고 평소 방장 스님의 가르침에 대해 물어봐도 대답은 한결같다.

"대중과 함께 새벽 예불하고, 사시巳時에는 보궁寶宮에서 삼십 분씩 기도하고, 공양은 꼭 대중과 함께 하십니다."

초발심 때, 행자 때는 가장 빠트리지 않고 챙기다가 법랍이 많아질수록 중책을 맡을수록 챙기기 어려운 부분이 가장 기초적인 부분이다. 그것을 단 한 차례 빠트리지 않는 대표적인 분이 영축총림에서는 방장 원명스님이다.

"집 지키라 해서 앉아 있는데 결제 해제 때는 꼭 한 마디 해야 한다고 해서 법어는 내지만 대중과 항상 함께 있으니 따로 할 말이 뭐 있겠어요."

스님의 일거수일투족一擧手一投足 그대로가 곧 수행자의 삶 그대로인데 묻고 답할 일이 따로 있겠는가. 생각이 스칠 때쯤 스님의 주석처인 정변전 안벽에 한 번 본 듯한 글귀가 눈에 들어온다.

山影入門押不出　산영입문압불출
月光鋪地掃不塵　월광포지소부진

"'산 그림자가 문에 들어갔는데 아무리 내보내려 해도 나가지 않는다. 하늘에 밝은 빛이 우주를 덮었는데 티끌인들 쓸어내려 해도 지워지지 않는다.' 굉장한 법문입니다. 기도한 뒤에 그냥 놔두었다가 노장님 열반하고 난 뒤에 봤거든. 노장님이 계셨으면 글귀를 들고 와 한마디 물었을 텐데……. 물을 때가 없어 너무 안타까워."

환갑 때 보궁에서 백일기도 마친 원명스님에게 월하스님이 직접 써 주었다는 글로, 원명스님이 방장으로 취임하기 전에는 비로암의 소림굴에 걸려 있었다. 원명스님은 나름대로 뜻을 새기고 있지만 백일기도 회향 때 받아 놓고 노장님 생전에 펴 보지도 않아 '노장님의 깊은 뜻을 제대로 새기고 있지 못한 것은 아닌가' 해서 안타까운 심정을 늘 갖고 있다.

하지만 대중에게 다가오는 그 글의 의미는 또 다르다.

"나이 육십에 직접 목탁 치며 기도할 분이 어디 있겠습니까? 오고감이 없는 경계, 한결같은 자리에 계신 그 여여한 모습이 스님의 생활이고 정신이 아니겠습니까. '일흔이 넘어 다음 생 준비할란다' 하시며 몇 차례 고사하셨지만 대중이 방장으로 모셨습니다. '나는 집 지키고 있을 테니 주지는 마음껏 일해 통도사를 빛내주시게'라며 늘 해주시는 그 말씀도 여기서 나온 말씀이 아닌가 생각합니다"고 한 정우스님의 말이 다시 다가온다.

'문에 들어와서 나가지 않는 이'는 평생 영축산문을 벗어나지 않은 원명스님을 일컬으며 '달빛'은 방장에 오른 원명스님을 말하는 것인가? 이 말에 부정하는 이 또한 어디에도 없다. 영축산문을 밝게 비추되 잡음이 일지 않음이다. 당신을 이어 원명스님이 영축총림의 화합을 이끌 재목임을 월하스님은 이미 오래 전에 간파했던 것일까?

이야기는 어느덧 은사에 대한 그리움으로 이어진다.

경봉스님은 극락암에 찾아오는 이들에게 항상 '극락에는 길이 없는데 어떻게 왔느냐'는 말씀을 건넨 것으로 유명하다. 원명스님 또한 하루일과 이외에 꺼내는 유일한 말씀은 이 '화두' 이야기다. 그렇게 오랫동안 스님을 모시고 있었지만 그 물음에 제대로 대답하는 사람을 한 번도 못 봤다고 한다. 효상좌의 마음인가, 은사만 한 선객을 보지 못했다는 의미일까?

"일생을 공부해서 한 소식 얻지 못하면 답을 할 수 없다 이 말입니다. '극락이라는 데는 길이 없는데 어떻게 왔느냐' 하는 그것을 알려고 하면 염불을 하든 참선을 하든 한 경계를 얻지 못하면 답변을 할 수가 없어."

하지만 이상한 것은 은사 스님은 유독 원명스님의 공부에 대해서는 단 한 마디 물어본 적이 없다고 한다.

"요즘 무슨 공부를 하느냐? 어떤 화두를 드느냐고 물어볼 만한데 한 번 물어보신 적이 없어."

이심전심以心傳心인가. 스님 또한 은사에게 단 한 번 물어본 적이 없다.

"내가 공부한 게 있어야, 뭘 알아야 물어볼 게 아니요?"

단 하나 기억하는 건 은사 곁을 떠나볼 심사에 드렸던 한 말씀이다. 오랜만에 사제가 들어와 걸망지고 다른 선방으로 달음질쳐 볼 생각이 간절했던 때다.

"반평생을 극락에 살게 했는데 다른 시자, 상좌들이 없었습니다. '극락'은 선방이기 때문에 스님들이 안 들어와요. 선방에 들어와 살려고 하지 않

아. 사제 있으면 바랑지고 벌써 떠났을 텐데……. 나중에 나이 들어 살림까지 맡다 보니 반평생이 지나간 거지. 바랑 짊어지려고 여러 번 생각했는데 노장님 두고 그렇게 할 수 없었어."

무엇인가 물어보려 하자 스님은 손을 들어 제지했다.

"내가 한 마디만 더 할게요."

"수좌들이 한 육십 명 살았어. 여름철이었지만 50, 60년대 그때만 해도 어려웠잖아. 너무 괴로워. 마침 내 밑으로 두 명이 들어왔어. 노장님 상좌로. 그래서 좀 쉬어야 되겠어서 내가 노장님한테 그랬지. '사제들 있으니까 좀 쉬어야 되겠습니다' 그런데 옛날부터 이런 말이 있어. '선방 원주하려면 팔지보살八地菩薩이 돼야 한다' 그랬어. 노장님이 그렇게 말씀하시면서 '삼세제불三世諸佛이 알고 내가 알면 됐지 더 얘기할 게 뭐 있느냐' 그러시는 거야. 두 말 못했어요. 더 하란 얘기 아닙니까. 하다 보니 (영축산을) 떠나지 못했어."

스님은 그렇게 60여 년을 영축산에서 살아왔다. 산을 비운 것은 오직 군 복무 31개월과 통도사 주지, 중앙종회의원 소임을 다하기 위해 잠깐씩 자리를 비운 것이 전부다.

"문제는 두 가지에서 시작됩니다. '사바세계는 물질 아니면 사람이다. 두 가지 때문에 싸우고 그러지 그것을 초월하면 아무 시비 없이 살 수 있다'고 은사 스님은 항상 말씀하셨습니다. 물질(돈) 그것 때문에 사람이 사람을 해코지할 수 있으니 그 두 가지만 해결하면 문제될 것이 없다고 했어요. 옛날부터 그런 말이 있잖아요. '사촌이 땅 사면 배 아프다'고 남이 자기보다 더 잘 되는 것을 못마땅하게 생각한다는 것 아닙니까. 박수치고 칭찬해야 하는데 그걸 못마땅하게 생각한다는 겁니다."

스님은 다생겁래 많은 업에도 불구하고 이번 생에 다시 인간의 몸을 받아 태어난 만큼 욕심만 버리면 이루지 못할 것이 없다고 강조했다. 아무리 경제가 어렵다 하더라도 조금씩 나누고 양보하면 부모형제는 물론 나아가 국가, 민족 또한 편안히 살 수 있다는 것. 세계일화世界一花도 결국 작은 데서 시작되듯이.

상좌는 은사에게 무슨 공부를 어떻게 해야 하는지, 스승은 상좌에게 어떤 공부를 어떻게 하고 있는지 단 한 차례 묻지도 않았다. 30여 년을 그렇게 은사의 회상을 지킨 상좌는 다시 그를 따르는 상좌를 맞이한 이후, 또 칠순 즈음 수많은 총림 대중들로부터 방장으로 추대된 이후에도 한결같았다. 그때나 지금이나 영축산 또한 여전하다. '바로 알고 바로 믿고 바로 행하고 바로 깨닫는' 불지종가 통도사에 이어져 오는 은사와 상좌, 대중과 대중 사이의 이심전심以心傳心 염화미소拈華微笑가 그 원천이 아닐까.

"모르겠다."

스님은 한바탕 호쾌하게 웃었다.

"그러나 스님은 떠나셨습니다. 나도 지금까지 일만 하고 살았는데 칠십이 넘었어. 옛날엔 육십 넘으면 계戒를 바친다고 했어요. 몸이 받지 않으니 고기도 먹어야 하고 해서. 칠십 넘어 큰절에 와서 산다는 것은 꿈에도 생각 안했는데…… 오늘이라도 방장 맡을 사람 있으면 던지고 도망가 버릴 거야."

은사, 상좌에게서 벗어나 홀홀단신으로 수행납자의 삶을 만끽할 무렵 국지대찰의 방장이 된 원명스님이 찾아오는 손님들에게 나눠준 '다포' 선물이 어느덧 만 오천 장을 넘어섰다.

寒山拾得 한산습득
呵呵笑 가가소
誰能識 수능식

한산과 습득
두 스님이 껄껄 웃는 의미를
누가 능히 알겠는가

영축총림 통도사를 방문해 방장 스님을 친견하면 받을 수 있는 선물이자 화두다. 누가 한산이고 누가 습득이 될 것인가. 차별은 없다.
"그 뜻만 알면 돼. 하~ 하~ 하~"

김선두(불교신문)

원명 대종사 경봉鏡峰스님(1892~1982)을 은사로 출가, 1952년 통도사에서 자운스님을 계사로 사미계를, 1969년 통도사에서 월하스님을 계사로 구족계를 수지했다. 1961년 통도사 강원 대교과를 마쳤으며 1955년부터 극락선원에서 28안거를 성만했다.

원명圓明은 법호, 법명은 지종智宗. 1982년 경봉스님이 입적할 때까지 30여 년간 곁을 지킨 맏상좌다. 극락암의 명정스님과 초대 교육원장을 역임한 백련암의 원산스님이 스님의 사제들이다. 통도사 주지, 원효학원 이사 등 산중 소임과 제9대 중앙종회의원 등을 역임했다. 월하스님 입적 이후 3년여 만인 2007년 4월 통도사 3대 방장으로 취임했다.

마음이 밝아지면 시간과 공간의 구애를 받지 않게 된다며 밝은 심성을 강조하는 활안活眼 대종사.

마음이 밝지 못하면
세상이 다 거짓말

활안 대종사

'역대전등歷代傳燈 제대조사諸大祖師……' 조석으로 올리는 예불문을 외다 보면 가슴 찡한 대목이다. 부처님 가르침이 인도에서 시작해 중국을 거쳐 해동으로 오는데 등燈에서 등으로 불이 전해지듯 수많은 조사와 선지식에 의해 이어온 불법佛法.

800년 전, 중국에서 수행하던 보조국사 지눌스님과 금나라 왕자이자 9세 국사인 담당스님이 고려로 귀국한 것도 그와 같았다. 당시 고려불교는 혼탁했다. 금강석과 같은 불법은 그대로이건만, 이 땅의 주인공들은 달랐다. 왕조가 노쇠해지고 정치가 혼란해지면서 탐진치 삼독이 성행했다. 바로 세워야 했다. 불법을 세우고, 나라를 바르게 잡아야 했다.

백 년의 시간을 두고 스승과 제자는 남도땅 조계산에 올랐다. 중국에서부터 짚고 온 향나무 지팡이를 들어 하늘에 고하고 땅에 힘껏 꽂았다. 땅의 기운을 뿜어 올린 지팡이에 싹이 났다. 이 땅의 불교를 올곧게 세우고 오늘에까지 그 가풍이 이어오는 정혜결사가 펼쳐진 것이다.

조계산 8부 능선쯤에 자리한 천자암 곱향나무 쌍향수(천연기념물 제88호)가 바로 그 지팡이다. 지금도 두 그루의 향나무는 마치 스승에게 절을 하는 듯한 형상으로 서로를 의지하며 하늘을 향해 뻗어 있다.

예로부터 큰 산에 성스러운 나무가 있으면 또 다른 생명체가 있다고 했다. 호랑이다. 때로는 큰스님으로 화현한다는 호랑이.

조계산 호랑이를 찾아나선 것은 몇 해 전 말복 날이었다. 이날, 뙤약볕 아래 산길을 오르는 것 자체가 그대로 수행이었다. 사실, 떠날 때부터 수행자 심정이었다. 며칠 전 천자암을 찾았다가 법문은커녕 사진 한 컷도 건져오지 못하고 쫓겨난 터였기 때문이다.

"쓸데없는 소리 지껄이게 하지 마. 입만 아파. 아무리 들려줘도 알아듣지 못하면서 무슨 말을 하란 말이야."

평소에는 자상하게 법을 설하시던 스님이었다. 그런데 펜을 들고 '무슨 말씀을 하실까' 귀를 쫑긋 세우니 손사래를 쳤다. 60년 넘게 목숨 걸고 정진한 큰스님과 어설픈 재가불자의 만남은 처음부터 이렇게 어색했다. 더구나 서쪽을 향한 인법당 옆 스님 방은 한여름 오후가 되면서 가마솥마냥 찌는 듯했다.

마침 공양주 보살이 찐 감자를 내놓자 스님이 유독 노란 감자를 들고서 한마디 했다.

"내가 감자밭에서 변을 봤는데 이것이 그 자리에서 나온 것이여. 맛이 기막히게 좋지. 자네도 감자나 먹고 어여 내려가."

말 그대로 '감자' 먹고 말았다. 법당 옆 쌍향수 아래의 수각에 있는 냉수로 끓는 속을 식혀야만 했다.

며칠 후, 이번엔 아이들을 동행시켰다. 더위에 지쳐 움직이기 싫어하는 아이들에게 "세상에서 가장 희유하고 아름다운 향나무도 보고 큰스님도 친견하자"고 꼬드겼다. 아이들 동행 작전은 성공했다. 도인이 도인을 알아보듯, 동안童顔의 큰스님과 아직 때가 덜 묻은 아이들과의 대화는 술술 이어졌다.

"아야, 아가야, 너 나이를 바로 먹었냐. 거꾸로 먹었냐. 아니면 옆으로 먹었냐."

"잘 모르겠어요."

"그냥 먹었다고 해라. 아가야, 너 잘 생겼냐 못 생겼냐."

"그냥 생겼어요."

"그러지 말고 '돈을 많이 가지고 있게 생겼습니다' 그래라. 야야, 너 그 아버지는 어디서 거짓말로 너희들 먹여 살린다냐."

"……"

"'마음이 밝지 못하면 세상이 다 거짓말입니다' 그래라. 야야, 너는 무슨 새냐, 말 잘하는 앵무새냐."

"……"

"'사람입니다' 그래라."

막둥이와 한참 선문답(?)을 나누는데 이상하게도 스님이 묻고 대답까지 가르쳐 준다. 이쯤해서 조심스레 대종사께 한 말씀 청했다.

"내가 보물을 하나 일러주지. 어느 것이 보물이냐 하면 밝은 것이 보물이야. 어떻게 밝은 것이냐 하면 근거가 없이, 상대가 없이 단번에 밝은 것이 보물이거든. 말 그대로 단번에 밝는다면 대동태허大同太虛에 마음이 주인이 되지. 우주의 주인인 마음이 바르게 서 있으면 단박에 밝아질 때 판단력이 생겨나는 거야. 판단력이란 쉽게 말하면, 거울을 볼 때 '내가 거울 앞에 선다'고 말하지 않아도 거울 앞에 서면 그대로 보여지듯 생겨나는 거야. 이 보물을 찾아야 해. 그런데 이것이 쉽게 찾아질 것 같아도 그렇지 않아. 자나 깨나 앉으나 서나 한눈 팔지 말고 노력해야 해. 그러다 보면 단박에 밝아지는 날이 와."

활안 대종사는 1926년 병인丙寅생이다. 세수로 84세. 20대에 출가하여 지금까지 수행자 본분을 지키는데 한 치 흐트러짐 없이 살았다. 50여 년 전, 오대산 북대에서 정진하면서 스님 자신은 물론 타인에게도 '게으름'에 있어서는 단호했다. 그 모양이 어찌나 무섭고 날쌔던지 호랑이띠인 스님은 자연스럽게 '오대산 호랑이'로 불렸다.

조계산에 주석하면서도 마찬가지다. '조계산 호랑이'가 된 지 어느덧 30년. 여쭙고 싶은 말은 많지만, 평생 흐트러짐 없이 살아온 수행자의 본분이 궁금했다.

"사람에게는 먼저 할 일과 나중에 할 일이 있어, 심성 밝히는 일이 먼저

• 2005년 고불총림 백양사 방장으로 지종스님이 추대된 후 종단 큰스님들과 찍은 기념사진
(맨 왼쪽부터 지종스님, 활안스님, 맨오른쪽은 동춘스님).

할 일이지. 그래서 출가했어. 이제껏 실수 없이 걸어왔다고 하면 거짓말이지. 행복이나 사랑이 싫다는 것도 그렇고. 연애하자는 꼬드김도 받았어. 그러나 먼저 할 일이 아닌 바에 두 가지를 동시에 할 수는 없는 거야. 항상 이것이 기준이 되었지. 이제는 천번 만번 실패해도 끄달리지 않아."

"인과에 떨어지기보다 매이지 않는다"는 백장선사의 '할' 처럼 "인연에 끄달리지 않는다"는 스님의 가르침이 가슴을 울렸다.

대종사는 1926년 음력 3월 13일 전남 담양군 용연리에서 부친 진양 강姜씨 경삼京三과 모친 경주 김金씨 사이 6남 1녀 중 막내로 태어났다. 출가 전 이름은 규성奎晟으로 어려서부터 남달리 총명한 아이였다. 규성이 여섯 살 되던 해 조부모 제삿날이었다. 규성보다 다섯 살 더 많은 누이가 제사

• 후학에게 경전을 설명하고 있는 활안 대종사.

상에 낮에 먹다 남은 김치를 갖다 놓았다. 그것을 본 어린 규성이 "할아버지 할머니 제사에 새 것, 좋은 것 놓아야 하지 않느냐"고 물었다.

일곱 살 때에는 "나도 크면 우리 아버지, 어머니같이 살림을 해야지"라며 인생 설계를 했다.

부친은 부지런한 농사꾼이었다. 스님이 열세 살 되던 해에 부모님이 채독증茶毒症으로 한 달 새 모두 세상을 하직했다. 어린 규성은 인생에 큰 전환을 맞게 됐다. 형제들과 헤어져 순창 외가에서 살게 됐다. 졸지에 부모를 잃고 나니 의지할 곳 없고 천지에 혼자 남은 듯 쓸쓸했다.

부모를 잃은 이듬해 외로움을 잊으려 동네 교회에 나갔다. 어깨너머로 학문을 배우며 일본 유학의 꿈도 꾸었다. 그러나 시골에서 농사를 도와야 했던 규성에게는 언감생심이었다. 엎친 데 겹친 격으로 몇 년 후 규성도 부모의 생명을 앗아간 채독증을 앓게 됐다. 원인 모를 병으로 몸이 퉁퉁 부어 아무 일도 하지 못한 채 죽음만 기다리게 됐다.

그렇지만 병은 인생무상을 느끼게 했고, '아무런 죄도 없는 내가 왜 이런 고생을 해야 하는지 천지성현께 따지겠다'는 큼직한 의문을 갖게 됐다. 삼 년간의 병고는 치열한 삶을 살게 하는 계기가 됐다.

잔병과 세파를 헤치며 청소년기를 보낸 규성은 1945년 광복을 맞았다. 어느덧 스무살이 되었다. 하루는 외숙모와 함께 순창 순평사를 찾았다. 당시 절에는 효봉스님의 은사인 석두石頭 노스님이 주석하고 있었다. 부처님과 큰스님을 만나는 일대사 인연이 맺어진 것이다. 석 달 동안 석두스님의 법문을 듣던 규성은 바로 이 길이 내가 갈 길이라는 환희심과 함께 발심하여 행자가 됐다. 오 년간의 고된 행자 생활을 마치고 마침내 노스님이 득도수계를 허락하여 출가사문이 되었다. 이때가 1951년 한국전쟁이 한창이던 때이다.

행자 시절 석두스님과 효봉스님은 활안스님의 그릇을 알아보고 '저 행자는 출가하여 크게 될 거다'고 격려했다. 그러나 몇 년 후 사제의 인연을 맺은 노스님이 환속하자 활안스님은 덕숭산 수덕사로 수행처를 옮겼다. 여기서 월산스님을 은사로 사미계를 받으니 세납 28세, 1953년이었다.

그 후 제방선원에서 '나고 죽는 이전의 나는 무엇인가(生滅未生前 是甚麽)'를 화두로 정진하던 스님에게 어느날 한줄기 섬광이 번득였다.

通玄一喝萬機伏　　통현일할만기복
言前大機傳法輪　　언전대기전법륜
法界長月一掌明　　법계장월일장명
萬古光明長不滅　　만고광명장불멸

통현의 할에 온갖 번뇌망상 굴복하니
말 이전에 한소식이 법륜을 전하도다
삼라만상 한 손바닥에 밝았으니
이 도리는 만고에 다함이 없네

활안 대종사는 깨침의 자리를 분별하지 않고 나누기 좋아한다. 천자암을 찾는 이라면 승속을 가리지 않고 누구나 스님을 친견할 수 있다. 대중이 법문을 청하면 노구를 이끌고 산을 내려가는 것을 귀찮아하지 않는다.
"나는 출가한 이후 오로지 참선 수행에만 매달려 왔습니다. 흔히들 선禪이라고 하면 밤나무에다 대나무를 접붙이하는 것처럼 추상적이라고 생각하지만, 선은 결코 추상적이거나 비세간적이지 않습니다. 끊임없는 자기성찰과 이를 위한 노력이 선의 시작입니다. 선의 요체는 대우주, 자연, 생명의 이치를 바로 보고자 하는 것입니다. 세상 사는 이치는 선과 다를 것이 없습니다. 오랫동안 참선을 해도 눈이 뜨이지 않는 사람이 있는데, 이는 일념으로 구하지 않기 때문입니다. 매일 앉아서 쓸데없는 망상으로 세월을 보낼 것이 아니라 간절한 원력으로 '이 뭣고?'를 참구하세요. 그러면 시간도, 공간도, 형상도 모두 잊게 됩니다.

화두 일념이 흐르는 물과 같이 지속되면 천 사람 만 사람이 다 진리의 눈을 밝게 뜨게 됩니다. 밝아야 한다는 말은 아무리 강조해도 부족함이 없습니다. 타고난 심성을 단번에 밝게 비춰야겠다고 생각하면 자연히 수행 정진을 안 할 수 없어요. 나 자신을 광명의 세계로 인도한다는 의지로 열심히 정진하다 보면 몸도 따라서 좋은 방향으로 변화합니다. 인과의 도리도 알게 되고 선업을 짓게 됩니다. 마음에 중심이 딱 서 있는 사람은 언제 어디에서도 밝게 마련입니다.

천지자연은 나와 상대로 이뤄져 있습니다. 모든 것은 인연에 따라 상대를 이루고 있지요. 나와 상대라는 분별이 없어지고, 나와 상대라는 분별이 없어지면 천지생명이 시작하기 이전 경계에 접목이 됩니다. 나와 상대라는 분별도 없고 서로 하나가 된다는 의미입니다. 바꾸어 말하면 나와 상대가 둘이 아니라는 것을 알게 된다는 것이지요. 이를 밝아지는 것, 마음, 지혜라고 여러 단어로 얘기합니다만 의미는 다 같은 겁니다.

심성이 밝아지도록 노력하세요. 마음이 밝아지면 시간과 공간의 구애를 받지 않게 됩니다. 생멸의 인과법칙도 능히 뛰어넘고 그 지혜는 결코 줄어들거나 다함이 없습니다. 어느 생명이든지 가만히 관찰해보면 심성이 가려져 있을지라도 이미 공을 포함하고 있습니다. 동전의 양면과 같은 것이지요. 한 생각을 돌이켜 마음의 문이 열리면 우주의 진리와 온갖 현상이 거기에 들어 있지요.

불자들은 '나무아미타불' 염불을 많이 합니다. '나무아미타불'에는 밝게 하는 발원이 담겨 있고, 밖으로는 장엄법계를 넓게 포용하는 원용이 갖춰져 있습니다. 그래서 '나무아미타불'을 자성이란 말로 축약할 수 있습니다. 자성을 갈고닦으면 타고난 심성이 단번에 밝아질 수 있기 때문입니다. 마음이라는 것은 천지자연을 만들어 내는 원인이 되기도 하고 주인도 되며, 뒤처리하는 장본인도 되는 변화무상한 것이니, 열심히 정진해 마음을 청정하게 해야 합니다."

몇 해 전 천자암에서 하안거를 나던 고옹스님은 "활안스님과의 첫 만남에서 흐트러짐 없는 수행력에 감복해 사형으로 모시게 됐다"고 회고하고 "큰스님은 그때나 지금이나 수행에 있어 한치도 변함없다"고 말했다.

고옹스님은 "큰스님은 승속을 떠나 게으른 것은 용납하지 않고 그 자리에서 쫓아낸다"며 "천자암 생활은 한마디로 정진과 울력의 연속으로 그대로가 수행이다"고 소개했다.

"오십 년 전, 오대산 상원사와 북대에서 활안스님과 함께 살았습니다. '성불'을 위해 기도와 수행으로 초지일관하던 모습이 생생합니다. 그때 스님의 구도열을 지켜보면서 저뿐 아니라 함께 정진하던 도반들이 흩어져가던 공부를 바로잡곤 했습니다."

고옹스님의 설명대로 활안스님의 정진은 세간에까지 유명하다. 세수 여든이 훨씬 넘은 노구에도 새벽 두 시면 어김없이 일어나 도량석을 손수 돌고 예불 목탁까지 직접 잡는다. 특히 정초와 백중 때는 일주일간 하루 열일곱 시간씩 사분정진을 한다. 그것도 꼿꼿이 서서 목탁을 치며 하는 기도여서 함께 시작했던 젊은 스님들도 버텨내지 못하고 나가떨어지곤 한다.

"어느 정도 어른이 되면 문을 닫는 것이 오늘의 한국불교 현실입니다. 그렇지만 큰스님은 아무나 부담없이 친견할 수 있도록 문을 활짝 열어놓고 계십니다. 이것이 자비심 철철 넘치는 큰스님의 진정한 모습입니다."

활안 대종사의 법문은 초지일관 '마음을 밝게 하라'는 것이다. 밝게 하고자 하는 마음이 생기면 다음에는 목숨 걸고 정진하라고 당부한다. 이제껏 보여준 큰스님의 삶이 그러했다. 그러하기에 깊은 산중의 천자암이지만, 큰스님을 찾는 이들의 발길이 끊이지 않는다.

천자암을 나설 때쯤 되자 다시금 스님이 아이들에게 배웅하며 한마디 건넨다.

"부처님을 존경하면 너희들도 부처님을 닮아가게 된단다. 이것이 생활 속에서 하는 공부야. 학교에서 하는 공부가 세상 살아가는 법을 배우듯이, 부처님을 존경하고 따르면 부처님의 지혜와 복덕이 자기한테 오게 마련이야. 그렇게 공부해라."

천자암 종각 옆을 지나 산길을 내려오는데 멀리 바위 위에서 큰스님이 손을 흔드신다.

그 모습이 마치 당당한 호랑이와 같다. 조계산에 호랑이가 있기에 산이 더욱 성스러워 보이고, 큰 산에 큰스님이 계시기에 중생의 마음까지 편안해진다.

이준엽(불교신문)

활안 대종사 1926년 전남 담양 생. 13세 때 부모가 채독증으로 한 달 새 모두 세상을 하직하고, 몇 년 후 부모와 같은 채독증으로 한때 죽을 고비를 넘겼다.

1945년 해방되던 해에 순창 순평사로 출가. 효봉스님의 은사인 석두石頭 노스님 아래에서 오 년간 행자 생활을 했다.

1953년 월산스님을 은사로 사미계를 1958년 자운스님을 계사로 비구계를 수지했다. 이후 수덕사, 법주사, 불국사를 오가며 은사 월산스님과 금오 노스님 회상에서 정진했으며, 상원사, 청량선원, 칠불암, 범어사, 용화사, 백운암 등 제방선원에서 40안거를 성만했다.

스님이 오대산에서 중대(적멸보궁)와 북대를 오가며 삼십여 년간 이어온 용맹정진은 지금도 후학들 사이에 회자되고 있다.

1974년, 조계산 천자암으로 거처를 옮겨 오늘에 이르고 있다. 스님은 새벽 두 시면 직접 도량석으로 조계산을 깨우고, 다섯 시 반까지 예불과 천도재를 지낸다. 매일 지내

는 천도재는 이 땅의 유주 무주 고혼을 비롯해 일제 강제 노역과 한국전쟁 희생자는 물론 세계전쟁에서 이라크 전쟁과 미국 9·11테러 희생자에 이르기까지 삼라만상 모든 영가들의 천도를 기원한다.

또한 지금까지 13회에 걸친 백일기도는 사찰 밖을 나서지 않는 폐관정진閉關精進으로 하루 17시간을 꼿꼿이 서서 사분정진을 한다.

스님은 1999년 조계종 원로의원으로 추대됐으며, 청와대 불자회 지도법사를 맡아 지도하는 등 천자암 염화조실에서 승속에 구애없이 자연을 벗삼아 수행 가풍을 펴고 있다.

• 해운정사 접견실에서 환히 웃고 있는 진제眞際 대종사.

두두물물이 모두 부처라

진제 대종사

1967년 묘관음사 하안거 해제 법회. 머리를 파르스름히 깎은 홍안의 수좌가 당대 선지식 향곡香谷선사(1912~1978년)와 당당하게 법거량法擧揚을 하고 있었다. 조용히 앉아 있던 향곡선사에게 홍안의 수좌가 물었다.

"불조佛祖께서 아신 곳은 여쭙지 아니하거니와, 불조께서 아시지 못한 곳을 스님께서 일러주십시오."

그러자 향곡선사는 "구구는 팔십일이니라"라고 즉설했다.

이어 수좌는 "그것은 불조께서 다 아신 곳입니다"라고 물었고 선사는 "육육은 삼십육이니라"라고 선문답을 던졌다.

이내 젊은 수좌가 다시 물었다.

"불안佛眼과 혜안慧眼은 여쭙지 아니하거니와 어떤 것이 납승의 안목입니까?"

"비구니 노릇은 원래 여자가 하는 것이니라"라고 답하자 홍안의 수좌는 이에 "오늘에야 비로소 큰스님을 친견하였습니다"라고 말했다.

그러자 향곡선사는 수좌를 향해 되물었다.

"네가 어느 곳에서 나를 보았느냐?"

"관關!"

여기까지 대답이 이르자 이내 향곡선사는 "옳고, 옳다"며 흡족한 듯 법거량을 마쳤다. 경허스님으로부터 혜월, 운봉, 향곡선사로 이어진 법등法燈이 마침내 그 홍안의 수좌에게 전해지는 순간이었다. 이 홍안의 납자가 바로 동화사 금당선원 조실 겸 부산 해운정사 조실로 주석하고 계신 진제 대종사다.

진제 대종사는 불교를 조금 안다는 사람들에게는 매우 귀에 익은 이름이다. 대종사를 일컬어 당대의 선지식에 빗대 '남진제 북송담'으로 표현해 왔기 때문이다. 또한 전법 이후 진제 대종사는 1971년 부산에 해운정사를 창건하고 선의 대중화를 위해 노력을 기울이고 있으며, 1994년부터는 동화사 금당선원 조실로 출가 수행자를 지도하고 계신다.

가을 정취가 익어가는 해운정사에서 만난 진제 대종사의 호호당당한 기풍은 이 년 전 하안거 결제 당시 때와 마찬가지였다.

자리가 정리되자마자 바로 눈 어두운 불자들을 위해 깨달음이란 무엇인지에 대해 설명해달라고 조르듯 물었다.

진제스님은 "깨달음은 성품을 바로 보는 것"이라고 말하며 환히 웃어 보였다.

"깨달음은 곧 견성見性입니다. 심성心性 즉, 마음의 성품을 보는 겁니다. 마음의 성품을 바로 알았기 때문에 팔만사천 가지 법을 아는 것이지요. 견성하면 부처가 되는 것입니다. 지혜와 자비를 구족하게 되는 것이고, 일체가 차별이 없어서 천차만별이 다 한 가지라. 밝은 대낮에 사물을 보면 열 사람이 다 같은 것으로 볼 수 있지만, 어두운 밤에 보면 다 제각각 보이는 것과 같은 이치입니다. 밝은 날과 같이 심성을 본다면 일체 시비와 장단이 없게 됩니다."

대종사는 견성을 위해서는 끊임없는 수행이 있어야 한다고 강조한다. 부처님의 가르침에 따라 계행을 맑게 하고 선정을 닦아 지혜를 얻어야 한다는 것이다.

"계행戒行을 잘 지킴으로 인해서 청정한 몸가짐을 가지게 되고, 정定으로써 모든 마음의 산란심을 없애니 밝은 혜를 갖추게 됩니다. 청정한 계를 잘 가짐으로 인해서 정이 이루어지고 산란심이 없는 정을 갖춤으로써 밝은 지혜가 열립니다. 불도佛道를 닦는 우리 수행인들이 계정혜 삼학을 아주 손실 없이 잘 닦아 행하면 결과에 있어서 부처님과 같은 견성성불見性成佛의 정안正眼을 갖추게 됩니다. 우리가 선지식으로부터 화두를 타서 일상생활 속에 화두일념 삼매가 지속되게끔 혼신의 노력을 하는 중에, 혹자가 계戒를 파하면 천갈래 만갈래 가지가 벌어져서 수도에 큰 장애를 일으켜 화두일념 삼매의 정定의 경지를 얻을 수가 없습니다. 일념 삼매의 정을 얻지 못하면 진리의 밝은 혜慧를 얻기가 불가능합니다. 그렇기 때문에 모든 수행인은 일상생활에서 청정한 지계持戒 정신을 이어가야 하고, 동시에 오매불망 간절히 화두가 일념으로 지속되게끔 혼신의 힘을 쏟아야 합니다. 그렇게 되면 홀연히 일기일경상一機一境上에 진리의 밝은 혜가 활짝 열리게 됩니다. 그러면 천불 만조사千佛萬祖師로 더불어 조금도 손실이 없는 밝은 정안을 갖추어서 너도 도인이요, 나도 도인이 됩니다."

기자의 우둔한 몇 마디 질문에도 스님은 마치 폭포수같이 즉답을 해냈다. 이런 대종사의 모습에서 선지식의 당당한 살림살이가 그대로 드러났다. 스님의 법설은 이내 선禪으로 이어졌다. 일상생활에서부터 참선을 할 수 있다는 대종사는 "간화선이야말로 최상의 수행법"이라고 힘줘 말했다.

"일상생활, 세간살이가 다 참선입니다. 밥을 먹거나, 잠을 자거나, 목욕을 하거나 항상 화두 하나를 갖고 정진하면, 즉 '나는 누구인가?'라는 생각이 끊어지지 않으면 밝은 지혜를 얻을 수 있습니다. 참선은 세상을 부정하는 게 아닙니다. 수양에 몰두하면 자기 직업에도 성실해지고, 책임감도 강해집니다. 세상 전체가 한 몸뚱이라는 진리, 모든 인류가 부모·형제라는 사실에 눈을 뜨면 자연스럽게 베풀 줄도 알게 됩니다."

진제 대종사는 이와 함께 눈 밝은 선지식에게 좋은 가르침을 받아야 한다는 말도 덧붙였다.

"참선에는 스승이 필요합니다. 간혹 혼자 깨달았다고 하는 사람이 있는데, 그건 믿을 수가 없습니다."

그래서인가 스님이 이어 들려준 출가 인연도 눈 밝은 선지식을 만난 기연에서 비롯됐음을 알 수 있었다.

진제스님은 1934년에 남해에서 태어나 1954년 스무 살 나이에 석우스님를 은사로 출가했다. 석우스님은 '절집의 재상'이라고 불릴 정도로 지혜와 인덕이 있던 스님이었다. 진제스님이 석우스님을 처음 본 것은 평소에 잘 따르던 집안 오촌 당숙과 정월 초순에 불공드리러 쌀을 짊어지고 해관암을 갔을 때이다. 1951년 당시 석우스님은 전쟁을 피해 남해 삼신산 해관암海觀庵에 주석하고 있었다.

쌀을 짊어지고 암자에 온 진제스님을 본 은사 석우스님은 "이 세상에 사는 것도 좋지만 금생에 사바세계에 안 나온 것으로 하고 중 놀이를 해보지 않겠는가?"라고 질문을 던졌다.

이내 되물은 진제스님의 한마디.

"중 놀이를 하면 어떠한 장점이 있습니까?"

맹랑하다고 하면 맹랑할 수 있는 스무 살 청년의 질문에 석우스님은 이내 "범부가 위대한 부처되는 법이 있네"라고 답을 내렸다.

당시 인연에 대해 진제스님은 "'범부중생이 위대한 부처가 된다' 이 말에 마음이 쏠렸다"라고 회상하며 당시 상황에 대해 설명했다.

"문답을 마치고 은사 스님에게 '부모님 계신 데 가서 허락을 받고 한번 생각을 하겠습니다'라고 답하고 스님들 생활을 두루 살펴봤지. 세상 사람과 같이 밥을 먹고 살지만 판이하게 다른 생활을 하고 있더군. 스님들이 빨래하고 밥 짓고 나무하고 그 가운데 수행 생활을 하고 있어요. 거기에서 어떤 환희심이 나면서 '전생의 인연인가' 그런 마음이 들어와요. 그 길로 집으로 돌아와 부모님께 허락을 얻은 후 출가했습니다."

출가 이후 스님은 당대 선지식인 향곡스님에게서 '향엄상수화香嚴上樹話'와 '일면불월면불日面佛月面佛'의 화두를 받고 참구해 비로소 막힘없이 상통하게 된다. 좌복 하나만 가지고 옷과 이불로 쓰고, 겨우내 석 달을 배추김치 하나 가지고 살았던 어려운 환경이었지만 어느 때보다 구도에 대한 열정은 뜨거웠다.

"스물여섯 살 때 오대산 상원사에서 겨울 안거를 지내게 되었는데, 얼마나 생활이 궁핍했는지 좌복 하나를 가지고 정진할 때는 좌복으로 쓰고, 잘 때는 배를 덮고 잤지요. 두부가 먹고 싶다 해서 겨울철에 딱 한 번 운력을 해서 만들어 먹었을 뿐 석 달을 배추김치 하나 가지고 살았습니다. 과일도 얼마나 귀했는지 원주가 하루는 어디를 다녀오면서 사과를 구해 왔는데 석 달 동안 각각 한 개 반씩만 나눠먹을 정도로 아주 어렵게 공부를 했습니다. 추위는 또 얼마나 추운지, 숭늉을 방에 떠 놓으면 숭늉이 얼 정도였고 눈이 오면 처마 밑까지 눈이 쌓이고 그랬어요. 지금은 상상하기 어려울 정도로 아주 힘들었지만 그래도 모두가 열심히 공부했었습니다."

대종사의 법설은 이내 현대인이 가지고 있는 과욕에 대한 비판으로 넘어갔다.

"우리가 물질의 풍요 속에 살고 있다고 하지만, 물질의 풍요로 인해 오히려 물질의 소중함을 모르고 있습니다. 소비가 나쁜 게 아니라 낭비가 나쁜 것입니다. 범부중생의 삶의 가치는 정신에만 둘 수 있는 것도 아니고,

물질에만 둘 수 있는 것도 아닙니다. 그러나 올바른 정신은 지혜롭게 물질을 다루는 법입니다. 행복은 물질을 얼마나 소유하느냐에 달려 있는 것이 아닙니다. 마음의 문제이지요. 물질이 삶의 질을 높일 수 있는 하나의 방편일 수는 있겠지만, 물질이 높은 삶의 질을 보장해 주지는 못합니다. 높은 삶의 질은 모든 번민과 갈등이 없는 마음의 평안에 있습니다."

진리의 체성으로 마음의 고향에 이르는 자리는 곧 열반의 자리다. 그러나 많은 중생은 이러한 열반의 자리가 갖는 광대무변한 기쁨을 알지도 못하고 알려고 하지도 않는다. 뭇 중생들이 안고 있는 물질적, 정신적 고뇌가 시작되는 이유는 바로 여기에 있는 것이다.

"생활 속에 선을 해서 모든 중생의 갈등이 제거됨으로써 마음 광명의 지혜가 빛을 발하게 됩니다. 그러나 모든 중생은 오로지 출세와 성공만을 위하여 살아가는 길이 최상인 것처럼 인식하고 있는데 이것은 잘못된 생각입니다. 이것은 한 푼어치의 가치도 없는 삶입니다."

이어 대종사는 현 시대를 '자아가 상실된 시대'라고 진단했다. 또한 인간은 분명이 스스로 고귀한 존재임을 알아야 한다고 역설했다. 스님의 지적은 자신과 사회에 대한 사랑을 잃어버린 현대인들의 이기심을 낳은 병폐를 해소하기 위해 참 나를 찾는 길에 들어설 것을 요구하는 것이다.

"물질은 인생을 황폐한 것으로 몰아갑니다. 물질문명이 선 정신의 지혜를 이해하고 받아들이고 수행해 나간다면 임의자재한 풍요로운 정신세계를 구가할 수 있을 것입니다. 이렇게 오랜 시간 동안 바른 지도와 정진을 해나간다면 세계 속에 한국선이 활짝 꽃필 수 있을 것이라 보며 향후 인류의 미래가 바로 한국 선불교에 달렸다 해도 과언이 아닙니다.

하루하루 밥 먹고 사는 것에만 치우치면 값진 생활이 아닙니다. 참 나를 아는 생활이 바로 값진 생활이지요. 내가 나를 모르고 사는 것은 인생을 살아도 살았다 할 수 없겠지요. 오늘 내가 있지만 몸뚱이 받기 이전에 무엇이었는지를 알아야 합니다. 이것을 모르면 범부요, 이것을 알면 성인이라, 그러한 고로 모든 사람에게는 부처가 될 수 있는 바탕을 갖추고 있기 때문에 참 나를 알도록 꾸준히 수행 정진해야 합니다."

대종사와의 대화를 마치고 접견실을 빠져나왔다. 대화 내내 어리석은 질문을 했지만 대종사의 답은 한결같은 현답이었다. 말 그대로 '즉문즉답'이면서도 사량분별하지 않는다는 것이 느껴졌다.

진제 대종사와의 대화는 잠시도 긴장을 늦출 수 없었다. 그러고 보니 '부처를 만나면 부처를 죽이고, 조사를 만나면 조사를 죽인다'는 살불살조(殺佛殺祖)가 바로 진제스님의 가풍이 아닐까. 다시 한번 스님과 있던 자리를 돌아봤다. 왠지 스님이 품은 '선객의 칼날'을 볼 수 있을 것 같아서.

신중일 (주간불교신문)

진제 대종사 '북송담, 남진제'라는 말이 있을 정도로 한국불교 선맥을 드날리고 있는 진제 대종사는 1934년 남해에서 태어났다. 한학을 공부하고 1954년 해인사에서 석우스님을 은사로 출가했으며, 1967년 '일면불월면불' 화두를 타파하고 향곡스님으로부터 법을 인가받았다. 1971년 부산에 해운정사를 창건해 선풍을 널리 전하고 있다.

선학원 이사장, 문경 봉암사 조실을 역임했고 1998년, 2000년 백양사 1·2·3차 무차선대법회 초청법주, 2002년 국제무차선대법회 법주를 역임했다. 현재 조계종 원로의원, 동화사 금당선원 조실, 조계종 기본선원 조실, 해운정사 금모선원 조실로 납자들을 제접하고 있다. 《돌사람 크게 웃네》《선 백문백답》《고담녹월》 등의 법어집을 냈다.

• 법주사 사리각에 주석하고 있는 혜정慧淨 대종사.

마음 찾는 일 늦추지 말아야

혜정 대종사

　이 세상 살면서 평생 한 번이라도 참다운 만남이 이루어지길 바란다. 삼라만상에서 가장 참다운 만남은 한 세계가 다른 세계와 어우러져 창조적인 조화가 이루어지는 세계다. 그 만남은 사람과 사람의 만남일 수도 있고, 종교 혹은 진리 그 자체일 수도 있다.

　그 조화 중심에 세속을 떠난 자리 속리俗離가 있다. 속리산 골바람은 사람과 사람들이 살아온 흐트러진 세속의 미진까지 세탁해낸다. 그래서인지 삶의 지혜를 찾는 수행자들이 법주사 혜정慧淨 대종사의 품으로 찾아든다.

　혜정 대종사는 고려 공민왕 때 부처님 진신 사리를 봉안한 사리탑을 지키는 사리각에서 삼십여 년째 주석하고 있다. 혜정스님은 수덕사에서 만난 은사 금오스님을 열반할 때까지 평생을 모셨고, 스승의 뒤를 잇는 법주사 법장法杖이 되어 후학들을 가르치고 있다.

혜정 대종사는 기자와의 인터뷰를 한사코 사양했다. 다리를 다쳐 움직이지 못하는 몸으로 세상에 드러나는 것이 사리에 맞지 않는 일이라 간곡하게 몇 번이고 사양하였지만, 주위 몇 분의 도움으로 어렵게 자리를 만들었다. 다리 치료를 위해 평생 살아왔던 사리각을 벗어나 잠시 머물고 있는 청원군 낭성면 지장사에 머물러 있는 스님을 뵈었다.

사리각 노장 혜정스님을 담금질한 지팡이는 경허 만공에 이은 한국불교 선맥을 바로 잇고 불교정화에 큰 족적을 남긴 금오스님이다.

"금오 큰스님의 첫인상은 무서웠습니다. 흡사 달마스님을 보는 것 같았습니다. 힘이 장사고 눈이 부리부리하시고 체격이 건장하셨죠. 저의 사형되는 월남스님께서 금오스님을 은사로 하라고 권유해 인사를 드렸는데 뵙는 순간 '이분이야말로 나를 이끌어 주실 스승'이라는 생각을 했어요."

금오스님은 첫째도 참선, 둘째도 참선. 오로지 참선이었다. 잘못하면 공개적으로 굵은 회초리로 사정없이 내려치는데 못 견디고 도망간 이들도 많았다. 은사 스님이 정진에 철저하다 보니, 제자들도 자연스럽게 참선을 최고로 여기고 늘 정진해오고 있다.

혜정 대종사는 요즘도 어려운 일이 일어나면 은사 스님이라면 어떻게 처리했을까를 생각한다. 생전에 금오스님은 "승려는 사문으로서의 다함없는 마음가짐을 한시도 놓지 말아야 한다"고 강조했다. 혜정스님의 생각, 몸짓 하나하나에 은사 금오의 장쾌한 도리가 스며 있다.

혜정 대종사가 불교에 귀의한 것은 참으로 우연한 계기였다. 전라북도 정읍의 마을 훈장이셨던 조부의 영향으로 평소 많은 책을 읽었던 그는 한국전쟁이 터지자 서울 용산에서 공부하던 중학교를 잠시 떠나 고향 정읍으로 돌아왔다. 대종사는 우연히 길거리에서 월간 〈불교〉라는 잡지책을 발견하고 밤을 새워 읽었다.

'생은 어디를 쫓아왔으며 죽음은 어디를 향해 가는가. 생은 곧 한 조각 뜬 구름이 일어남이요, 죽음은 한 조각의 뜬 구름이 사라짐과 같나니라.'

'생은 어디를 쫓아왔으며, 죽음은 어디를 향해 가는가' 라는 구절이 날이 갈수록 가슴을 파고들었다. 전쟁의 고통, 고단한 삶의 현실에 눈뜬 청소년기인 그의 마음에 자연스럽게 불교가 들어와 있었기 때문이다. 그 가슴앓이가 원인이 되어 존경하는 김구 선생이 출가 수행했다던 마곡사로 친구와 함께 책을 짊어지고 공부하러 들어갔다. 이때 출가하겠다는 마음을 낸 것은 아니었다. 그렇게 머문 곳이 마곡사 대원암이다. 당시 마곡사 본사에 대처승들이 있었고, 대원암에서는 비구들이 수행하고 있었다. 참선하는 비구 스님들의 모습이 좋아 보여 공부하기보다는 함께 밤낮을 잊고 수행했다.

혜정스님은 19살 때 대원사에서 수행하던 비구들을 따라 수덕사로 출가한다. 혜정 대종사는 수덕사에서 행자로 있으면서도 '만법귀일萬法歸一 일귀하처一歸何處' 화두를 붙들었다. 이 화두는 지금까지 스님에게 선禪으로 가는 방향을 제시해주고 있다.

"만법귀일 일귀하처는 내 인생관을 뒤바꿔 놓은 계기가 되었지요. 행자 생활 이 년간 낮에는 일하고 밤에는 화두를 참구하며 수행인으로서의 자세를 놓지 않으려 애를 썼어요. 이 나이 되도록 그때 지닌 초발심을 잊지 않으려고 해요."

혜정스님은 은사 금오스님이 불교정화에 전면으로 나서면서 함께 뛰어든다. 1962년 통합 종단이 출범하였을 때 교무국장 소임을 맡게 된 이후 근 수십 년 이상을 불교정화에 한몫을 해낸다. 스님은 1970년대 중반 법주사 주지 소임을 맡으면서 획기적으로 법주사 강원을 바꾸기도 했다.

"강원에 동국대 교수를 비롯하여 이름 있는 분들을 외래 교수로 초빙했어요. 불교교리, 불교사, 산스크리트어, 팔리어, 영어, 심리학, 비교종교학 등 내외전을 망라한 교과 과정을 새로 만들었어요. 그렇게 율반, 포교반, 외국어반, 편집반, 염불반, 미화반 등 여섯 개 자율반을 편성하자 전국 학인들의 반향이 컸지요."

1977년 당시 종정 서옹스님과 문중 어른 월산스님의 권유로 스님은 총무원장을 맡았다. 법주사 주지를 맡은 지 얼마 되지 않아 거절했지만, 어른 스님들의 권유를 뿌리칠 수 없었다. 스님은 인재 양성에 원력을 세우고 승가교육 개혁을 구상했는데, 당시 총무원장 자리는 무슨 일을 제대로 할 수 있는 자리가 아니었다. 유신정권 아래 불교정화가 마무리 시점에 있었는데, 종단 내부 사정은 날로 어렵기만 했다. 그래서 총무원장직을 얼마 하지 않고 월산스님이 조실로 계신 불국사 선원으로 내려갔다.

행정직 최고의 지위를 과감하게 벗어던진 스님은 초심으로 돌아가 불국사 선원에서 다섯 철을 났다. 스님은 다시 해인사로 가서 두 철을 지내고

• 혜정 대종사가 대중 법문을 하고 있다.

봉암사, 수덕사 선원 등을 다녔다. 해인사에선 성철스님을 모시고 종정을 지내신 혜암스님과 함께 정진했다. 해인사에서 보름마다 포살법회를 하였는데, 스님과 일타스님이 번갈아 주관하며 선객들이 푸른 심검을 드러내도록 두들겼다.

"수행은 마음을 찾는 일입니다. 마음은 형상도 없고 모양도 없습니다. 옛날 사람들이 마음을 찾아서 깨친다고 했는데, 형상도 없고 모양도 없는 마음을 어떻게 알고 깨칩니까? 비유컨대 물은 모든 것을 씻지만 물 자체는 씻을 수 없는 것과 같습니다. 찾기 어려운 마음을 찾는 것은 철저한 수행만으로 가능할 뿐이지요."

혜정 대종사는 바른 공부가 되기 위해서는 교학을 먼저 공부한 뒤에 참선하라 이른다. 대종사 역시 참선에 매료되어 출가하였으나 본격적으로 수행하기 전에 법주사 강원에서 사교와 대교를 공부했다. 경전이야말로 신심을 확고하게 하고, 간혹 바깥 경계로 말미암아 마음이 흔들릴 때도 다시 초발심으로 돌아오게끔 하는 힘을 갖는다. 경전을 보는 것과 보지 않은 것은, 이정표를 보고 길을 가는 것과 이정표 없이 길을 가는 것에 비유한다. 확실하게 이정표를 보고 가면 방황하는 일은 없다.

대종사는 수행에 참선이 중요하다고 여기지만, 그렇다고 참선만을 주장하지 않는다. 경 볼 사람은 경을 보고, 염불할 사람은 염불을 하고, 주력할 사람은 주력을 하라고 권한다. 참선을 비롯한 모든 불교 수행이 다 최고의 인격을 체득하는 방법이기 때문이다.

스님은 불자들에게 항시 내가 제일이며, 개인으로 제일이 아니라 불성을 가진 보편적인 인간이 제일이라는 심지를 놓지 말라고 주문한다. '내가 부처다'라는 것을 명심하고 매사에 성실히 당당하게 살아가면 깨달음을 향해 가는 어떤 어려움도 극복할 지혜가 능히 나온다고 강조한다.

혜정 대종사는 수행의 근저에 초발심이 가장 큰 힘으로 자리하고 있다고 했다. 스님은 행자 시절 화두 참구를 하다가 이상하고 신비한 경계를 만난다.

"철야 용맹정진을 하며 화두를 참구하고 있는데, 홀연히 앞 벽이 무너지고 둥근 빛이 눈앞에 보이면서 육신이 공중에 붕 뜬 체험을 했어요. 그 후에도 그런 경계가 몇 차례 더 나타나, 정말 이 길이 우주의 실상을 깨닫는 길이구나 확신을 하게 되었지요. 지금까지도 그 평온함과 환희심은 오래

• 법주사 경내를 산책하고 있는 혜정 대종사.

도록 내게서 떠나지 않는데 그때 불교에 대한 확실한 발심을 하게 되었죠."

스님은 그때 앉아 있다는 의식도 없어지고 공중에 떠 있다는 느낌에 이어 무엇인가 몸 안에서 확 터지며 편안해지는 느낌을 받았다. 그 초발심이 사십여 년 이상을 출가자로 살게 한 원동력이자 힘이 되었다. 스님은 요즘 참선하면 삼 개월 안거로 정형화된 측면이 있다고 안타까워한다.

"옛날 스님들은 하루가 저물면 오늘 깨치지 못하고 허송세월했다며 안타까워했어요. 젊어서 선방에 다닐 때는 자는 척하다가 누가 몰래 일어나 참선을 하면 우르르 따라 일어나 모두가 정진하는 진풍경이 흔했지요."

혜정 대종사의 말 한마디 한마디가 엄격한 수행 가풍을 보여주는 한 대목이다. 출가자들에게는 깨달음을 위해 스물네 시간 화두를 놓지 말라 이르고, 본인 스스로가 먼저 실천한다.

총무원장직을 그만두고는 월출산 도갑사의 폐사지인 상견성암 자리에 방 한 칸, 부엌 한 칸의 토굴을 짓고 혼자서 삼 년을 용맹정진했다. 충남 부여 금지암의 다 쓰러져가는 암자에서 밥 짓고 나무하고 빨래하며 일 년을 지내기도 했다.

도갑사에서 도보로 한 시간 거리에 있던 이 상견성암에서의 공부는 치열했다. 백장청규 정신을 실천하며 삼 년을 산 상견성암의 공부를 생각하면 노장의 마음은 설레기만 하다. 혜정스님은 그때 자신과의 싸움을 통한 두타행이 얼마나 소중한 것인가를 깨달았다. 그래서인지 마지막 회향은 토굴이나 암자 수행을 하고 싶은 생각이 있다.

"불교는 스스로의 힘으로 성불할 수 있다는 자력 신앙입니다. 부처님은 자신의 마음에서 삼라만상을 보고 깨달았지요. 거슬러 올라가면 신이란 개념도 결국 마음에서 나온 것이라 할 수 있죠. 신이 인간을 창조한 것이 아니라, 마음이 신을 창조했습니다."

혜정 대종사는 인간 중심의 종교, 믿음으로 마음을 깨쳐가는 종교가 불교라 한다. 그러기에 바로 여기서 충실하게 자기 인생을 당당하게 살아가라고 한다. 나아가 불자들은 자신을 성찰하고, 신심을 일으키고, 원력을 세우라고 설법한다. 방편으로 부처님을 모시고 마음을 깨쳐라, 기도를 해라, 주력을 해라, 참선을 해라, 간경을 해라고 격려하는 것이 각자 부처임을 각성하는 중요한 수행이 되기 때문이라 말한다.

"요즘 시대가 말법 시대라서 중생의 근기가 약해져 참다운 수행이 어렵다는 말을 합니다. 한마디로 일고의 가치없는 변명입니다. 이 마음 어디에 말세가 있고 말법이 있으며, 어느 곳에 상생이 있고 하생이 있습니까. 불교를 잘 모르는 사람들이 하는 말에 불과합니다. 불자는 늘 정진에 목말라 있어야 하고 정진으로 깨달음에 이를 수 있어야 합니다."

치열한 정진은 잠자리에 들어도 정진하고 있는 자신의 모습을 보고 인식해야 한다. 따로 정해둔 시간에 정진하고 다시 중생심으로 돌아가 실컷 먹고 마시고 욕하고 싸우는 마음을 갖는 것은 불자의 마음이 아니라고 강조한다.

대종사는 확고한 신심과 철저한 수행으로 이 시대를 살아가라고 한다. 궂은 날씨도 있고 바람 부는 날도 있겠지만, 모든 것을 긍정적으로 받아들이고 헤쳐 나가고자 하는 용기가 깨달음을 이룰 수 있다고 믿기 때문이다.

그래서 스님은 얼마 전까지만 해도 '일을 하지 않으면 먹지 않는다'는 일일부작 일일불식 정신을 이어받아 스스로 몸을 쉰 적이 없었다. 스님은 앉아서 할 때는 앉고, 가야 할 때는 가고, 머물러야 할 때는 머무르고, 일어서야 할 때면 일어서는 것이 참 수행으로 알고 몸소 행했다.

혜정스님이 총무원장을 지낸 뒤 곧바로 선원으로 들어가 화두를 들었던 것도 바로 이 소신이 바탕이 됐다. 또 얼마 전까지 사리각에 머물 때의 스님 일상사는 '단순' 그 자체로 수행하며 하루를 보냈다. 수십 년 동안 일일부작 일일불식의 정신으로 후학들을 제접해 깨달음의 칼날을 드러내게 한다.

한결같이 새벽 세 시에 일어나 한 시간 정도 예불을 드리고 삼십 분 동안 정진을 한 뒤 다시 처소에 들어와 정진을 한다. 아침 6시 대중공양을 하고 사시마지를 올린 뒤, 오전 11시 30분 점심 공양. 오후 6시 저녁 예불 뒤 9시에 취침하는 스님의 모습은 너무나 철저하기에 젊은 수행자들의 모범이 된다. 스님은 오히려 다친 뒤에도 다리를 치료하는 것에 그치는 것이 아니라, 수행자로 자신이 바르게 살아왔는가를 되돌아보고 있었다.
　이렇게 자신을 날카로운 심검 위에 선 치열한 수행자로 끊임없이 내몰기에 많은 선객들이 오늘도 사리각 문을 두드린다. 지혜의 법구를 나누어 달라며…….

김종기 (불교플러스)

혜정 대종사 1933년 전북 정읍에서 태어났다. 1953년 예산 수덕사에서 금오스님을 은사로 19세에 득도했다. 경허, 만공으로 내려오는 덕숭산 법맥을 이은 스님은 60년대 금오스님을 따라 불교정화운동에 뛰어든다. 크고 작은 총무원의 직책을 맡으면서 불교정화운동의 중심에 선 스님은 1967년 경남대 종교학과를 졸업하고 이듬해 동국대학교 행정대학원을 수료했다.

1962부터 1983년까지 제1대부터 8대에 이르는 조계종 중앙종회의원을, 1972년 중앙종회 부의장, 1977년 총무원장을 지냈다. 법주사 주지와 율주를 역임한 스님은 현재 법주사 회주로 후학을 제접하고 있다. 스님은 2003년 원로의원으로 추대됐으며 2005년 조계종 법계위원장을 맡았다. 이理와 사事를 겸비한 대표적 스님으로 수행자의 귀감이 되고 있다.

• 출가 수행자의 실천 덕목으로 무엇보다 '화합'을 강조하는 명선明煽 대종사.

호국도량에서 중생 보듬는 호랑이 스님

명선 대종사

    800여 년 전 보조국사 지눌스님이 '이 절이 흥하면 나라가 흥하고, 이 절이 망하면 나라가 망한다' 라는 국운 융성의 염원을 담아 부처님이 법화경을 설한 영취산 자락에 흥국사興國寺를 창건했다. 지눌스님의 간절한 염원이 이뤄져서일까. 한반도의 남녘 바닷가에 위치한 여수시는 과거와 현재, 미래에 걸쳐 우리나라의 위기를 떨쳐낸 뒤 융성을 이끌고 있다.

    과거 임진왜란 당시 이순신 장군은 이곳 여수를 중심으로 전라좌수영을 꾸리고 풍전등화에 처한 나라를 구했다. 지금은 종합석유화학공업단지인 여수국가산업단지가 세계 12위 경제 대국으로 부상하는 데 중추 역할을

• 1976년 화엄사를 찾은 당시 조계종 종정 서옹스님(앞줄 오른쪽에서 네 번째), 자운스님, 혜암스님 등과 함께한 명선스님(앞줄 오른쪽 두 번째).

담당한다. 오는 2012년에는 올림픽, 월드컵과 더불어 '세계 3대 축제'로 손꼽히는 세계박람회가 열려 선진국으로 한 단계 더 도약하는 주춧돌 역할을 담당할 것으로 기대되고 있다. 여수의 과거와 현재, 미래를 생각하는 동안 자동차는 어느덧 여수국가산업단지 중간쯤에서 산으로 향했다.

석유화학공장이 즐비했던 조금 전 차창 밖 풍경과 달리 계곡을 끼고 이어지는 울창한 숲길에 시선이 사로잡힐 무렵 호국불교의 성지인 흥국사에 다다랐다. 주위 경관과 절묘한 조화를 이룬 무지개형 돌다리인 홍교虹橋에 대한 감상도 뒤로한 채 대웅전으로 발걸음을 재촉해 부처님께 삼배를 올린 뒤 종무소로 향했다.

"큰스님 계십니까?"

•1958년 12월 눈덮인 담양 보리암에서 번뇌를 씻어내듯 경내의 눈을 쓸어내던 명선스님.

"제가 명선인데, 어떻게 찾아오셨소?"

소리가 들리는 방향을 따라 고개를 돌리자 포대화상처럼 후덕한 외모를 풍기는 명선 대종사가 어디선가 나타나 지척에 서 계셨다. 스님을 따라 해동선관海東仙觀으로 들어갔다.

"바쁘신 데도 시간을 내주셔서 감사드립니다."

스님께 삼배를 올렸다.

'호남의 큰스님'으로 불리며 존경을 받고 있는 명선 대종사는 수행자의 표상인 조계종 원로의원이다. 그런 스님인 까닭에 한자로 된 경전 글귀를 소개하고, 수행의 역정, 법문 등을 말할 것으로 기대했다. 하지만 격의없이 처음 기자를 대했듯, 스님은 첫 말문을 포교로부터 시작했다. 지역 불교를 바로 세우고, 한 명이라도 더 많은 사람들에게 부처님 말씀을 전해주려는 큰스님의 포교 열정이 담긴 말이었다. 열반의 순간까지도 제자가 되고자 원했던 수발다라를 교화했던 부처님처럼.

스님은 2012년 열리는 여수세계박람회 이야기로 첫 말문을 뗐다.

"여수는 교회가 팔백 개가 넘지만 사찰은 육십 개 정도밖에 되지 않아요. 내외국인을 합쳐 총 팔백만 명이 관람할 여수세계박람회 때 수륙재 등을 펼쳐 불교를 널리 알리고자 하는데 준비가 생각처럼 쉽지가 않네요."

명선 대종사는 구체적인 수치까지 인용하며 여수세계박람회에 대해 일목요연하게 설명해 나갔다. 스님의 설명을 듣던 중 '여수세계박람회에서 전 세계인을 상대로 선보이고 싶어하는 흥국사 수륙재는 과연 어떤 의미를 담고 있을까' 라는 의문이 들었다. 스님께 여쭙자 의승수군義僧水軍들의 유물 팔백여 점이 전시돼 있는 '의승수군유물전시관'으로 자리를 옮겨 임진왜란과 정유재란 당시 의승수군의 주둔지이자 훈련소였던 흥국사의 역사를 설명했다.

"임진왜란 당시 흥국사에는 칠백여 명의 승병이 모여 이순신 장군과 힘을 합쳐 나라를 지켰어요. 임진왜란이 끝나자 선조 임금이 흥국사에 백미 육백 석을 보내와 수군들의 고혼을 위로하는 수륙재水陸齋를 지내게 한 것이 흥국사 수륙재의 기원이 됐어요."

흥국사 수륙재는 선조 임금이 백미 육백 석을 내린 이후 삼백 년 넘게 한 해도 빠짐없이 이어지다 일제강점기 때 수륙재가 잠시 사라지게 됐다고 한다. 이후 명선스님이 흥국사 주지로 부임하자마자 수륙재를 복원했다.

•2012년 여수세계박람회의 성공적인 개최를 위해 천일기도와 함께 불철주야 뛰고 있는 명선 대종사.

"매년 오월 열리는 진남제(여수거북선축제) 때 수륙재를 선보여 지역민은 물론 여수시를 찾는 관람객들에게 불교문화를 널리 알리고 있어요. 여수세계박람회를 맞아 수륙재를 펼쳐 한국 불교문화의 아름다움과 우수성을 널리 알릴 것입니다."

명선 대종사는 대웅전 해체 보수 불사 과정에서 발견된 의승수군 명단을 소개하며 임진왜란 당시 흥국사를 중심으로 활동한 의승수군의 활약상이 서산대사 못지않게 조명받을 수 있도록 할 계획이라고 강조했다. 스승을 존경하고 기리는 불사는 언제봐도 아름답다.

임진왜란 때 큰 전공을 세웠던 의승수군은 임진왜란 이후에도 삼백여 명 규모로 유지됐다고 한다. 여수 앞바다 이백오십 개 남짓한 섬에 흩어져 토굴을 만든 뒤 낮에는 공부와 농사를 병행하고 밤에는 어촌마을의 불빛을 보고 몰려온 왜구를 감시하며 싸우는 동사섭同事攝을 실천한 것이다. 의승수군은 일제 침략이 노골화되기 전까지 유지됐다. 강점기에 들어서기 직전 의승수군은 해체되어야 했다. 당시 조선 정부는 그동안의 노고를 치하하며 승병 한 사람당 천 평의 논을 하사했다. 삼백여 명의 의승수군 가운데 백 명은 여러 이유로 흥국사를 떠났다. 하지만 스님들은 "땅이 아니더라도 무엇이든 노력하면 살아갈 수 있다"며 하사받은 토지를 모두 사찰에 희사했다. 소욕지족의 삶을 그대로 실천해 보인 것이다.

"나라로부터 그동안의 노고에 대한 보답마저도 사찰과 대중에게 돌린 의승수군이 보여준 애사심은 대단했죠. 이는 오늘날 개인주의 문화에 점차 물들고 있는 승가 사회를 경책할 장군죽비 같은, 살아 있는 정신이라고 생각해요. 이 정신을 스님들이 절대 잊어서는 안됩니다."

명선 대종사의 발걸음이 이순신 장군의 친필 편액 '공북루拱北樓'에 이르렀다. 스님은 편액에 담긴 이순신 장군과 자운·옥현 스님과의 일화를 소개했다.

"이순신 장군이 전라좌수영을 통제할 때, 밤마다 농어민들이 하나둘 다른 곳으로 빠져나갔다고 해요. 뒤늦게 이 소식을 접한 장군이 고민 끝에 흥국사에 들러 자운·옥현 스님에게 이 문제를 해결할 해법이 없냐고 여쭸어요. 두 스님은 기다렸다는 듯이 '백성을 덕으로써 다스려야 한다'며 몇 가지 개선할 점을 장군에게 일러줬다고 합니다. 그 해법은 조회 때 앞아서 절을 받지 말고, 장군도 부하들과 함께 임금이 있는 북쪽을 향해 절을 하라는 것이었어요. 또한 낮에는 장수들에게 농사일을 돕도록 하라고 일러줬어요. 이러한 사실이 알려지자 좌수영을 떠났던 주민들이 모두 돌아왔다고 합니다. 이순신 장군은 두 스님의 고언을 받아들여 '모두가 함께 하자'는 뜻에서 성문 위에 공북루를 내걸었다고 합니다."

흥국사의 현판 하나, 땅 위의 돌 하나도 명선 대종사에게는 짙은 애정이 담긴 역사 유물이었다. 호국 도량을 지키는 호랑이라는 표현이 떠올랐다. 하지만 그 호랑이는 무서운 호랑이가 아니다. 사람들을 등에 태우고 다닐 정도로 인자하고, 나쁜 마음을 일으키지 못하도록 지켜주는 호랑이다.

스님의 세수는 74세. 이미 고희古稀를 훌쩍 넘겼지만 지역 최대 현안인 여수세계박람회에 원로라는 이유로 손놓고 있을 수만은 없었다고 한다. 세미나와 음악회 등 다양한 방편을 동원해 여수세계박람회 때 수륙재가 시연될 수 있도록 여수를 중심으로 한 광주전남지역 불교계를 진두지휘하고 있다. 이런 열정은 초발심 시절부터 여러 선지식을 모시고 엄하게 공부하면서 수행과 전법 두 수레바퀴를 항상 같이 굴려온 습이 저절로 몸에 뱄기 때문이다.

명선 대종사는 17세인 1952년 외삼촌인 도광스님을 따라 찾아간 담양 보광사에서 도천스님을 은사로 출가했다. 금강산 마하연에서 함께 공부할 정도로 둘도 없는 도반인 도광스님과 도천스님을 은사로 모시고 공양주와 부목일, 채공일까지 무엇이든 도맡아 했다. 스님은 외삼촌인 도광스님의 엄한 행자 교육에도 아무런 불평을 하지 않았다.

"염불은 스물네 시간 일념으로 해야 한다"는 도광스님의 지시대로 천수경을 석 줄씩 적어 틈나는 대로 외우고 또 외웠다. 하루 네 시간도 자지 못한 채 쉼 없이 일하다 보니 코피를 쏟는 일이 다반사가 됐다.

"요즈음 젊은이들은 이해를 할 수 없지만 그 당시에는 사회적으로도 아주 엄하게 교육했고 절집의 행자 교육도 상상이 안 될 정도로 힘들었죠. 하루는 피곤에 지쳐 지대방 영단 앞에서 잠꼬대를 하는 나를 본 보살들이 간질에 걸렸다고 소란을 피워 곤욕을 치르기도 했죠."

어려운 행자 시절이 지나고 명선스님은 당대 선지식인 전강스님과 지월스님, 동산스님 등을 잇따라 스승으로 삼고 자신을 탁마琢磨했다. 스님은 "강진 백련사에서 강진 앞바다를 바라보시며 '공부인은 이곳을 열반지로 삼겠노라'고 말씀하시던 동산스님의 당당한 풍모가 잊히지 않고 지금도 생생하다"며 옛 스승을 회고했다.

대중화합을 강조하며 이를 몸소 실천해 후학들에게 큰 가르침을 주신 동산스님의 일상 그 자체가 명선스님에게는 평생의 지남指南이 됐다. 동산스님은 "예불과 가람 소제, 울력, 공양 시간만 잘 지키면 대중 불화는 없다, 도를 깨칠 때까지 원력을 세우고 대중화합에 노력해야 한다"며 후학을 경책했다.

"동산스님께서는 노구에도 불구하고 아침저녁으로 각 단에 하루도, 한 곳도 빠짐없이 예불을 올렸어요. 또 '도량청정 심청정道場淸淨 心淸淨'이라는 말씀을 읊조리며 대빗자루를 들고 경내 곳곳을 청소하셨어요. 예불과 가람 소제·울력, 공양 시간을 항상 안 빠트리고 지키다 보니 대중이 자연스럽게 동산스님을 따르게 됐고 복도 짓게 됐어요. 그래서 동산스님은 항상

복을 몰고 다니는 스님, 근세 가장 복이 많은 스님으로 불렸죠."

명선 대종사는 동산스님의 가르침을 반세기가 지난 지금도 철저하게 지키고 있다. 일흔이 넘은 나이지만, 대종사는 지금도 산문 밖을 나갔다가 아무리 늦은 시간이라도 다시 절에 온다. 그리고 새벽 예불에 들어가 부처님께 예를 올리고 있다.

"나이 든 제가 새벽 예불에 들어가는데 저보다 후배인 대중 스님들이 예불에 빠질 수 없겠죠. 백 마디 말보다 모범이 되는 행동 하나 하나가 더 큰 경책의 효과를 거둘 수 있잖아요. 수행자의 본분은 곧 마음에 게으름이 없이 평상심을 갖고 살아가는 거죠."

하루 백팔 배를 하겠다는 결심이 작심삼일에 끝나고, 매일 오 분 참선도 힘들어 하는 현대인의 모습이 그 실천행 앞에서 한없이 부끄럽게만 느껴졌다.

대종사는 해인사 강원 시절 만난 당대 선지식인 지월스님이 후학들에게 늘 말씀하신 "매 순간 순간 촌음을 아껴 공부에 매진하라"는 가르침을 평생 가슴에 품고 살아가고 있다고 말한다.

"지월스님께서는 후학들에게 틈나는 대로 '인신난득人身難得이요, 불법난봉佛法難逢이라. 촌음을 아껴 공부에 매진하라. 금생에 생로병사 일대사를 해결하지 못하면 어느 곳에 환생할지 모르는 인생살이가 곧 우리네 삶이요, 자기가 지은 업력에 따라 끌려가기 마련이니 자재인이 되어라'고 말씀하셨어요. 지금도 스님의 육성이 머릿속에 울리는 듯 생생하게만 느껴져요."

스승의 엄한 가르침을 새기고, 몸으로 실천하면서 대종사는 범어사, 통도사 등 전국의 선원에서 15안거를 성만했다. 그리고 화엄사에서 주지 소임을 맡았다. 이때 스님은 가람 불사와 더불어 지역복지 활동을 시작했다. 주지 소임을 마친 1985년에는 폐사 직전이던 흥국사 주지 소임을 자청했다. 신도도 거의 없는 산골 절. 하지만 스님은 호국 정신이 깃든 그 사찰을 버릴 수 없었다고 한다. 폐사 직전의 흥국사는 스님의 25년에 걸친 불사 끝에 전각 25채의 대가람으로 일신할 수 있었다.

"제가 이런저런 일을 할 수 있었던 것은 어릴 적부터 은사 스님과 선지식들이 몸과 행동으로 직접 보여준 가르침 덕분이죠. 그분들의 올바른 가르침이 없었다면 그나마 제가 한 여러 가지 일들도 불가능했을 것이라고 생각됩니다."

명선 대종사는 후학들에 대한 애정이 각별한 것으로 알려져 있다. "세상을 긍정적으로 바라보고, 화합하며 용맹심으로 공부하라"는 은사 스님과 당대 선지식으로부터 배웠던 가르침 그대로를 상좌와 후학들에게 전해주려는 마음이다.

"도를 깨치기 위해 출가 수행자가 됐으니 본분사를 잊지 말고 항상 용맹심을 갖고 공부를 해야 합니다. 또한 승가 공동체인 절집 안의 제일 덕목은 화합인 만큼 당연히 화합해야죠. 어른 스님들께서 이를 강조하신 이유를 칠십이 넘은 이제야 어느 정도 알 것 같네요."

재가불자들을 위한 당부가 이어졌다.

"모든 일은 마음에 따라 흘러갑니다. 옛날에는 보리죽도 제대로 먹지 못했지만 행복했습니다. 하지만 자금은 과욕으로 인해 더 많은 것을 소유하고 있으면서도 세상살이에 힘겨워합니다. 모든 일을 긍정적으로 생각하고, 만족할 줄 아는 삶을 실천한다면 불안과 불행은 곧바로 사라집니다."

스님과의 인터뷰를 마친 뒤 대웅전을 다시 찾았다. 흥국사 대웅전은 의승수군 가운데 목수 소임을 맡은 41명의 스님이 순천 송광사 대웅전 도면을 갖고 와 똑같이 지었다고 한다. 당시 스님들은 삼 년간의 대웅전 불사에 맞춰 '이 법당 문고리를 잡고 나간 사람은 삼악도를 면하게 해주소서'라며 발원하며 천일기도를 올렸다는 이야기가 전해지고 있다. 여수세계박람회의 성공적인 개최를 기원하며 천일기도를 올리고 있는 명선 대종사는 국운 융성을 염원하는 또 다른 보조국사이자 나라를 지킨 또 다른 의승수군이 아닐까.

박인탁(불교신문)

명선 대종사 1936년 전남 담양에서 태어난 명선스님은 속가 외삼촌인 도광스님의 손에 이끌려 1952년 담양 보광사에서 도천스님을 은사로 출가했다. 1953년 광주 동광사에서 전강스님을 계사로 사미계를, 1955년 목포 정혜원에서 동산스님을 계사로 보살계, 1958년 통도사에서 자운스님을 계사로 구족계를 수지했다.

해인사와 상원사, 범어사 등 제방선원을 찾아 수선 안거한 스님은 1975년 화엄사 주지 소임을 맡아 화엄사를 호남 대중교육의 중심 도량으로 만드는 데 앞장섰을 뿐만 아니라 중창 불사와 더불어 오갈 데 없는 고아들을 보살펴 '복지사찰 주지'로 불리기도 했다.

1985년 여수 흥국사 주지로 부임한 스님은 의승수군유물전시관 건립과 수륙대재 복원, 재가자를 위한 선방 건립, 납골당 건립 등 폐사 직전의 흥국사를 25채 대가람으로 도량의 면모를 일신했을 뿐만 아니라 2012년 여수세계박람회 개최 준비 등 지역사회와 국가발전을 위해 불철주야 정

진하고 있다.

제8대 조계종 중앙종회 수석부의장과 조계종 재심호계위원과 법규위원 등 종단 주요 소임을 맡아 종단 안정과 발전에도 이바지했다. 지난 2007년 4월 조계종 원로의원으로 선출됐으며 이듬해 10월 해인사에서 대종사 법계를 품수받았다.

• 무진장無盡藏 대종사는 저자에 머물렀으나 산중에서 산 다른 어떤 수행자보다도
  더 철저한 수행자의 길을 걸었다.

입전수수 반세기
중생 곁 떠나지 않는 참 부처

무진장 대종사

"부처님이 어떤 사람인지 아십니까? '가장 평범한, 보통' 사람입니다. 우리 중생들은 보통 사람에 미치지 못하거나, 지나친 사람들이에요. '가장 평범하고 보통 사람인' 부처님의 성품을 닮기 위해 우리는 공부하고 있습니다. 그런데 우리는 부처님 앞에서 무엇을 빌고 있습니까? 아파트 당첨을, 남편 승진을, 또는 자녀들이 좋은 대학에 붙기를 바라고 있지 않나요? 왜 절에 다닙니까? 우리의 정신세계를 정상화하기 위해서 다니는 것이라고 나는 말합니다."

무진장 대종사께서 하신 법문의 일부다. 간결하고 정법에 입각한 설법이기에 늘 후련하다. 법문 내용만 들어도 무진장스님의 성품을 짐작할 수 있다.

 무진장 대종사는 서울 조계사에서 반세기를 넘게 주석하고 계신다. 저잣거리에서 늘 오가며 마주칠 수 있는, 조계사를 비롯해 전국의 주요 사찰 법문에서 자주 친견할 수 있는 그런 분이시다.

 스님에게는 상좌도 많지 않고, 절도 없다. 대종사쯤 되면 으레 갖추고 있을 법한 고급 승용차나 눈이 번쩍 뜨이는 고가품도 일절 없다. 종정으로부터 대종사 품계를 받던 날, 고급 승용차가 아닌 아는 재가불자의 봉고차를 타고 해인사까지 간 분이 무진장스님이시다. 이 광경을 본 한 종단의 중진 스님께서 중얼거리듯 하신 말씀이 "오늘 대종사는 무진장스님 한 분 뿐이시네"였단다.

 오래전 어느 신문에 무진장스님 이야기가 전면을 차지한 적이 있는데, 거기서 스님은 일곱 가지가 없는 스님이라고 표현됐다. 그 일곱 가지는 모자, 목도리, 내복, 절(집, 토굴), 돈, 장갑, 솜옷이다. 스님은 승복도 딱 두 벌이다. 두 벌인 까닭은 빨아 입을 때에 입을 옷이 있어야 하기 때문이니, 사실 한 벌인 셈이다.

 지금의 사오십 대 청장년층 중에 무진장 스님의 영향을 받지 않은 불자가 드물 정도로 스님은 서울 한복판에서, 또한 전국을 돌며 사자후로 부처님의 진리를 전하는 삶을 살아오셨다. 법당에서, 대학의 강당에서, 또는 길거리에서, 중생이 살고 있는 삶터에서 진리를 전하며 수행자의 본분을 지키고 계신 무진장 대종사가 그 누구보다도 진정 우러러보이는 이유가 여기에 있다. 이런 무진장스님을 한국불교를 대표하는 포교사로 지칭하는

데 어느 누구도 이의를 달지 않는다.

그러나 동시에 흥미로운 사실은 가장 가까이 사시면서도 모든 언론에서 무진장 대종사를 인터뷰한 기사가 없다는 점이다. 자신을 드러내지 않으려는 철저한 원칙을 고수하고 있는 스님의 이야기를 쓴다는 것은 그래서 여간 어려운 일이 아니다.

8월 초 어느 여름날, 스님께서 학장으로 있는 동산불교대학 사무실에서 스님을 만났다. 그날따라 몹시 피곤하시다. 평소의 우렁찬 목청은 사라지고, 말씀도 거의 않으시고, 하더라도 조곤조곤 들릴 듯 말 듯하다. 이런저런 말씀을 건네 봐도, 그저 미소만 지으실 뿐이다. 그날 스님과의 만남은 그렇게 끝났다. 건강도 썩 좋은 편이 아니고, 당신 이야기를 하는 것은 더욱 손사래를 치시니, 결국 필자가 평소 무진장스님에게서 들었던 여러 이야기들, 또 무진장스님을 가까이 모시는 분들이 들은 이야기들을 종합할 수밖에 없다. 그러나 아주 오랜 기간을 두고 들어온 이야기들이므로, 한두 시간 만나 글을 작성하는 것보다 더 나을 것이라고 믿는다.

무진장 큰스님은 제주도 출신이다. 일제강점기였던 1932년 한의사 집안에서 태어나 제주 오현고를 졸업했다. 열일곱 살 때 학도의용군으로 한국전쟁에 참전했는데, 탄탄한 한문 실력을 갖춘 것을 눈여겨본 대장으로부터 '너는 나를 따라다니라'는 명령을 받고 대장을 수행했다. 스물한 살에 제대를 하고 집으로 돌아와 보니 아버지가 돌아가셨다. 집안 친척 가운데 태고종 소속 스님이 있었는데, 상심해 있던 스님에게 출가를 권했다. 종가집의 장손(외아들)이었던 스님은 훗날 "아마 아버지가 살아계셨다면 출가를 하지 못했을 것"이라고 회고하곤 했다. 한의사 집안이었던 까닭에 스님의 속가는 비교적 잘 나가는 집안이었다. 집안에 교수와 의사 등이 즐비할 정도다.

출가 결심을 한 후 어느 스승을 찾아가야 할 것인지를 여기저기 수소문해보니, 많은 분들이 범어사의 동산東山스님을 찾아가라고 권했다. 장발에 훤칠하게 생겼고, 한학을 잘 하는 청년 무진장을 본 동산스님은 아이들을 가르치도록 시켰다. 이렇게 스님의 행자 생활이 시작됐다. 당시 스님은 담배를 즐겨 피웠는데, 숨어서 몰래 담배를 피다가 어느 날 동산스님에게 들키고 말았다. 동산스님으로부터 "속세의 습도 끊지 못 하고 왔냐?"는 호된 야단을 맞고 즉시 담배를 끊었다. 이후 스님은 주로 공양간에서 일을 했다.

출가해 범어사에서 십 년 가까이 행자 생활을 하던 어느 날 스님은 평상시처럼 뒷산으로 나무를 하러 갔다. 그런데 그날은 계를 주는 날이었다. 계를 받으러 빨리 내려오라는 행자의 말을 듣고는 스님은 한걸음에 큰 절로 달려 내려왔다.

"그 높은 산에서 어떻게 내려왔는지, 굴러서 왔는지……" 스님은 그때의 그 마음은 형용할 수 없을 정도로 환희심에 차 있었다고 술회했다. 지금도 스님은 이 이야기를 할 때면 목소리에 물기가 스민다. 목이 메고, 목소리도 흔들리고, 눈시울이 붉어진다. 스님이 된다는 것은 그 당시엔 벅차고 소중한 기쁨이었던 것이다. 어찌나 기뻤던지 스님은 당시 부전 스님으로부터 오조가사와 장삼을 받고는 입었다, 벗었다를 밤새 거듭했다.

• 현대의 장년층 불자들 중에 무진장 대종사의 영향을 받지 않은 이가 드물 정도로 스님은 한복판에서 포교의 길을 올곧이 걸었다.

서른여 명이 같이 계를 받기 위해 늘어서 있는데, 동산스님이 각자 계를 내리는 은사 스님께 절을 하라고 일렀다. 무진장스님은 지체 없이 동산스님께 큰절을 올렸다. 나중에 스님 방을 찾아가 다시 삼배를 올리니 은사 스님께서 '공부 잘 하라'고 하시며, 법명은 내일 내리겠다고 말씀하셨다. 다음날 아침에 새벽같이 마당을 쓰는데 동산스님께서 나와서는 "네 법명은 혜명慧命이니라. 부처님의 지혜를 이어받는 자라는 뜻이다"라고 하셨다. 그날 어찌나 신바람이 나는지, 스님은 마당도 혼자 다 쓸고 달밤에 나무도 하면서 더욱 정진을 하였다.

1960년대 어느 날, 밭일을 하고 있는데, 은사 스님이 찾는다는 연락이 왔다. 흙발을 잘 씻지도 못하고 스님 방으로 달려가니, 은사 스님께서 써

놓으신 야부송冶父頌의 구절 '摩訶大法王 無短亦無長 本來非皂白 隨處現靑黃마가대법왕 무단역무장 본래비조백 수처현청황'을 판각하라고 하신다. 판각이라는 것은 한 번도 해본 일이 없었지만, 은사 스님의 지엄하신 명령인지라 도구도 없이 연필 깎는 주머니칼 하나로 판각을 시작했다. 손바닥은 온통 찢어지고 갈라지고 피투성이가 되었다. 판각을 마치자마자 몸살이 나서 자리에 눕게 되었다. 이때 스님이 판각한 주련 글씨는 지금도 범어사 대웅전 주련으로 남아 있다.

혜명이 아프다는 소식을 들은 동산스님은 끙끙 앓고 있는 제자 혜명을 친히 찾으셔서 문병까지 했다. 그러고는 손에 꼭 쥐고 있던 사탕 세 알을 쥐어주며 따뜻하게 말했다.

"자, 이거 사탕이다. 이거 먹으면 한결 나을 것이다. 어서 먹고 일어나거라. 그런데 혜명이 네 재주가 참으로 무진장無盡藏이로구나. 허허허."

그래서 스님은 혜명이라는 이름을 '무진장'으로 바꾸어 사용하게 되었다.

이즈음 스님은 어린 동자승들과 함께 살았다. 옷을 개울에 가서 빨아서 방에 줄을 매고 쭉 널어서 말려 아침이면 손질해서 입혔던 일, 산에 나무 하러 갈 때 줄줄이 따라오고, 스님이 나무 지고 내려올 때에 뒤에서 끈을 매어 잡아주던 일 등을 어린 동자승들과 함께 무던히도 잘 지냈던 추억이 새롭다.

학창 시절에는 역시 대강백으로 이름이 높은 우룡스님과 고산스님도 같이 힘들게 공부를 했다. 일본 교토대학에 유학도 했는데, 당신 홍윤식 박사, 인환스님과 함께 공부했다. 태국에 유학을 하기도 했다. 스님은 지금도 가끔씩 가난하게 공부했던 학창 시절을 추억한다. 그럴 때마다 신세진 분들의 이야기를 빼놓지 않는다. 대원정사 노老 거사(장경호)에게 학비를 얻었고, 민기식 씨에게 도움을 받았던 이야기 등이다. 당시 너무 힘들게 공부를 했기에 베풀지 못하고 살았다며, 이제는 회향 차원에서라도 인색하지 말고 베풀고 살려고 한다고 말씀하시곤 한다. 스님의 철저한 절약 습관과 무소유 정신은 아마도 가난했던 학창 시절에 몸에 밴 듯하다. 스님은 어느 때, 외국에 나갈 일이 있었는데, 나갈 때 이백 불을 가지고 나가 한 달을 머물다가 들어오는데, 백 불을 남겨서 가져온 적도 있었을 정도다.

대학원 시절에는 임석진 교수의 가르침을 많이 받았다. 임석진스님은 대처 측의 대표 스님이었는데, 무진장스님에게 큰 관심과 사랑을 베풀었다. 임석진스님은 무진장스님을 만나면 늘 "장가가지 마라, 주지하지 마라. 행정직을 하지 마라"라고 당부했다. 자연히 이 스님의 영향을 많이 받았다. 무진장스님은 임석진스님의 당부를 지금까지도 지키고 있다.

도무지 상좌를 둘 것 같지 않은 무진장스님이 상좌를 두게 된 동기는 마곡사 조실을 지낸 혜원스님께서 당신의 상좌들을 부탁하시고 열반에 드셨기 때문이다. 이때 진관스님(현 불교인권위원회 공동대표)을 승단에 입적시키고 학비를 주어 동국대 공부를 마치게 했다. 또 한 상좌로는 제주의 오산스님이 있는데, 그는 율사가 되었다. 이 스님이 가끔 서울에 오면 은사 무진장스님을 찾아뵙는데, 스님은 흐뭇한 마음에 여비를 넉넉하게 주신다고 한다. 아무래도 계율 잘 지키는 상좌가 가장 흡족한 모양이다.

스님에겐 역대 고승들과의 인연이 많은데, 그중에서도 해인사 지월스님과는 잊을 수 없는 일화가 있다. 스님이 배탈이 나서 설사를 며칠째 하며 고생을 한 적이 있었다. 어느 날 변소로 급하게 달려가는데 그만 변소 앞에서 지월스님을 만났다. 지월스님은 《초발심자경문》 외엔 일체 경전을 보지 않은 분으로 수행의 모범을 보인 큰스님으로 유명한 분이다. 지월스님은 안절부절하는 무진장 수좌를 변소 앞에 세워놓은 채로 십 분간 즉석법문을 했다. 그 통에 그만 설사가 그쳤다. 모든 것이 마음에 달려 있다는 가르침을 준 것이었다.

설법 제일로만 알려진 무진장스님이 젊은 시절 피나는 만행을 한 것을 아는 이는 드물다. 스님은 맨발로 6년 동안 전국 사찰을 참배하는 만행을 했다. 말이 그렇지 여름 겨울 가리지 않고 6년을 맨발로 걷는다는 것은 상상을 초월하는 고행이다. 스님은 그 당시 송광사에 들렀을 때, 당시 방장스님이 손수 부르튼 발을 닦아주며 격려해주셨던 기억을 지금도 잊을 수가 없다.

대종사가 포교사로서 한국 근현대 불교사에 큰 족적을 남긴 것 역시 우연한 일이 아니다. 스님은 설법의 능력을 얻기 위해 피나는 정진을 거듭했다. 스님은 주로 파고다공원(지금의 원각사터)에서 거지들을 상대로 매일 법문을 했다. 당시 공원에서 구걸을 하던 거지들 가운데에는 철학박사 학위를 가진 상당한 실력을 갖춘 사람들도 있었는데, 스님의 당당하고 수준 높은 법문에 이들이 매료되어 스님을 자신들의 보스로 모시기도 했다. 졸지에 무진장스님이 거지 대장이 된 것이다. 무진장스님이 이곳에서 매일 대중 법문을 한다는 소식을 들은 도선사 청담스님이 매일 이백 원을 스님에게 후원했다. 이 돈이면 이십여 명의 밥값이 되었는데, 수준 높은 법문에 점심까지 사주는 스님의 인기는 거지들 사이에서 하늘을 찌를 정도였다.

훗날 스님은 파고다공원에서의 대중 법문이 큰 힘이 되었다고 회고하곤 했다. 이때 얻은 힘으로 스님이 조계종 중앙종무기관에 포교원을 만드는 견인차 역할을 하고, 포교원장을 맡았다고 해도 과언이 아니다. 스님의 조계사 생활은 어언 오십 년, 반세기가 흘렀다. 스님의 장삼은 낡고 색이 바래 마치 실크처럼 보드랍다.

무진장스님에게는 또 한 사람 평생을 같이해온 잊을 수 없는 재가 제자가 있는데, 그는 동산불교대학을 만들어 재가불자 교육의 큰 획을 그은 덕산 김재일 법사다. 무진장스님과 김재일 법사의 만남은 동산반야회를 거쳐 동산불교대학이라는 현대불교사에 큰 족적을 남기게 된다. 김재일 법사와 무진장스님과의 인연은 1970년대 초 원주군법당 수계 법회 때 시작되어 제대 후 1975년 조계사에서 청년회 활동으로 이어졌다. 이후 경전 공부 모임인 동산반야회를 창립하면서 스님을 법주로 추대, 어언 사십 년을 함께 해왔다. 김재일 법사는 지난해 유명을 달리했지만, 무진장스님은 지금도 동산불교대학 학장으로 십만 동산인들의 정신적 지주 역할을 담당하고 있다.

무진장 대종사. 스님은 2007년 원로회의 의원이 된 후 지난해 종단으로부터 대종사의 품계를 받았다. 평생 감투나 명예를 멀리해온 스님이었지만, 종단에서 내리는 것이기에 특히 대중 포교에 헌신한 스님을 최초로 인정하는 상징적 의미가 있기에 거절하지 않았다. 대중 포교에 평생을 헌신해온 스님의 삶을 종단에서 인정한 것이니 스님의 감회가 남다를 것이다.

　스님은 저자에 사셨으나, 산중에서 산 어떤 스님들보다도 더 철저한 수행자의 삶을 견지했다. 딱 두 벌인 승복에는 겨울용이 없다. 스님은 신도에게서 선물 받는 것도 극도로 싫어하신다. 모자를 쓰는 것도 무소유 정신에 어긋난다고 강조할 정도로 본분사에 철저하다.

　자가용은 아예 염두에 두고 있지 않고, 조계사 주변의 찻집 같은 곳은 일체 가지 않는 것으로 유명하다. 대신 틈만 나면 근처 책방에 가서 새로 나온 불서를 눈여겨보고 신간 구입하는 일을 즐겨하신다. 법회 등에서 거마비를 받으면 몽땅 책 구입비로 사용한다. 그래서 스님의 방은 거처인지 책방인지 분간이 가지 않는다.

　사람들은 물과 공기의 고마움을 잘 모르고 산다. 늘 옆에 있기에 그 진정한 가치를 간과하는 것이다. 스승도 마찬가지다. 깊은 산중의 고래등 같은 당우에서 수십, 수백 명의 대중을 거느리고 있어야만 선지식인 줄 안다. 그러나 진정한 선지식은 대중과 함께 살며 숨 쉬고 생활하면서 부처님의 진리를 깨우치고 전하는 분이다. 십우도의 마지막이 입전수수入廛垂手인 까닭도 여기에 있다. 스님은 일찍이 입전수수의 삶을 살아오신 분이다. 사바세계 최일선에서 반세기를 넘게 살면서 정법의 기치를 높이 세우고, 마침내 누구도 닿지 못할 큰 족적을 남기셨으니, 스님의 일생이야말로 '처염상정處染常淨'이고, 스님이야말로 우리 불교사의 자랑스런 대종사, 그 자체이시다.

이학종(미디어붓다)

무진장 대종사 1932년 태어난 스님은 1956년 부산 범어사에서 동산스님을 은사로 모시고 사미계를 수지했다. 법명은 혜명慧命. 1957년 구족계를 수지하고 범어사 불교전문강원을 이수했으며, 동국대 불교대학을 졸업했다. 1968년에는 태국 방콕에 위치한 왓 벤차마보핏wat benchamabopit 사원에서 남방불교를 연구했으며, 일본 교토불교대학 대학원 등을 거쳤다.

1970년 조계종 포교원을 창립해 제2대, 4대 포교원장을 역임했으며, 동국대 대학원 겸임교수를 지냈다. 무진장 대종사는 1992년 동산불교대학 학장으로 취임해 현재까지 재가불자 포교의 최일선에 활동하고 있으며, 동국역경원 후원회장을 맡고 있다. 2007년 조계종 원로의원으로 추대됐다. 1987년에는 국민훈장 동백장을 수여 받기도 했다.

• 환한 미소를 짓는 월서月棲 대종사. 자애로운 미소가 천진불을 닮았다.

내 삼베옷 무게가 세 근

월서 대종사

    불교정화운동 등 한국 근대 불교사에 큰 족적을 남긴 금오스님(1896~1968년)을 은사로 출가해 오십 년 넘게 출가사문의 길을 걷고 있는 조계종 원로의원 월서 대종사. 격변기였던 1950년대 정화운동을 거쳐 반세기를 중앙종회의장, 호계원장 등 종단 주요 소임을 역임하며 종단의 질서를 바로잡고 계율을 확립하는 데 크게 기여했다. 월서 대종사는 2007년 4월 원로의원에 선출됐고, 이듬해 10월 해인총림 해인사에서 도문·혜정·지종·선진·명선·무진장·혜승·정무·고우·현해·법흥 스님과 함께 대종사 법계를 품수했다.
    대종사는 수행을 통해서 깨달음을 증득함은 물론 많은 사람들로부터 스승으로 존경받는 승가의 지위를 말한다. 승랍 40년 이상의 종사 법계 수지자 가운데 중앙종회 동의와 원로회의 심의를 거쳐야 품수받을 수 있는 대종사 법계는 승가의 법계 중에서 가장 높은 서열로 종단 내에서의 수행력과 정신적 지도력을 상징한다. 일생을 종단 운명과 함께해온 월서 대종사는 현재 서울 정릉 봉국사 주지 소임을 맡으며 대중에게 종단 어른으로서 끊임없는 가르침을 전하고 있다. 삼복더위가 기승을 부리던 지난 8월 21일 북한산 정기가 서려 있는 '도심 속 도량' 봉국사를 찾아 경제 위기 등 그 어느 때보다 각박한 삶을 살고 있는 현대인들을 위해 재차 가르침을 청했다.

"더운데 고생이 많습니다."

월서 대종사는 환한 미소를 지으며 합장 반 배로 맞았다. 1936년생, 올해 세수 74세라는 것이 믿어지지 않을 만큼 건강한 풍채와 힘찬 말씨에 압도되는 듯했다. 이어 대종사는 "어디서부터 이야기를 해야 하나"로 말문을 열고 영사기를 돌리듯 추억을 떠올리며 출가 수행담을 이어나갔다.

대종사의 이야기는 출가 전인 1950년대 초 한국전쟁 직후로 거슬러 올라간다. 당시 대종사의 고향인 경남 함양 지리산 일원에서는 소위 빨치산으로 불리던 지리산 공비들의 막바지 저항이 치열했다. 군인, 경찰은 물론 지역 청년들까지 동원돼 지리산 곳곳에서 대대적인 교전이 벌어지기도 했다. 대종사도 물론 예외는 아니었고, 열여덟 살의 나이에 빨치산 토벌대에 반강제로 차출되기에 이르렀다. 대종사는 그곳에서 스무 살도 채 되지 않은 어린 나이에 서로 죽고 죽이는 잔혹한 전쟁의 쓰라린 경험을 해야만 했다. 당시 피비린내가 아직도 잊히지 않는다는 대종사는 몸서리가 쳐질 정도로 아픈 기억이라고 회고했다.

"어느 날 갑자기 빨치산 잡으러 가야 한다고 총을 건네주더군요. 그리고 공비들과 치열한 공방전을 치르며 전쟁의 잔혹함을 경험해야만 했습니다. 총을 맞고 피 흘리는 친구를 등에 업고 산을 내려오다 결국 내 등에서 숨을 거두기도 했고, 공비에게 붙잡혀 포로로 잡혀가던 중 절벽에 몸을 던져 가까스로 목숨을 건지는 등 당시 기억은 아직까지 잊을 수 없습니다."

이외에도 몇 차례 죽을 고비를 넘긴 대종사는 스무 살 나이에 빨치산 토벌이 막바지에 다다랐을 때 남원 약수암에서 인생의 전환을 안겨준 스승을 처음으로 만나게 된다. 그분이 바로 은사인 금오스님이다.

"동료들과 잠시 휴식을 취하러 약수암에 들르게 됐는데, 한 스님이 나를 보고 '그놈 중노릇하면 잘 하겠다'며 출가를 권유하더군요. 금오스님이셨죠. 어린 나이에 너무 엄청난 경험을 한 터라 인생의 무상함을 느껴 출가를 결심했습니다."

대종사는 금오스님을 처음 만난 그해 겨울, 토벌대 생활을 청산하고 스님이 주석하고 있는 구례 화엄사를 찾아갔다. 금오스님은 흔쾌히 제자로 받아줬고, 1956년 스무 살의 나이에 출가사문의 길에 들었다. 우연한 기회에 금오스님과 맺은 인연으로 출가까지는 그리 어렵지 않았지만, 행자 생활은 결코 만만치 않았다. '호랑이'로 불리며 상좌들에게 혹독하리만큼 엄격했던 금오스님 아래서 출가 생활은 전쟁터에서 살아남은 대종사에게도 쉽지 않았다. 특히 전쟁 직후 가난한 사중 형편은 탁발을 해서 공양을

• 묵선묵禪 삼매에 빠져 있는 월서 대종사. 스님은 교계 안팎에서 필력을 인정받고 있다.

해결해야 할 정도로 어려웠다. 당시 환갑의 나이로 화엄사 주지 소임을 맡고 있던 금오스님은 새벽 3시에 일어나 밤 9시 잠자리에 들 때까지 제자들이 조금이라도 쉬는 것을 용납하지 않았다.

지난겨울 내린 눈이 고스란히 지리산을 덮고 있던 어느 해 이른 봄. 금오스님은 스님을 불러 "지리산 반야봉에서 천왕봉까지 일주일 일정으로 토굴을 찾으러 가야겠다"며 채비를 하라고 지시했다. 아직 지리산에는 공비 잔당들이 간혹 출몰하고 있어 민간인들의 출입이 제한된 상황이었지만, 스님은 어쩔 수 없이 사제인 월초스님과 함께 스승을 모시고 길을 나섰다. 당시 추운 날씨와 배고픔보다 대종사를 더욱 힘들게 했던 것은 지리산 곳곳이 몇 해 전 공비들과 격전을 벌였던 전쟁터였다는 것. 아픈 기억과 두려움이 엄습해 더 이상 길을 나설 수 없었다.

결국 대종사는 금오스님에게 "큰스님, 저는 중노릇 그만하렵니다" 하고 짐을 내려놓고 산을 내려갔다. 그러자 "월서야, 월서야. 어디 가느냐" 저 멀리서 스승의 목소리가 들려왔다. 애절하게 부르는 스승의 목소리를 외면하고 더 이상 발을 뗄 수가 없었다.

"당시는 정말 힘들어 출가의 길을 포기할 작정으로 산을 내려가려고 했습니다. 그런데 은사 스님의 간곡한 설득으로 다시 마음을 고쳐먹고, 일정을 축소해 인근 쌍계사로 발길을 돌렸죠. 그때 모든 것을 포기했다면 현재의 저도 없을 것입니다."

출가 초기 금오스님과의 특별한 경험은 이후 수행자로서 더욱 단단해지는 밑거름이 됐다. 평소 제자들에게 "수행자가 할 일은 오직 참선해서 본분사 깨치는 일밖에 없다"며 쉼 없는 정진을 강조했던 스승의 가르침은 대종사에게도 큰 영향을 미쳤다. 20대 중반부터 전국 제방선원을 찾아다닌 것도 이 때문이다. 때로는 목숨을 건 정진도 불사했다. 태백산 각화사 동암에서 삼동결제에 들기도 했고, "당장 그만두지 않으면 구들장을 파헤치겠다"는 사형 월산스님의 회유와 위협에도 아랑곳 않고 용맹정진에 들어 마침내 수마睡魔를 이겨냈다는 이야기는 이미 교계에서는 유명한 일화다.

대종사는 이외에도 동암과 얽힌 잘 알려지지 않은 수행담을 소개했다. 선방에서 한참 정진하던 시절 대종사는 사형 사제인 월탄·월국스님과 함께 동암에서 동안거를 보내기 위해 쌀 한 말을 짊어지고 입산했다. 시간이 지날수록 충만한 자신감은 조금씩 사그라지기 시작했다. 이어 인간의 한

계를 넘나드는 힘겨운 시간이 밀려왔다. 결국 힘이 다한 월탄스님과 월국스님은 중도에 하산했다. 대종사는 혼자 남아 생쌀을 씹어가며 죽을힘을 다해 버텨갔다. 심지어 생쌀을 너무 씹어 얼굴이 퉁퉁 붓기도 했다. 그리고 해제 하루를 앞둔 늦은 밤, 대종사를 시험하는 마지막 관문이 기다리고 있었다. 20대 초반의 젊은 여인이 험한 산길을 어떻게 찾아왔는지, 동암에 들러 하룻밤 묵기를 청했다. 산중에 홀로 수행 정진해왔던 대종사는 당황했다. 추운 겨울밤, 버스도 끊긴 상황에서 그대로 보냈다가는 산길에서 동사하기 십상이었다. 결국 수행하는 큰방을 내주고 냉방에 창문도 제대로 달리지 않은 요사채에서 살이 에이는 듯한 추위와 싸워가며 밤새 정진할 수밖에 없었다. 다음날 여인은 간다는 말도 없이 홀연히 떠났다. 대종사는 당시 기억을 떠올리며 "출가한 지 그리 오래되지 않았던 20대 청년 시절로 지금 생각해보면 속세를 떠난 출가 수행자로서 원초적인 인내심을 시험하는 어려운 관문이었던 것 같다"면서 "계율은 마음과의 약속이고, 그 약속을 지키는 것이 우리 출가자들의 본분"이라고 강조했다.

이후 청정 비구승단을 지켜내기 위한 정화淨化의 기치가 올랐을 때는 스승을 따라 혼신의 힘을 다하고, 새로운 종단을 만들어갈 즈음 종단의 부름을 받아 주요 소임을 맡게 됐다. 불국사 주지를 시작으로 서울 조계사 주지, 총무원 총무부장, 재무부장, 종회의원 6선, 중앙종회의장, 호계위원, 호계원장 등을 역임했다. 월서 대종사는 "큰스님을 모시고 청정 비구 승단을 지켜내기 위한 정화운동에 매진하며 종단 주요 소임을 거치게 됐다"면서 "이판에서 사판으로 넘어온 셈이지만, 공부하는 스님들을 뒷바라

* 월서 대종사는 종단 어른으로서 후학들과 불자들에게 따뜻함을 잃지 않으려고 노력하고 있다.

지한다는 마음을 잃지 않으려 했다"고 말했다.

특히 남의 허물을 단죄하는 호계원에서 초심 호계원장 4년을 포함해 모두 12년을 몸담았다는 것은 특별한 의미를 지닌다. 세속의 대법원장에 해당하는 호계원장은 종단의 사법기구의 수장인만큼 계행은 물론 도덕적, 윤리적인 면에서 흠집이 있으면 맡을 수도 유지할 수도 없는 중책이다.

"호계원장의 임무는 종단을 안정시키고 화합을 도모하며 승풍을 진작하여 승려들의 기강을 바로세우는 중요한 소임입니다. 종단 사태를 맞아 사형, 사제를 단죄하는 기막힌 처지에 놓이는 어려운 시기도 있었지만, 수행자들의 기강을 세우는 데 어느 정도 일조했다고 생각됩니다."

주요 종단 소임을 거치면서도 스승과의 약속을 지키기 위해서라도 수행의 끈만큼은 놓지 않았다. 1990년 중앙종회의장 소임을 내려놓을 당시 조금의 쉴 여유도 없이 합천 해인사 선원에 하안거 방부를 들인 것도 이 때문이다. 이전까지 효봉스님, 동산스님, 구산스님, 서암스님 등 당대 내로라하는 큰스님들과 친견하며 가르침을 얻었지만, 유독 성철스님과는 인연이 닿지 않았다. 당시 조계종 종정이자 해인사 방장이었던 성철스님은 대종사에게 "니 불국사 주지하고 종회의장 하다 들어왔는데, 견디겠나"라고 만류했지만 물러서지 않았다. 대종사는 결제 기간 중 성철스님에게 직접 가르침을 받고 싶은 생각에 스님이 계시는 퇴설당을 찾았다. 그러자 성철스님은 "월서도 예외는 아니지"라고 말을 잘랐다. 당시 성철스님에게 화두를 받으려면 삼천 배를 하는 것이 통례였으므로, 삼천 배를 하고 오라는 뜻이었다. 대종사 역시 물러서지 않고 점심 공양 시간을 쪼개 해인사 장경각에서 하루 천 배씩 절을 했다. 찜통 같은 무더위 속에 삼 일에 걸쳐 삼천 배를 모두 마쳤다.

"안거를 보내며 삼천 배를 한다는 게 결코 쉬운 일이 아닙니다. 또 당시 내 나이가 쉰 중반이었으니까 더욱 그랬고. 하지만, 그럴수록 이를 악물고 버텨냈죠."

우여곡절 끝에 성철스님은 '마삼근麻三斤'이라는 화두를 내렸다. 중국 동산선사가 "부처가 무엇이냐"는 물음을 받고, "내 삼베옷 무게가 세 근"이라고 답한 데서 유래한 화두로, 다른 대중에게도 주는 흔한 것이었다. 대종사는 "어렵게 받은 점검이었는데, 막상 그 순간에는 서운한 마음도 들었다"면서 "하지만 그 과정에서 출가 초기 치열하게 정진하던 나 자신을 발견하면서 큰 보람을 느꼈다"고 말했다. 안타깝게도 성철스님이 삼 년 뒤인 1993년 11월 입적하면서 더 이상의 가르침을 받을 수 없었다.

대종사는 지금 전국 백여 개가 넘는 선원에서 이천오백여 명의 수좌들이 정진하는 것을 보면 환희심이 느껴진다고 한다. 당대 선지식들과 불교정화를 발의해 온몸을 바치는 격정의 시간을 보내면서도 참선을 강조했던 은사가 있었기 때문에 더욱 그러할 것이다.

더불어 종단 어른으로 후학들에게 강조하는 당부도 남다르다.

"부처님 계율을 모두 지킬 수는 없습니다. 하지만 나 자신과의 약속이라고 생각하고 지켜나갈 수 있도록 끊임없이 노력해야 합니다. 그리고 쉰이 지날 때쯤 되면 '부처님이 참 고마운 분이구나' 하는 마음이 들 것입니다."

또 재가불자들에 대한 당부도 잊지 않았다.

"불교는 씹으면 씹을수록 단맛이 나는 무한한 가치를 지닌 종교입니다. 사부대중이 모두 노력한다면 전 세계가 불국토가 되리라 믿습니다. 특히 세계 곳곳을 다녀 봐도 한국불교만큼 우수한 문화를 가진 곳이 없습니다. 자부심을 갖고 떳떳하게 불교도임을 내세웁시다."

월서 대종사는 여생을 은사인 금오스님의 정화운동사상을 재조명하는 데 진력하기로 서원한 지 오래다. 지난 2008년 5월 금오스님의 열반 40주기를 맞아 문도 스님들과 함께 서울에 금오선수행연구원을 마련해 초대 이사장을 맡았다. 그해 10월에는 《금오스님과 불교정화운동》를 발간하고 12월 연구원을 재단법인으로 확대하는 등 스승의 유지를 계승 발전시키는 데 심혈을 기울이고 있다.

"전국 주요 선원에서 후학을 인도했던 금오스님은 1954년 열렸던 승려대회 준비위원장을 맡는 등 해방 후 정법 수호를 위해 누구보다 정화불사에 앞장섰던 큰 어른입니다. 앞으로 어른의 큰 뜻을 불교계 안팎에 제대로 알리는 것이 후학들이 해야 할 도리일 것입니다."

해방 후 파란만장했던 한국 근대 불교사를 겪으며 이제는 종단 어른으로 그 존재만으로도 후학들에게 가르침을 전하는 월서 대종사. 두 시간이 채 걸리지 않은 짧은 만남에서 《조계종사》 한 권을 다 읽은 것 같은 착각이 들 정도로 많은 이야기를 들었다. 대종사의 눈빛은 아직도 하고 싶은 말씀이 더 많은 듯했다.

"궁금한 것이 있으면 언제라도 들러요. 참, 나는 인터넷도 조금 할 줄 아니 이메일로 보내도 되고."

일흔이 넘은 노장이 인터넷을 할 수 있다는 사실보다 아직도 청년 같은 열정이 식지 않았다는 점이 더욱 놀라웠다. '나이는 숫자에 불과하다'란 말은 출재가자 모두에게 적용되는 것 같다. 염화실 앞까지 배웅해주는 대종사를 뒤로하고 가벼운 마음으로 봉국사를 나섰다.

허정철(불교신문)

월서 대종사   1936년 경남 함양에서 태어난 월서 대종사는 스무 살 나이에 남원 실상사 약수암에서 우연히 만난 금오스님을 은사로 출가했다. 1956년 구례 화엄사에서 금오스님 계사로 사미계, 1959년 부산 범어사에서 동산스님을 계사로 비구계를 받았다. 젊은 시절 '참선공부가 제일'이라는 은사의 뜻에 따라 목숨을 걸고 참선 정진했다.

경주 분황사, 불국사 주지, 총무원 총무부장, 재무부장, 중앙종회의장, 호계원장 등 종단 요직을 두루 역임했다. 1990년 중앙종회의장을 끝내고 합천 해인사, 문경 봉암사, 괴산 공림사 등 제방선원을 다니며 다시 화두 참구에 들기도 했다. 2007년 4월 원로의원에 선출됐고, 이듬해 10월 해인사에서 대종사 법계를 품수했다. 현재 서울 정릉 봉국사 주지 소임을 맡고 있다.

● "내세울 것이 없다"며 담담하게 수행 이야기를 풀어놓는 혜승慧承 대종사.

중생의 행복이 나의 행복

혜승 대종사

　　장마철 빗줄기가 한차례 지나가고 햇살이 뜨겁던 7월의 마지막 날, 원로의원 혜승 대종사를 만나기 위해 경기도 양주 연화사를 찾았다. 불곡산 자락에 위치한 연화사 일주문에 들어서자, 사찰 인근 3번 국도를 오가는 차들의 소음도, 바쁘게 돌아가는 도심의 일상도 모두 딴 세상 이야기였다. '불국산 연화사'라는 현판을 달고 있는 일주문은 그렇게 성聖과 속俗을 구분하고 있었다. 불곡산은 불국산佛國山이라고도 불린다. 불국佛國. 이 범상치 않은 이름이 이곳이 부처님의 법이 흐르고 있는 곳임을 다시금 느끼게 해주었다. 약속 시간보다 조금 일찍 도착해 경내를 둘러보다가 스님을 친견하고 합장한 채 인사를 올렸다.

조계종 교구본사인 고운사 조실이면서, 조계종 원로의원으로 불자들의 존경을 받고 있는 스님이다.

"스님, 안녕하십니까?"

혜승 대종사를 따라 방에 들어서 삼배를 올렸다. 질문을 채 올리기도 전에 스님이 다시 방을 나섰다. 더운 날씨에 기자를 위해 손수 선풍기를 가져다 주셨다. 작은 부분까지 신경을 써주는 스님의 마음이 고마웠다. 찾아온 이유를 설명하고 준비한 질문을 풀기 시작했다.

"내세울 만한 일도 없는데 인터뷰라니 부끄럽습니다. 천천히 과일이나 들면서 이야기 나누다 가시지요."

인터뷰라는 말을 거창하게 생각하셨는지 다른 스님들과 마찬가지로 혜승스님 역시 자랑할 만한 일이 없다고 했다. 지나친 겸손이다. 어린 나이에 불법과 인연을 맺고 대종사 품계까지 오른 스님이기에 스님의 수행 이야기가 궁금했다. 근황에 대한 이야기를 시작으로 대화를 이어나갔다.

"특별한 일이랄 게 있나요. 그저 규칙적으로 생활하고 있습니다. 매일 새벽 예불도 올리고 소일도 하면서 지냅니다."

혜승스님은 이곳 연화사를 자주 찾는다. 노년의 불자들을 위한 불국토를 건설하는 일에 직접 팔을 걷어붙인 것이다. 연화사 한편에는 노인들을 위한 요양원인 연화원이 자리 잡고 있다. 스님은 평생을 불교신자로 보내다 병들어 임종 직전에 다른 종교로 개종하는 현실을 접하고 노인들을 위한 요양원 건립이라는 원願을 세웠다. 노인들과 함께 생활하면서 직접 꽃도 심고 채소도 가꾸며 시간을 보낸다. 도량을 정비하는 일이면 작은 일이라도 직접 스님이 챙기는 편이다.

혜승 대종사는 2002년부터 4년간 조계종 제16교구본사 고운사 주지를 지내기도 했다. 주지 소임 시절, 고운사 주차장 옆에 요양원을 만들었을 정도로 노인복지에 관심이 많았다. 스님은 주지 재임 시절에도 연화사를 자주 찾아 포교 활동에 매진해왔다. "평생 부처님 밥을 얻어먹었으니, 그 회향을 해야 한다. 수행자는 수행에만 머물러서는 안된다. 최고의 회향은 포교다"라는 스님의 평소 말처럼, 스님도 직접 의정부에 포교원을 세웠다.

'의정부 전 불자가 주인이 되자'를 모토로 동참금을 마련해 지하 1층, 지상 4층의 최신식 포교당을 건립했다. 1991년 완공된 이후 의정부포교원은 도심 포교의 중심이었다. 유아원 운영, 운불련 조직, 군포교 등을 통해 지역 불교가 활기를 띠기 시작했다.

우문愚問인지 알면서도, 산중에서 후학을 지도하면서 수행하기에도 부족함이 없는 경륜인데도 도심 포교에 열중이신 까닭을 물었다. 답은 간단했다. 많은 사람이 오고가는 만큼 배우는 것도 많고, 세상 모든 것이 서로 연결돼 의지하면서 살아가기 때문에 불교 역시 대중과 가까운 곳에서 자리해야 한다는 것. 짧은 말이지만 돈을 좇고 자신들의 이익과 출세만을 추구하는 현대사회를 사는 중생들이 새겨야 할 법문이다. 잠시 숨을 고른 스님은 그런 중생들의 행복을 위한 말씀을 이어갔다.

"부처님은 육신과 마음의 근본을 깨닫는다면 행복에 이를 수 있다고 말씀하셨습니다. 육신의 근본은 지수화풍地水火風 4대로 구성돼 있습니다. 내 몸의 공기는 호흡을 통해 다른 사람의 몸으로 들어갑니다. 다른 사람이 내

보낸 공기가 내 몸으로 들어오기도 합니다. 또 내가 먹는 음식은 원래 다른 동물이거나 식물이었는데 내 안으로 들어와 나의 피와 살이 됩니다. 이처럼 우주 삼라만상 가운데 내 몸 아닌 것이 없습니다. 모든 것이 내 몸이라고 생각한다면 화내거나 성낼 일도 없이 모든 것이 행복해집니다. 그러니 부족할 것도 다툴 필요도 없지요. 모든 곳이 극락입니다. 부처님께서 동체대비同體大悲를 강조하신 것도 이런 이유입니다."

고개를 끄떡이며 스님의 법문을 되뇌고 있는 동안, 다시 마음의 근본을 깨치는 길에 대한 스님의 말씀이 귀에 들어왔다. 마음의 근본은 본래 아무것도 없으니 어디에도 구속되지 않는 대자유의 삶을 누리라는 말씀이었다. 부처로 살 것인지, 아귀로 살 것인지는 전적으로 자신이 마음먹기 달렸다는 것. 경제력으로 사람의 가치가 판단되고, 돈 때문에 사람이 사람을 죽이는 끔찍한 일도 더 이상 놀라운 일이 아니다. 도덕과 윤리는 교과서에나 나오는 말이 되어버렸고, 텔레비전이나 신문에서는 날마다 어리석은 중생들이 저지르는 범죄들을 보도한다. 화택火宅에서 벗어나는 대자유의 삶을 누리는 길. 그 길은 실천이었다. 몸과 마음의 근본을 알고 깨치는 길이 있으니 원력을 세우고 이를 실천하면 우리 사회가 조금 나아지지 않겠느냐는 스님의 말씀이 무겁게 느껴졌다.

혜승 대종사는 한국전쟁이 한창이던 1951년 출가했다. 해방의 기쁨도 잠시, 어머니를 잃고 상심이 컸던 스님은 또래에 비해 일찍 어른이 될 수밖에 없었다. 소년의 마음에 모친을 잃은 슬픔과 함께 넓은 세상과 배움에 대한 동경이 자리 잡기 시작했다.

• 혜승 대종사가 연화사 경내를 둘러보고 있다.

16세가 되던 해, 혜승스님은 출가를 결심하고 불교에 귀의했다. 그렇게 찾은 곳이 논산 개태사였다. 그곳에서 스님은 당시 대선객이었던 포산스님의 가르침을 받게 됐다. 곁에서 노스님을 모시는 것은 자체로 큰 공부였다. 널리 알려진 선지식이기에 이름 있는 스님들이 많이 찾아왔고 포산스님 곁에서 그런 모습을 접하면서 절로 환희심이 생기게 됐다.

행자 생활은 고되다. 하루라도 빨리 '스님'이 되고 싶은 것이 인지상정일 터. 하지만 혜승스님은 스스로 행자 생활을 자청했다. 주변에서 이젠 계를 받으라는 권고도 많았지만 '아직 부족하다. 자칫 아만이 생길 수 있다'며 고사했다.

그렇다고 행자 생활이 편한 것은 결코 아니었다. 이른 새벽 도량석으로 시작되는 하루 일과는 오후 늦게까지 이어졌다. 몸은 고단했고, 공부할 시간도 넉넉지 못했다. 당시 한창이었던 불사에 매달리는 일도 많았다. 불사에 노스님 시봉까지 맡아 공부할 엄두조차 내지 못했다.

하지만 시간이 없다고 공부를 게을리할 수 없었다. 스스로 시간을 만들기로 결심했다. 당시 스님이 맡은 소임은 절에서 쓸 땔감을 구하는 일. 하루 두 번 산으로 나무하러 갈 때도 시간을 허투루 쓰는 법이 없었다. 오고 가며 관세음보살을 염송했다. 절에 드나드는 신도들에게 부탁해 책과 잡지를 구해다가 글을 익혀나가기 시작했다. 경전 공부보다 한자를 먼저 익혀야겠다는 생각에서다. 전쟁 이후 모든 것이 부족했던 터라 경전을 구하는 것도 쉽지 않았다. 기회가 닿는 대로 《금강경》과 《법화경》을 빌려 사경했다. 사경한 경전은 밤 시간을 이용해 공부했다. 아무도 없는 방으로 이동해 불빛이 밖으로 새나가지 않도록 호롱불을 가리고 공부했다. 경전 공부에 몸이 힘든 줄도 몰랐다. 그렇게 자정까지 부처님의 가르침을 만났다. 하루 두세 시간 정도 자는 시간을 제외하고 공부를 게을리하지 않았다.

"공양 짓는 일도, 나무하는 일도 모든 것이 하나같이 부처님 되는 길이라 생각하니 전혀 힘들다는 생각이 들지 않았습니다. 그렇게 생각하고 나니 무엇이든지 할 수 있다는 자신감이 생기더군요."

노스님이 출타하는 날이면 미리 해야 할 일을 마무리하고 기도와 참선에 들었다. 사시공양을 올리고 난 후에는 자지도 먹지도 않고 제자리에서 선 채로 정진했다. 다리가 부어올랐지만 수마睡魔를 쫓기 위해서는 이 방법이 제일이었다. 정진을 하다가 법당 바닥으로 넘어진 적도 한두 번이 아니다. 사흘, 이레, 열흘. 점점 정진 시간이 길어졌다.

　노스님이 절을 오래 비울 일이 생기면 좌선을 했다. 삼매를 경험한 것도 그때였다. 열흘 동안 물도 먹지 않고 좌선에 들었다. 마음이 차분해지고 어느 때보다 정신이 맑아졌다. 마음이 고요해지고 법당 밖에 작은 소리도 귀에 들어왔다. 자연과 하나가 된 느낌이었다. 바람 소리와 동물들의 소리는 물론 작은 벌레들의 움직임까지 느껴졌다. 소리만 듣고도 법당 밖의 상황을 짐작할 수 있을 정도였다. 정신이 맑아지니 경전 공부도 속도가 붙었다. 책을 한 번 읽으면 신기하리만큼 머릿속에 생생히 기억됐다.

　하지만 몸을 돌보지 않고 기도와 참선에 몰입하다 보니 병마가 찾아왔다. 병에 걸려 쫓기다시피 절을 떠났지만 깨달음을 얻겠다는 간절한 열망은 스님을 다시 절로 불러들였다. 병을 앓으면서도 포산스님이 열반할 때까지 곁에서 노스님을 모셨다. 행자 생활을 마치고 스님은 해인사 백련암, 남해 보리암 등 전국 곳곳을 수행처 삼아 제방선원을 돌았다. 은사인 도원스님과 사제의 연을 맺은 것도 이 무렵이었다. 은사 스님은 평생 손에서 책을 놓지 않았고, 철저하게 계율을 지키며 사셨다. 그런 스님의 모습은 평생 닮고 싶은 수행자의 표상이었다. 혜승스님은 오랜 만행 끝에 춘성스님의 소개로 의정부 원각사에 법당을 마련했다.

　필부匹夫의 짧은 생각으로는 수행도 불법佛法도 자신의 건강을 돌보는 것이 우선이건만, 혜승스님은 병중에도 구도의 끈을 놓지 않았다. 하루에 여덟 시간씩 기도를 하며 천일기도를 시작했다. 기도 중에 뜸으로 지친 몸도 다스렸다. 두 차례에 걸친 천일기도가 끝날 무렵 차츰 병도 치유돼 갔다.

중창 불사에도 힘을 기울여 작은 법당 몇 채가 전부였던 원각사는 점점 사찰의 위용을 갖춰 갔다.

양주 회암사 주지 시절에는 사찰 모든 재정을 신도들에게 투명하게 공개했다. 또 사찰의 운영과 관련한 부분을 신도들에게 일임하다 보니, 신도들도 모두 주인 의식을 가지고 사찰 운영에 참여했다. 활발하게 주지 소임을 보다 보니, 어느새 몸의 병마도 빠져나갔다. 자신에게 주어진 일에 최선을 다하고, 기도하는 스님 앞에서 병마도 굴복한 것이다.

스님은 '돌이켜 보면 인생에서 가장 즐겁게 지낸 시절'이었다며 신도들의 즐겁고 행복한 모습에 스님 역시 행복을 느꼈다고 그때를 회상했다. 내가 행복해지기 위해서는 남도 행복해야 한다는 가르침, 나만큼 남을 생각하면 모두가 행복해질 수 있다는 사실을 몸소 깨닫게 됐다고.

스님들이 공부하고 수행 정진하는 이유도 모두 여기에 있다. 자신만의 행복이 아닌 다른 이들의 행복을 위한 삶, 일체중생의 삶을 유익하게 하는 길. 그 길을 찾는 과정이 스님이 평생의 수행을 통해 이루고자 한 목표였다.

"모두가 행복하게 살자는 것이 부처님의 궁극적인 가르침입니다. 나를 생각하는 것만큼 남을 생각한다면 그것이 곧 나와 남이 잘사는 길이 아니겠습니까? 나는 출가해서 행복하게 살았습니다. 하지만 모든 중생에게 도움이 되지 못하고 혼자만 즐겁고 그 평안함을 다른 이들과 나누지 못했다는 생각이 들기도 하네요. 내가 행복하고 편해지려면 다른 사람도 행복하고 편해야 합니다. 모든 존재는 인연에 의해 존재하는 것이니까요."

담담하게 건네는 말이지만 그 어느 법문보다 무겁게 느껴졌다. 세납 74세, 법납 58세의 노스님이지만 여전히 중생을 위한 삶을 고민하는 스님. 그리고 타인에게는 한없이 너그럽더라도 자신에게는 철저하게 엄격한 모습. 이 모습이야말로 우리 시대를 살아가는 수행자의 모습이었다.

한창 이야기를 나누던 중, 연화원 보살님이 시원한 음료수를 가지고 방에 들어선다. 한 말씀이라도 더 듣고자 하는 욕심에 스님의 시간을 너무 오래 뺏은 것 같다는 생각이 문득 머리를 스쳐 지나갔다. 서둘러 인터뷰를 정리하고 스님과 함께 방문을 나섰다. 따갑던 햇살도 서서히 산 너머로 얼굴을 감추기 시작했다. 멋스럽게 자리 잡은 소나무와 엄나무도 우리를 내려다보고 있었다. 스님이 직접 가꾼 꽃들과 나무들이 우거져 도량을 감싸고 있는 모습이다. 천천히 경내를 돌아보며 못다 한 이야기를 이어갔다.

"스님, 풍광이 아주 좋습니다."

"그렇지요? 노인들도 이곳을 참 좋아합니다. 저기 보이는 산이 불국산입니다. 대동여지도에도 불국산을 양주의 진산으로 설명하고 있지요. 이곳을 노인을 위한 극락 도량으로 꾸미는 일이 앞으로의 계획입니다."

'불국산 아래 자리 잡은 극락 도량.' 기가 막힐 정도로 잘 어울리는 조합이라는 생각이 들었다. 연화사를 노인들과 시민들을 위한 극락 도량으로 꾸미는 일에서 행복을 찾는 혜승 대종사. '다른 이들이 행복해야 내가 행복해진다'는 간단하지만 어려운 진리를 몸소 실천하는 노스님의 모습에서 가슴 가득 따뜻함을 안고 일주문을 나섰다.

엄태규(불교신문)

혜승 대종사 1936년 충남 대덕에서 태어나 한국전쟁이 한창이던 1951년 16세에 먼저 출가한 조카의 소개로 논산 개태사로 출가했다. 개태사에서 당대의 선객이었던 포산스님을 만나 입적 때까지 9년 동안 곁에서 노스님을 시봉했다.

오랜 행자 생활 끝에 1956년 합천 해인사에서 정영스님을 계사로 사미계를, 1970년 남양주 봉선사에서 석암스님을 계사로 비구계를 수지했다. 의정부 원각사, 양주 회암사, 제16교구본사 고운사 주지 등을 역임했다. 지난 2007년 4월 원로의원에 추대됐으며, 2008년 10월 종단 최고의 지위인 대종사 법계를 품수받았다.

현재 고운사 회주로서 후학들을 제접하고 있으며, 평생을 불자로 살다가 병들어 타종교 신자들의 봉사를 받고 임종 직전 개종하는 현실을 본 스님은 양주에 갈 곳 없는 노인들을 위해 노인복지요양원 '연화원'을 건립해 운영 중에 있다. 의정부포교원, 양주 연화사를 오가며 경기북부 지역 포교 활성화에도 앞장서고 있다.

• "옳게 사는 것이 불법이여"라며 활짝 웃는 원공 정무正無 대종사.

은혜 알고 은혜 갚는 삶을 살라

정무 대종사

"나에 대해서는 잘 알잖아. 그냥 알아서 써. 더 이상 무슨 말을 혀."

대종사께서 예의 그 온화한 미소를 머금으시며 말씀하시는데 낯이 붉어졌다. 근 일 년여 동안 스님의 말씀을 듣고 책(《행복해지는 습관》)까지 만들어놓고 새삼스레 어리석은 질문을 해대고 있으니…….

"수행은 때와 장소를 가려 하는 것이 아니고, 일상생활이 다 수행이다. 밥 먹고 잠자고 마당 쓸고 빨래하는 그 어느 한 가지도 수행 아닌 것이 없다. 선종에서 '행주좌와 어묵동정行住坐臥 語默動靜, 걷고 서고 앉고 눕고 말하고 침묵하고 움직이고 조용히 하는 것 속의 선'을 강조한 것도 바로 일상생활의 중요성을 지칭

하는 것이다"라고 강조하시면서 생활불교를 펼쳐 오신 스님을 너무도 잘 알면서 뭔가 따로 있는 양 수행 이야기를 해달라며 중생심을 드러내고 있으니 참으로 부끄러웠다.

"마음 안에서 수행이지, 껍데기 밖으로 나오면 수행이 안 된 것이네. 수행이 되고 안 되고는 지가 더 잘 알아. 지극한 마음을 발해서 기도하고 참선하면 삼매에 들게 돼. 이 우주와 하나가 되는 것을 느낄 수 있지. 수행을 하면 몸이 말할 수 없이 가벼워져. 만일 자기 몸이 무겁다면 반성을 해야 해. 신심도 없고, 수행이 잘 안 된다는 말이거든. 수행은 내세워서 말할 게 못 되는 것이네. 또 아무리 수행 잘했다 해도 자기 삶에서 실천이 되지 않으면 아무 소용이 없는 것이여. 그걸 명심해야 해."

정무 대종사는 늘 실천 수행을 강조하신다. 기도만 해서도 안 되고 마음만 먹어서도 안 되고 일거수일투족 바른 마음으로 바른 행을 하라 가르치신다. 수행은 다음 생을 위한 것도 아니요, 전생을 위한 것도 아니요, 오직 '자신'의 문제를 해결하는 데 꼭 필요한 것, 그야말로 평상심시도平常心是道가 되어야 함을 간곡히 당부하신다.

"기도, 참선, 주력, 경전 공부 등 어떤 수행을 하느냐가 중요한 게 아니라 흔들림 없고 지혜로운 마음, 행동으로 꾸준히 자신의 삶을 변화시킬 수 있어야 한다. 그래서 하루하루 습관이 중요한 것이야. 병이 생겼을 때 의사가 치료해주는 것이 아니라 스스로 생활을 바로잡는 것이 근본적인 치유법이야"라는 말씀이 가슴 깊이 다가오는 것은 스님의 삶이 그렇듯 여법하기 때문이다.

대종사는 특별한 일이 있는 날을 제외하고는 날마다 일과 수행표[3시 기상, 4시 예불, 5시 참선, 6시 공양, 7시 청소(양치), 9~11시 면담 및 공부, 11시 헌공, 12시 공양, 1시 청소, 2~5시(면담 및 공부), 5시 공양, 6시 청소, 7시 예불, 8~9시 공부, 10시 취침]대로 철저하게 정진하신다. 게다가 79세의 고령인 지금까지도 방 청소는 물론이고 빨래도 손수 하신다. 평생 동안 다림질이 필요 없는 값싼 옷감으로 지은 승복만 입으시는 것도 손질을 몸소 하시기 때문이다.

스님께 "삼복더위에는 삼베나 모시로 지은 승복을 입으시면 시원하실 텐데요"라고 말씀드리자, "불자는 다른 사람을 귀찮게, 번거롭게 하면 못 쓰는 것이여. 자기 몫은 자기가 짊어지고 가야 하는 거여"라고 하시는데, 왜 사람들이 "자비롭기가 부처님 같으신 분", "부처님의 삶을 그대로 보여주시는 스승"이라고 하는지 그 한 말씀 속에서도 알 수 있다. 감히 스님들의 수행력을 가늠한다는 것이 건방진 일이지만, 중생에 대한 깊은 자비심이야말로 수행력의 척도가 아닐까 싶다.

"이 세상에 가장 바람직한 것이 불법佛法이요, 이 세상에 가장 거룩한 사람이 부처님이네. 우리가 공부를 왜 하나? 바르게 살려고 공부하고 수행하는 것이여. 어느 날 어떤 사람이 부처님께 '이 세상에서 제일 거룩한 사람이 누구입니까?'라고 여쭈었지. 근데 부처님께서 말씀하시길, '없다. 단 거룩한 삶만 있을 뿐이다'라고 하셨네. 부처님께서 평생 일깨워주신 것도 '옳게 살아야 한다'는 것이고, 옳게 사는 법이 불법이라는 것을 알아야 하네."

대종사는 언제 어느 때나 옳게 사는 법을 일깨워주신다. 그도 그럴 것이 어떻게 살아야 옳게 사는 것인가에 대한 고민은 스님이 은사이신 전강스님께 받은 '판치생모板齒生毛' 이전의 화두였기 때문이다.

　스님은 대학을 졸업하고, 야간고등학교에서 학생들을 가르치다가 28세의 나이로 출가 입산하였다. 당시로서는 늦깎이라 불리는 나이에 출가한 것은 시대 상황과 무관하지 않았다. 스님의 출가연도인 1958년은 혼란했던 자유당 시절이었다. 인생에 대한 고민과 사람들에 대한 연민이 깊었던 청년의 눈에 비친 세상은 구역질이 날 것처럼 견디기 어려웠다. 사람들의 욕심과 어리석음과 술수로 얼룩진 세상사를 바라보며 괴로워하던 차에 우연히 원불교 김영신 교무의 인과 법문을 듣고 불법에 관심을 갖게 되었다. 그 후 불교 서적을 손에 닿는 대로 탐독하면서 환희로운 나날을 보냈다. 그 후 군산 은적사에서 뵌 스승 전강스님과의 만남이 인생을 바꾸었다.

　전강스님은 30대에 이미 통도사 선원의 조실을 지낸 당대의 대선지식으로 대중의 근기에 따라 법문을 잘하시는 것으로도 유명했다. 전강스님을 뵙고 법문을 들으면서 답답했던 마음이 시원해졌다. 또한 그때 전강스님을 시봉했던 송담스님께서 만날 때마다 한마디씩 던졌던 "이 선생(정무스님)이 출가를 해야 하는데……. 중노릇 잘할 텐데"라는 말씀이 마침내 싹을 틔운 것이다.

　"공부도 절로 되고, 기도를 하고 참선을 해도 참 잘 됐어. 그냥 모든 것이 저절로 수월하게 되었지. 관응스님, 탄허스님 등 당대의 대강백 스님들께 교학을 배우고, 우리 스님(전강스님) 시봉을 하면서 참선 수행을 익혔으니 스승 복도 참 많았지."

• 정무 대종사는 한국불교 역사상 처음으로 신도 수련대회를 통해 체계적인 교육을 실시했다.

남들은 힘들다고 아우성이던 행자 생활도 순탄했다. 공양주고 채공이고, 일주일도 안 돼 손에 익었다. 일찌감치 행자 생활을 마치고 김천 직지사, 오대산 월정사에 가서 교학을 배웠다. 세속에서 인생 고민도 많이 하고, 공부도 할 만큼 했는지라 불법 공부도 일사천리였다. 사교입선捨教入禪 즉, 교教를 배운 뒤에 선禪에 들어가는 과정을 제대로 밟았다.

"우리 은사 스님은 만공스님으로부터 한국 조사선의 77대 법맥이라고 인가 받으신 대선사로서 그 지견과 정진력은 아무도 못 따라올 정도였지. 김제 흥복사 선원에서 한철 날 때였는데, 당시 세수가 66세이셨던 은사 스님께서 어디서 그런 힘이 나오시는지 여름 석 달 동안 저녁에 딱 두 시간씩만 주무시면서 용맹정진을 시키고, 낮에는 밭에 가서 일을 시키는 거야.

당신도 대중과 함께하시면서 무섭게 길들이셨지. 그때가 그립네. 다 전생부터 인연인 거여. 세상에 그냥 오는 게 없어. 그것만 알면 세상에 괴로울 것이 없지"라는 스님 말씀이야말로 평범한 듯 보이지만, 보통 소리가 아니다. 스님께서 선방 수좌로서의 법열을 뒤로 밀쳐두고, 40여 년 전 한국불교 역사상 처음으로 신도 수련대회를 개최하여 체계적으로 신도 교육을 시킨 것도 어찌 보면 전 전생부터 세운 원력의 발현일 터.

"범어사 선방으로 결제를 하러 가던 도중에 영주포교당에 들렀는데, 대처승이 객승을 안 받는다고 해서 그 지역에서 신심 깊기로 유명한 안 약국을 찾아갔지요. 그런데 '스님, 창피하고 속상해서 못 살겠습니다. 이사를 가든지 종교를 바꾸든지 해야겠습니다'라고 하는데, 그냥 지나칠 수가 없었지."

안 약국의 안승규 원장이 비구 스님 일곱 분의 뒤를 대주면서 영주포교당을 정화하기를 원했는데, 뜻을 이루지 못하고 다 중도에 포기했다고 한다. 원체 영주 지역이 안대근, 김상호, 최성업 등 유명한 대처승들의 터전인지라 당시 전국적으로 불고 있었던 정화운동의 여세로도 버거운 지역이었다. 포교당의 법당은 빈 채로 남아 있었고, 요사채는 대처승측 신도들이 장악하여 마치 여염집처럼 되어가는 형국이었다.

스님은 절을 절답게 만들어야겠다는 생각으로 선방 가는 것은 미루고, 영주포교당에 바랑을 풀었다. 법당 곁에 달려 있는 방 한 칸에 연탄 난로를 피워놓고 손수 공양을 끓여 드시면서 영주포교당에 새로운 활력을 불어넣었다. 새벽부터 영주 시내를 돌며 관음정진을 했다. 또한 꼬박 사분정

근기도를 하였다. 신도회도 만들고 청년회, 학생회도 만들었다. 초파일에는 극장을 빌려서 법요식을 했다. 또한 밴드를 불러서 시가행진을 하는 등 초파일을 모두가 함께 어울리는 축제분위기로 만들었다. 점차 비구 대처의 갈등도 없어졌다.

"스님을 처음 뵈었을 때 부처님이 환생하신 줄 알았어요. 젊은 스님이 어찌나 열심히 하시는지 그때부터 지금까지 스님 가시는 데마다 따라다니면서 공부하고 있어요(무상각 보살, 95세).", "초등학교 때 영주포교당에서 스님을 뵈었는데, 당시 우리 어린이법회 회원들은 스님의 크신 사랑을 넘치도록 받았습니다. 정말 자상하고 간곡하게 법을 전해 주시던 모습이 지금도 눈에 선합니다(방용수, 삼보정공 주식회사 대표이사, 55세)" 등등 스님의 가르침을 받은 분들의 회고를 보더라도 당시 스님의 포교 원력이 얼마나 대단했는지 알 수 있다.

"다 기도정진 덕분이지. 보통 기도를 타력신앙이라고 하는데 실로는 타력이 아니야. 염불을 하든 참선을 하든 일념으로 하면 자기 안에 본래 갖추고 있는 불성佛性이 드러나게 돼 있지. 일념은 자기 자력으로 이루는 것이야. 불성을 완전히 깨치면 불자들의 근본 목적인 부처가 되는 것이지. 어쨌든 우리는 모두 부처가 되기 위해 한 걸음 한 걸음 나아가는 불자라는 사실을 명확히 인식하고 살아가는 것이 중요해. 자기 자신의 진면목을 찾기 위해 기도든 참선이든 수행을 하면 힘든 일도 힘들게 다가오지 않아. 아무리 어려운 역경에 부딪쳐도 그 난관을 헤쳐 나갈 힘이 생기기 마련이지. 원력을 세워 일념으로 하면 뜻대로 다 되게 되어 있어."

정무스님은 신도들이 쌀자루 이고 절에 와서 그저 복만 비는 모습이 안타까웠다. 신도 교육이 전무하던 시절, 신도들의 삶의 질적인 향상, 근원적인 고통을 해결하고, 그네들의 진정한 이익과 행복을 위해 무엇을 어떻게 해야 할 것인가 고민했다. 부처님의 가르침대로 사는 삶, 전통적으로 내려오는 스님들의 산사 생활이 가장 건강하고 합리적이라는 답이 나왔다. 불법을 일상생활 속에서 습관화시키면 모든 사람들이 행복해지리라는 확신이 들었다. 곧바로 신도수련회에 스님들의 일상을 접목시켰다.

그런 면에서 대종사는 요즘 활발히 진행되고 있는 템플스테이의 창시자라고 할 수 있다. 스님은 수행 프로그램과 자료집을 만들어 신도들에게 나눠주고 교육시켰다. 사찰의 모든 것을 총동원하였다. 사찰의 빗자루질 하나도 소재 거리가 되었다. 청소의 다섯 가지 공덕을 소상하게 얘기해 주면서 청소가 곧 수행임을 일깨워주었다. 스님도 신도들과 똑같이 청소도 하고 1080배도 하고, 참선을 했다. 언제나 스님이 함께했기에 신도들도 신바람이 나 더욱 열심히 했고, 진정한 불자로 거듭났다.

정무 대종사는 부처님 법을 전하는 것이야말로 출가한 스님들이나 재가 불자들 모두가 함께 이루어야 할 불사(佛事)임을 강조했다. 스님의 유발상좌 모임이라 할 수 있는 중심회 회원들은 전국 각지에서 단위사찰, 직장직능 불자회 등에서 스님의 뜻을 이어 올곧게 법을 전하고 있다.

"나는 불자들뿐만 아니라 스님들에게도 중 되려고 도인 되려고 하지 말고, 사람 되고 보살 되라고 해. 그런데 그 보살마음, 보살도를 행하는 불자의 첫걸음이 바로 은혜를 아는 것이지. 불교의 네 가지 은혜를 철저히 아

•1976년 용주사 수계 기념 법회.

는 사람은 절대로 나쁜 일을 할 수가 없어. 불법승佛法僧 삼보를 비방할 수도 없고, 불효할 수도 없고, 국가에 해될 일도 할 수 없고, 남을 못살게 굴 수도 없지 않겠어. 오늘날 세상에 문제가 많은 것이 다 은혜를 모르기 때문이야. 불효하지 않는데 노인 문제, 청소년 문제가 왜 생길 것이며, 국가의 은혜를 아는 데 어떻게 국토를 오염시킬 것이며, 사리사욕으로 국가의 경제를 흔들 수 있겠으며, 동포의 은혜를 아는데 어찌 노사 간 계층 간 갈등이 첨예해질 수 있겠어."

언제 어느 때 누구를 만나든 은혜를 알고, 지중한 인연법을 아는 착한 사람이 되어야 한다고 말씀하시면서 인생의 지침(1- 깨끗한 자연환경 안에서 산다. 2- 본성을 해치는 직업은 버린다. 3- 시간과 돈은 일의 가치 순위로 쓴다.

• 법문 후 대중과 함께 참선하고 있는 정무 대종사.

4-자연건강을 공부하고 실천한다. 5-은혜 알고 은혜 갚는 사람 된다. 6-삶의 가치 기준은 건강·경제. 7-경청·수순은 인간관계 전문가)을 주시는 스님. 인터뷰 중에도 신도가 들어오면 그에게 맞는 법문을 해주신다.

최근에 결혼한 한 불자에게 '아침저녁 눈 맞추고 30초 동안 인사하기', '존중하고 배려하기' 등 여러 가지 덕목을 말씀해 주시면서 실례까지 들어 주신다. "남편이 집에 돌아왔을 때 '집안일 하느라 고생 많았네'라고 하면 아내의 스트레스가 날아가겠지. 부부가 화목해야 자녀가 잘 되는 것이여"라고 하시는데, 스님의 자상하심에 감읍, "스님, 감사합니다"라는 소리가 가슴 깊이 울려 퍼졌다.

시냇물, 도랑물, 강물 등 모든 물을 품에 안는 바닷물처럼 넓은 스님, 삐죽빼죽한 중생들의 분별심을 부드럽게 감싸 안아주시는 스님, 그 마음처럼 몸도 유연하신 스님, 올여름에도 봉정암을 다녀오신 스님, 요즘도 법회에서 초청을 하면 노구를 마다치않고 전국 어디든 찾아가 법을 설해 주시는 스님……. 내내 건강하시어 스님의 덕화로 더욱 많은 사람들이 불법을 만나 행복해지기를 발원하면서 떨어지지 않는 발걸음을 떼었다. '은혜 알고 은혜 갚는 삶을 살겠다'는 다짐과 함께…….

사기순(불광)

정무 대종사 1931년 전북 군산에서 출생하였으며, 1958년 전북대학교 농과대 수의학과를 졸업했다. 같은 해 군산 은적사에서 전강스님을 계사로 사미계를 수지하였으며, 1965년 범어사에서 동산스님을 계사로 비구계를 수지했다. 김천 직지사에서 관응선사로부터 사교과(1960년), 삼척 영은사에서 탄허스님 문하에서 대교과를 수료하였다(1962년).

1963년부터 김제 흥복사에서 전강선사를 모시고 5하안거를 성만하고, 대구 동화사 금당선원 등 여러 선원에서 수행 정진하였다. 조계종 중앙종회의원, 수원 용주사(1971~1983년), 여주 신륵사, 이천 영월암 주지를 지냈다. 대구 정법거사림회, 한국관음회, 세불회稅佛會, 경찰대학불교학생회, 한국대학생불교연합회 지도법사를 역임하였다.

1968년 교계 최초로 신도 수련회와 대학생불교회 수련회를 개최하였으며, 포교자료집을 발간, 배포하여 신도들에게 공부를 시키는 등 포교에 심혈을 기울이셨다. 포교 활성화에 기여한 공로로 1977년 조계종 종정 표창을 받은

데 이어 2007년에 포교대상을 받았다. 이 외에도 경기도 지사상, 법무부장관 감사장 등 다수의 상을 수상하였다. 2007년 4월 조계종 원로의원에 선출됐으며, 2008년 10월 조계종 최고 품계인 대종사 품서를 받으셨다.

저서 및 역서로 《용주사 본말사지》, 《正命의 길》, 《은혜를 갚는 사람》, 《오탁악세에 피는 꽃》, 《물 위에 비친 달빛이》, 《세상의 주인으로 사는 법》, 《人道》, 《중심교재》, 《평생공부》, 《마음공부》, 《행복해지는 습관》, 《평상심과 종이거울 보기》 등 다수가 있다.

• 오대산 월정사 회주 연암然庵 현해玄海 대종사.

인간의 존엄성 깨칠 때
이 세상은
너도 부처 나도 부처

현해 대종사

전화선을 타고 들려오는 현해 대종사의 목소리는 드러낼 게 뭐 있냐는 듯 무덤덤했다. 그 뜻을 간곡히 전한 후에야 볕이 뜨거웠던 8월 말 현해 대종사가 계신 도봉산 자락, 월정사 서울 포교원 법종사를 찾았다. 약속한 시간보다 조금 일러서였을까. 스님께선 방 한쪽 공간에 마련된 책상 앞에서 홀로 붓글씨 삼매에라도 빠진 듯 묵향을 따라 소리없이 움직이고 있을 뿐이었다.

"요즘 할 일이 뭐가 있겠어. 아버지가 참 명필이셨거든. 어머니는 악필이셨는데 형제들이 어머니를 닮아서인지 악필이었어. 그래서 어디 가서 글씨 쓸 일 있으면 나도 움츠러들었고 그래서 그것만은 면하고 싶어서 서

예를 하고 있지. 지금 삼 년 되었는데 뭐든 좀 하려면 십 년은 해야지 안 되겠어."

전화기 속 무뚝뚝함과는 달리 환한 미소를 머금은 대종사의 목소리가 금세 경쾌해진다.

두 벽면을 가득 채운 책들, 스님은 법화경 연구의 권위자이다. 책장 속 법화경 관련 책들이 눈에 많이 띄는 이유이기도 하다. 대학 졸업 즈음 우연히 법화경을 보다가 일념삼천설一念三千說을 보았다. 화엄에서는 일심법계一心法界, 한 티끌 속에 만법계가 다 들어 있다고 하는데 법화경에서 말하는 삼천이라는 숫자가 궁금했다. 김동화 박사가 대학원 면접 당시 주시험관이었고 그 앞에서 '일념삼천'을 공부하고 싶다고 말한 후 지금까지 삼십여 년을 법화경과 씨름해왔다.

일본 고마자와대 박사 과정, 와세다대, 다이쇼대에서 동양철학, 천태학 공부, 중앙승가대와 동국대 강의. 학승으로 널리 알려진 현해 대종사의 간단한 이력이다. 스님은 지난 1996년 《법화경요품강의》를 펴낸 데 이어 2006년에는 그동안의 강의와 연구의 결과물을 모아 산스크리트어본, 한문번역본, 영문번역본, 한글번역본 등 4개 국어 대조본 《묘법연화경》을 세 권으로 완간했다. 세계 최초라 할 이 작업을 위해 스님은 자료 조사에 삼 년, 번역에만 칠 년을 매달렸다.

1935년 울산에서 태어난 스님은 9남매의 여덟 번째였다. 다른 형제들에 비해 잔병치레가 많았고 생김새도 못생겼었다며 껄껄 웃는다. 그래서 더욱 악착같이 공부했고 무엇을 하든 파고들었다. 독실한 크리스천 집안이

• 벽면을 가득 채운 책들. 스님은 법화경 연구의 권위자로 법화경을 오랫동안 강의해온 학승으로 널리 알려져 있다.

었지만 당시 다니던 교회에서 구호품을 교세 확장을 위해 쓰던 행태를 비판했고, 고민 끝에 대학생을 가르치는 도인이 있다는 오대산 월정사를 향했다. 물론 어머니와 집안의 반대가 이만저만 아니었다. 하지만 한번 마음먹은 고집을 아무도 꺾지 못했다. 궁벽한 절 살림이라기에 가방 두 개에 그 자신이 삼 년간 사용할 세숫비누며 칫솔까지 일일이 챙겨 짐을 쌌다. 결혼을 위해 어머니가 준비해둔 혼수까지 팔아치웠다. 첫차와 막차를 갈아타며 하루 만에 천릿길을 달려왔다. 다음날인 1958년 10월 28일, 평생 처음으로 초겨울 밤 이십 리 길을 걸어 월정사로 접어들었다. 한 치 앞도 안 보이는 전나무 숲길이었다.

"입산할 모양이여?"

"예."

"절에 오면 나무를 해야 하는데 내일부터 나무 일곱 짐을 하겠어?"

"예."

"각 방에 불 다 때겠어?"

"예."

"물 다 길어다 대겠어?"

"예."

입산이 무엇인지도 모른 채, 나무를 어떻게 해야 하는지도 몰랐던 스물네 살 청년의 대답이었다.

한국전쟁으로 불타버린 월정사는 함석지붕 건물 두 채에, 스님들도 몇 되지 않았고 감자와 옥수수만으로 겨울을 나야 할 정도로 가난했다. 만나고자 했던 도인스님 역시 수도원이 해체되면서 이미 삼척 영은사로 떠난 뒤였다. 받으라는 계도 받지 않은 채 나무하고, 물 긷고, 밥 짓고 그렇게 뒷방에서 시키는 일만 하며 하루하루를 보내고 있었다.

"삼일수심천재보三日修心千載寶요, 백년탐물일조진百年貪物一朝塵이라."

어느 날 우연히 같은 방을 쓰던 처사가 읽던 글귀가 귀에 쏙 들어왔다. "삼일 동안 닦은 마음은 천년의 보배요, 평생 동안 탐한 재물은 하루아침의 티끌과 같다"는 《초발심자경문》의 글귀였다.

다음날 주지 스님에게 그 책을 부탁했고 글귀를 읽고 또 읽으면서 비로소 '중노릇'을 할 마음이 생겼다. 월정사에 들어온 지 일 년 팔 개월 만에 만화 희찬스님을 은사로, 탄허 택성스님을 계사로 머리를 깎았다.

• 월정사 산책로를 혼각과 함께 거닐고 있는 현해대종사

늦깎이였다. 그만큼 공부하고 싶은 마음이 간절했다. 도망치듯 해인사 강원으로 들어갔지만 '아무개 은사 스님' 뻘의 덥수룩한 나이 때문에 발길을 돌려야 했다. 곧 종단에서 학비를 대주는 1기 종비생宗費生으로 동국대 불교학과에 들어갔다.

1학기를 마치고 서경수 교수를 모시고 간 월정사 영어 수련회에서 수개월 만에 드디어 은사 스님과 마주하게 되었다. 가사장삼을 수하고 큰방에서 다 함께 인사드리려는 찰나 은사 스님의 불호령이 떨어졌다.

"중노릇하다가 학교 가는 놈은 환속할 준비하는 놈이여. 절에 와도 밥도 주지 마."

학교 교육을 잘 몰랐던 은사 스님인지라 상좌의 대학 공부를 못마땅하게 여겼던 것이다. 가슴이 쿵쾅거렸다. 순간 '두고 봐라. 끝까지 공부해 가지고 스님 앞에, 여러 사람 앞에 중노릇 잘하는 것을 보여 주겠다'는 오기가 발동했다.

생활비는 커녕 방학 때 찾아가도 달랑 진부에서 마장동까지 갈 시외버스 차비만 주시는 은사 스님이었다. 그렇게 4년 동안 스님께 받은 돈이라고는 고작 4,580원이 전부였다. 당시 종단에서 주는 한 달 생활비가 기숙사비 1,800원을 포함해 3,000원이었으니 은사 스님께 받은 학비나 용돈 같은 것은 한 푼도 없던 셈이었다. 하지만 이제와 생각해보니 그때의 호통이 없었다면 고생스러웠다는 이유로 공부를 포기했을지도 모를 일이었다.

"우리 스님에 대해서는 두 가지를 존경 해. 첫째는 월정사 중건을 위해

• 1969년 10월 13일, 월정사 낙성 기념식에서 노스님이신 탄허스님과 은사이신 만화스님,
시주자인 대한항공 조중훈 부부와 함께했다.

서 헌신한 그분은 완전한 보살의 화현이시지. 불사에 대해서는 자존심도 없었어. 내가 보기에는 어떻게 자존심도 없이 저렇게 고개를 숙이실까 할 정도라. 불사하면서 나무 잘랐다고 해서 형무소를 네 번이나 가고, 고생을 그렇게 하면서도 끝까지 하셨거든.

또 하나 어른 모시는 데에는 이유가 없어. 어른이 뭐라 하면 무조건 예라. 노스님 주위에 온갖 사람들이 모여들기에 불평을 해도 그 어른의 도가 있기 때문에 우리가 밥 먹고 사는 거라고. 우리가 중노릇하는 것도 다 그런 어른들의 도가 있기 때문에 대대로 내려오는 것이니까 불평하지 말라고 하셨지."

은사 스님은 스스로에게나 상좌들에게 가혹할 정도로 엄격하고 검소한 분이셨다. 먹는 것 입는 것 하나 아껴가며 불사에 매진했다. 은사 스님은 월정사 주지를 맡은 이후 1964년 적광전을 중창한 것을 시작으로 이십여 년 동안 전각 십여 동을 복원하였다.

감추려 해도 감추지 못하는 지극한 흠모欽慕의 정 때문이었을까. 현해스님은 그러한 은사 스님의 뜻을 받들어, 12년 동안 월정사 주지를 지내면서 용검루, 삼성각, 범종루, 성보박물관, 서별당 등을 고쳐 짓거나 새로 지었다. 월정사 수도 사업, 진부의 월정사 유치원과 포교당, 지금 스님이 머물고 있는 서울 포교당 법종사까지 월정사 3대 과업을 차근차근 이루어냈다. 자신도 모르게 은사 스님이 걸었던 길을 밟아온 것이다.

"월정사 중 가운데 자다가 만져봐도 중은 만화밖에 더 있어? 여기 있는 놈들 다 말해 봐. 만화보다 중노릇 잘하는 놈 어디 있어. 그런 원력 가진 놈 누가 있어."

은사 스님에게 '도적놈'이라는 소리를 다반사로 하던 노스님(탄허택성)의 속내도 그랬다. 은사 스님에 관한 이야기를 할 때마다 현해스님의 표정이며 목소리에 공경의 마음이 되새김질되는 이유일 것이다.

"노스님의 도의 경계와 사람 보는 경계는 또 다르더구만, 허허허. 하지만 도저히 그분의 도와 그 경지는 못 따라가. 나도 삼십 년 넘게 법화경을 공부하고 강의했는데도 강의 한번 하려면 노트 없이 두 시간을 못하거든. 우리 노스님은 화엄경 강의하실 때 노트 한 페이지 안 보고 하루 여덟 시간씩 두 달 동안 강의를 하셨어. 나의 경계와 그분의 경계는 하늘과 땅 차이라."

출가 당시 그렇게 만나고 싶었던 도인스님을 현해스님이 문풍지 한 장을 사이에 두고 딱 8일 동안 시봉한 일이 있었다. 겨울 추위 속에서도 8시에 잠이 들어 12시면 어김없이 일어나는 노스님을 따라 함께 일어나 참선 아닌 참선에 들었고, 새벽 예불에 이어 쉴 새 없이 찾아오는 차시중이며 손님치레를 도맡았다. 일주일 남짓을 그렇게 생활하다 보니 가뜩이나 약한 몸이 견뎌내지 못하고 독감에 걸려 비실대는 통에 할 수 없이 줄행랑을 놓았다.

"법화경 15년 공부, 16년 강의해도 아직 멀었어."

대중을 위해 조금 더 법화경 강의를 해주셔야지 않겠느냐는 이야기에 고개를 절레절레 흔든다. 그러면서도 법화경을 공부하고자 하는 후학들이 있다면 언제든 도움을 주고 싶다고 간곡히 말씀하시는 대목에서는 대종사의 눈빛이 빛난다.

"옛날에는 약왕보살본사품, 묘음보살품, 관세음보살보문품을 중요한 3대 보살사상이라고 그랬어. 나는 거기다가 상불경보살품을 더해 4대 보살품을 이야기해. 상불경보살은 한 번도 경전을 독송한 적이 없었는데 만나는 사람마다, 나중에는 욕하고 몽둥이로 때리는 사람들에게까지 '나는 당신을 가볍게 여기지 않습니다. 왜냐하면 당신은 장차 부처가 될 것이기 때문입니다'라고 말한 공덕으로 성불했지. 반면에 그를 구박한 사람들은 지옥에 떨어졌고 과보果報를 받고 나서 다시 상불경보살의 법문을 듣고 성불을 이루었다고 해. 무슨 뜻이냐 하면 인간의 참다운 본성을 보고 존경할 때 이 세상은 극락, 정토고 부처님 세상이지만 욕심에 사로잡히면 인간의 존엄성에 대한 법문이 귀에 들어오지 않고 결국 그 과보를 받는다는 것이지. 그 과보를 받고 반드시 인간의 존엄성을 깨칠 때 이 세상은 너도 부처고 나도 부처여."

스님은 법화경 약왕보살품에서는 지극한 신앙심을, 상불경보살품은 인간의 존엄성을 강조하고 있음을 꼭 알려주고 싶다고 말한다. 부처님 가르침 역시 인간의 존엄성을 강조하고 인간이 부처가 될 수 있다는 것을 강조하신 것이기에 인간의 존엄성을 강조하고 있는 법화경이 부처님 가르침의 핵심과 맞닿아 있다는 것이다.

"'국토마다 티끌마다 모두가 묘한 부처님의 몸이요, 나타나는 사물마다 모두가 내 집의 어른들이니 만약에 이 말에 인연을 하여 근본을 요달한다면 보고 듣고 느끼는 내 몸뚱아리가 본래 나의 신령스러운 빛이다.' 그러니 극락과 불국토가 어디 있고 부처님이 어디에 있겠습니까? 오직 믿음으로 출발하여 불법을 믿고 실행할 때 이 땅이 부처님의 국토요, 바로 내 형제가 부처님인 겁니다. 우리가 사는 오염된 땅, 복잡한 사회, 천차만별의 사물 그대로가 부처님의 몸이요 나의 본성이라는 걸 깨우쳐 안다면 고통스러운 인간세상 삼라만상 근본 그대로가 나의 근본 자성이요, 불성인 것입니다."

무상사 법문을 통해서 스님이 말씀하고 싶었던 것 역시 사람이 곧 부처임을 강조한 법화경의 가르침이었으리라.

"천당에 가보니까 귀와 입만 있는 놈들이 있고 지옥에 가보니까 입 없고 귀 없이 몸뚱어리만 있는 놈들이 있어. 성직자들은 맨날 좋은 소리만

해서 입은 천당에 가 있는데 실천은 안 해서 몸은 지옥에 가 있고 신도들은 귀로 좋은 소리만 들어서 귀는 천당에 가 있고 몸은 실천을 안 해서 지옥에 가 있는 거야."

목사가 되어 인사를 온 조카에게 해준 덕담이라지만 그게 어디 한 사람의 성직자, 수행자만을 위한 법문이었겠는가. 스님은 이어 그 실천의 어려움을 간곡히 말씀하셨다. 그것은 수행자로서 당신이 몸소 겪었을 수행과 실천의 어려움이었을 터인데 돌이켜 보면 우리들 누구나가 또 일반인으로서 겪어내야 할 것들이기도 했다.

"부처님의 가르침을 하나라도 실천하면 그게 극락이여. 그게 부처님 제자고. 실천 안 하고 입만 살았으면 입만 천당 가는 거여."

고통과 괴로움을 감내할 줄 알아야 된다고, 그것이 당신 중노릇하면서 배운 결론이고 살아가는 신념이라고 재차 강조하시는 현해 대종사. 그 말씀을 따라 스스로에게 되묻는 시간을 가져본다.

두문불출, 법종사 문 밖을 일체 나서지 않는 대종사이지만 월정사에 큰일이 있다면 힘든 걸음을 마다하지 않는다. 그곳에서 가져온 강원도 옥수수라며 한보따리를 안겨주시는 스님의 모습은 영락없는 우리들 할아버지의 모습 그대로다. 지금도 손수 양말 기워 신는 현해 대종사. 양말을 기워 신었던 은사 스님께 배운 것이 어디 그것뿐이겠는가. 공부하고 싶어도 돈이 없어서 공부하지 못하는 학생들에게는 모아놓은 용돈을 탈탈 털어가며 장학금을 내어놓는다. 그 이름도 노스님과 은사 스님의 이름 한 글자씩을 따와 법인장학재단 '성찬회'라고 지었다.

"나중에 월정사 지킬 놈은 저 현해놈뿐이라고."

상좌 앞에서는 그렇게 야단을 치시던 은사 스님이 다른 이들에게 했다는 말이 결코 빈말이 아니었던 셈이다. 스님은 한 달에 한번 밥값이라도 해야 한다며 월정사 서울 포교원 법종사에서 요즘도 대중들을 만나고 있다.

김명환(불광)

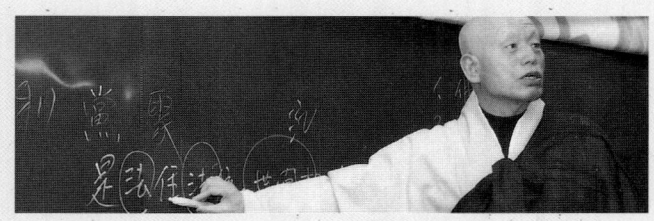

현해 대종사 1935년 경남 울산에서 9남매의 여덟째로 태어난 스님은 1959년 평창 월정사에서 희찬스님을 은사로 출가했다. 1960년 탄허스님을 계사로 사미계를, 1966년 해인사에서 자운스님을 계사로 비구계를 수지했다.

1968년 동국대학교 불교학과를 종비 1기생으로 졸업하였으며, 1973년 동국대학고 대학원 석사 과정을 마치고 박사 과정에 입학했다. 초청 유학생으로 선발돼 일본 고마자와대 박사 과정을 마치고 와세다대, 다이쇼대에서 동양철학과 천태학을 공부한 후 귀국, 중앙승가대와 동국대 경주 캠퍼스에서 오랫동안 법화경을 강의했다.

1992년부터 2004년 1월까지 조계종 제4교구 본사 월정사 주지 소임을 맡았고, 2004년부터 2006년까지 학교법인 동국학원 재단이사장을 역임했다. 조계종 제3·7·10대 종회의원을 지냈으며 2007년 대한불교조계종 원로의원 대종사로 추대되었다.

• 남과의 비교와 경쟁이 아니라 자기 일의 가치와 의미를 발견하는 '무한 향상'하려는 사람들이 많아져야 우리 사회가 밝아지고 희망이 커진다고 강조하는 고우古愚 대종사.

부처님 가르침에 대한
이해부터 하고 수행을

고우 대종사

    태백산맥과 소백산맥에 둘러싸인 경북 봉화는 천혜의 자연환경을 갖추고 있다. 오지奧地 중의 오지라 사람 발걸음이 드문 곳이었지만 요즘은 사정이 다르다. 찾는 이들이 늘고 있다. 새로 닦여진 도로 때문이기도 하지만 눈 밝은 선지식들의 할喝을 듣고자 목마른 중생들이 앞을 다투어 찾기 때문이다.

    한국의 대표적 선승禪僧으로 알려진 고우古愚스님도 봉화 문수산 금봉암에 주석하고 계신다. 금봉암으로 가는 길에는 크고 작은 산들이 앞서거니 뒤서거니 나타난다. 장마 후라 그런지 길옆을 흐르는 계곡물 소리가 힘차면서도 청량하기 그지없다.

溪聲便是廣長舌 계성변시광장설
山色豈非淸淨身 산색기비청정신
夜來八萬四千偈 야래팔만사천게
他日如何擧似人 타일여하거사인

계곡물 소리는 그대로가 부처님의 설법이요
산색은 그 자체로 어찌 청정 법신이 아니겠는가
어젯밤 깨침으로 다가오는 팔만사천 법문을
다른 날에 어떻게 남에게 보여줄 수 있겠는가

소동파의 '오도송悟道頌'을 떠올리며 주위 경관에 취하다 보니 어느새 금봉암이다. 마당까지 마중 나오신 고우스님께서 그 특유의 함박웃음으로 반겨주신다. 스님은 늘 웃는 얼굴이다. 그 미소는 소탈하고 격의가 없어 누구에게나 편안함을 준다.

법당 앞 마당의 잔디가 말끔히 정리돼 있다. 지난해 심은 잔디가 너무 자라 고우스님이 직접 인터넷으로 정보를 얻어 잔디를 손질했다고 한다. 스님은 최근 인터넷을 배워 정보 검색과 이메일을 하신다. 인터넷으로 잔디깎기 정보를 얻고 기계를 파는 가게까지 알아내 전화로 주문을 해 일을 마쳤다고 한다. 세수 73세의 노령임에도 컴퓨터를 배우고 이메일을 사용한다니……. 이처럼 스님은 많으신 연세에도 불구하고 모든 일에 열정과 적극성을 보이신다. 스님은 만나는 어느 한사람도 소홀히 대하지 않으신

• 고우 대종사는 불교 승단이 부처님 가르침대로 여법하게 살아 사회 집단의 '롤모델'이 되어야 한다고 역설했다.

다. 수승한 부처님 법을 하나라도 더 알려주고픈 의지와 열정이 대단하기에 찾아오는 누구에게나 차를 권하고 이야기하기를 즐긴다.

경제 위기로 국민들 마음이 꽁꽁 얼어 있는 데다가 이를 보듬어야 할 정치권마저 국민을 분열시키고 불안하게 하고 있다. 계층 간의 갈등과 상대적 박탈감이 심화되고 사기 살인 등 범죄는 날이 갈수록 늘어나고 있다. 사회는 무한 경쟁을 부추기고 사람들의 마음은 늘 좌불안석이다.

"요즘 직장인 다섯 명 가운데 네 명은 직장에 불만을 갖고 있지만 다른 수가 없어 다닌다는 통계가 있더군요. 그러니까 직장인의 80퍼센트가 먹고살기 위해 어쩔 수 없이 직장에 다닌다고 한다면 얼마나 불행해요. 그렇게 스트레스를 받으니까 술을 또 엄청 많이 먹잖아요. '월급이 적다', '승진이 안 된다' 등 밖의 조건을 가치 기준으로 삼으니 마음이 항상 쫓기고 불만이 생기고…… 직장인들 대부분이 그렇다면 그 직장에 발전이나 희망이 있을 수 있을까요?"

스님은 한 예로 직장인의 삶의 자세를 거론했지만, '불자'를 자처하는 우리들이라고 다를 게 없다. 한마디로 위기의 삶이 아닐 수 없다. 이러한 소모적 고통에서 벗어나는 방법은 무엇일까?

스님은 첫째, 부처님 법을 이해 내지 체험해야 한다고 강조했다. 나보다 나은 사람을 만나면 내가 위축이 되고, 나보다 못난 사람을 만나면 교만해지는 것이 인간이다. 또 그러한 비교에서 온갖 불만과 불평이 생긴다.

"요즘 사람들의 삶의 목적은 돈인 것 같아요. 어른들이 그러니 청소년들도 그러한 사고방식을 가지고 있어요. 예전에도 돈 많이 벌라는 덕담을 했지만 거기에 꼭 붙는 말이 있었어요. '돈 많이 벌어서 사람답게 살라.' 그런데 '사람답게 살라'가 사라져 버리니 오로지 돈만 목적이 된 것이지요. 돈만을 목표로 산다면 무서운 역기능이 따라옵니다. 그런데 자기가 하는 일의 가치와 의미를 발견하고 직장 생활을 하게 되면 그 사람은 무한 경쟁을 하는 게 아니라 '무한 향상'을 하는 거죠. 그래서 그 분야의 전문가가 되고 주위에서 인정받고 무한히 자기 발전하면서 귀천, 고하를 따지지 않고 다른 사람의 가치도 인정하는 무한히 향상하여 더불어 사는 사람이 되는 겁니다."

무한 향상하는 사람이 많아야 좋은 직장이 되고, 좋은 사회가 되고, 훌륭한 국가가 된다. 자기가 하는 일의 가치와 의미를 발견하게 되면 그 일

자체가 굉장히 즐겁다. 그러면 그 일의 전문가가 될 것이고 돈과 명예도 따라온다는 것이 스님의 지론이다.

"부처님 재세 시에는 왕부터 천민에 이르기까지 온갖 계층의 사람들이 다 절에 와서 부처님께 상의를 했어요. 그 사람들 눈높이에 맞춰 부처님이 당신의 깨달은 눈과 사고로써 해법을 제시해 주었지요. 그것이 부처님의 역할이고 또 절의 역할이었습니다. 오늘날 우리의 절들이 그런 역할을 하고 있는지 되돌아봐야 합니다. 사회가 앓고 있는 여러 병리 현상을 해결할 수 있는 방법을 부처님 말씀으로 제시할 수 있는 절이 되고 스님이 되고 종단이 되어야 합니다. 우리가 그런 역할을 제대로 하고 있나요?"

고우스님은 우리 사회 각 분야에 '어른'이 없는 것이 가장 큰 문제라고 지적했다. '어른'이란 말에는 고매한 인격과 풍부한 경험이 포함돼 있다. 어떤 직업을 갖든지 자기 하는 일에 대해 가치와 의미를 알고 열심히 연구하고 성실하게 살면 부富도 따라오고 명예도 따라오고 인격도 저절로 갖추어지게 된다. 그러한 귀감이 되는 사람이 많아지면 우리 사회는 저절로 안정되고 질서가 잡힐 것이다.

그런데 요즘 같은 경쟁 사회에서 정직하게 산다는 것은 곧 '바보'로 여겨지지 않을까? 혹시 자식들에게 그렇게 가르쳐 그들이 불이익을 당한다면? 양심적으로 살면 손해 본다는 통념이 있는데…….

"착하게 살면 남한테 이용 당하고 왕따 당하지 않을까 걱정을 하는데 이것은 전도顚倒된 생각입니다. 사회 전체가 잘못된 생각을 하는 것이죠. '롤 모델role model'이 없어 그럴 거예요. 정직하고 양심적으로 사는 사람이 다 잘 살고 이용도 당하지 않고 존경을 받는 것을 보면 사람들은 적극적으로 따라가게 돼 있습니다. 그래서 어느 시대나 '선지식'이 필요한 것이지요.

불교계도 마찬가지지요. '롤모델'이 없으니 젊은 스님들이 답답해합니다. 스님은 뭐 별다른 사람인가요? 부처님 말씀대로 살면 나에게 불이익이 생길지 모른다 생각하니까 '이쪽'으로 적극적으로 못 뛰어들어요. 뛰어들더라도 그저 흉내만 내고 근본 사상이 안 변하니까, 차라리 안 하는 사람보다 더 못한 경우도 있어요, 위선적이 되니까."

개인이 잘 살아도 타의 모범이 되지만 집단이 잘 살아 훌륭한 귀감이 되면 엄청난 파급효과가 있게 된다. 부처님 당시가 그것을 증명해준다. 부처님 당신이 훌륭한 모델이 되어 '저렇게 살아야겠다' 본보기가 됐지만 당시 승단도 훌륭한 '롤모델'이 되어주었고 따라서 승단이 끼친 영향이 사회적으로나 국가적으로 매우 컸다.

고우스님은 고봉, 관응, 혼해 강백으로부터 강원 공부를 하다가 참선에 뜻을 두어 향곡선사가 계신 묘관음사로 가서 첫 안거를 난 이래 평생 선禪의 길을 걸어오신 분이다. 1968년경 도반들과 함께 결사 도량으로 유명한 문경 봉암사에 들어가 선원을 재건하여 부처님 법대로 수좌 대중들이 원융살림을 하는 전통을 세워 한국불교의 자랑이 된 조계종 종립특별선원의 기틀을 다졌다. 한국불교의 큰 산맥인 향곡, 성철, 서옹, 서암 선사에게 두루 참문한 선승이지만 교학에도 깊은 식견을 갖춘 분으로 정평이 나 있다. 이러한 공부가 바탕이 되어 고우스님은 체득한 부처님 사상을 일상의 언어로 보다 쉽게 전파하기에 온 힘을 다하고 있다.

스님은 선승들의 모임인 선납회禪衲會(지금의 선원수좌회) 창립을 주도했고, 1988년에는 해인사에서 선어록을 공부하는 선화자禪和子법회도 열어 수좌들의 사상 정립을 위해서 헌신해 왔다. 각화사 태백선원장으로 있을 때에는 하루 15시간 이상 가부좌를 트는 가행정진을 일 년 내내 하는 가풍을 정착시켜 선풍 진작에 앞장섰으며, 조계종 최초로 간화선 수행법을 정리한 《간화선-조계종 수행의 길》 편찬도 주도했다.

스님이 하시는 모든 일은 바로 대중이 참선을 생활화하도록 하는 데 도움을 주기 위해서다. 부처님께서 발견한 세계를 보다 쉽게 이해하도록 바른 안목을 열어주는 일이야말로 가장 시급한 일이라고 여기기 때문이다.

"부처님이 발견한 세계를 이해하면 남하고 비교를 안 하게 됩니다. 매우 평화로움을 느끼고, 어떤 상황에 놓이든지 스트레스 안 받고 열심히 살아가는 방법을 알게 되지요. 인간 사회는 이해관계로 맺어져 있어요. 스트레스를 받지 않을 수 없지요. 경쟁과 갈등도 심하고…… 이것을 해결하는 것이 경제 위기 극복보다 더 어렵습니다. 사회 혼란을 해소할 방법이 불교에 있습니다. 예를 들어 여자와 남자의 겉모습은 달라요. 그러나 같은 것이 있습니다. 이것을 발견한 것이 부처님입니다. 내가 보는 것이나 부처님이 보는 것이나 같지만 나와 부처님의 차이는 무엇일까요? 바로 부처님께서는 '본질'을 본다는 것이지요.

시골에 가면 가마니, 짚신, 새끼줄, 덕석이 있어요. 모양새도 다르고 쓰임새도 다 달라요. 그런데 그것들은 전부 짚으로 만들어졌어요. 농사짓는 사람은 가마니가 필요하니까 가마니가 최고다 하고, 포장하는 사람은 새끼줄이 필요하니까 새끼줄이 최고다 그러겠죠. 길 떠나는 사람은 짚신이 최고다 할 겁니다. 그러나 '제품은 각각이라도 그 재료는 하나다' 이것만 알면 '이것이 제일이다, 저것이 제일이다' 하고 싸울 일이 없어요. 가마니나 짚신이나 각자 가치와 의미가 있어요. 마찬가지로 똥 푸는 사람은 똥 푸는 사람대로 가치와 의미가 있고, 장사하는 사람, 공장하는 사람, 대통령은 다 각각 자기 하는 일에 가치가 있는 것이죠. 그 '짚'을 반야심경에서는 '공空'이라고 합니다. 무아라 그러기도 하고, 불성, 마음, 성품, 자성, 법성, 진여 등 수백 개로 말할 수 있어요. 바로 이것이 부처님 깨달음의 핵심입니다."

고우스님은 부처님 말씀이 과학으로도 증명이 되어 가고 있다며 다음과 같이 덧붙였다.

"'파이만'이라고 전혀 불교를 모르는 과학자가 자신의 몸이 실제로 수억만 개의 원자 덩어리라고 했어요. 단일의 독립된 물체가 아닌 이 몸! 수억 개의 원자 덩어리 중에서 어느 원자를 '나'라고 할 것이며, 어느 세포를 두고 '나'라고 할 것인가요? 이와 같은 그의 말은 이 세상 어떤 물체도 단일로 독립된 물체는 없다고 하신 부처님의 말씀과 일치합니다. 그런데도 우리는 '독립된 내가 있다'고 생각합니다. '나다', '내가 있다'는 그 생각부터가 잘못된 것임을 명확히 알아야 해요.

분자를 쪼개면 원자로, 원자를 쪼개면 중성자, 양성자, 전자의 셋으로 나누어지는데 이보다 훨씬 작은 '쿼크quark'도 발견되었습니다. 이 쿼크 또한 두세 가지 물질로 합성되어 있다고 합니다. 쿼크 또한 인연의 화합물이요 연기로써 구성돼 있다는 것이지요. 아직 질량화되지 않은 소립자, 다시 말해 물질이 되지 않은 소립자인데, 이것을 과학자들은 '힉스 입자(신의 입자)'라고 이름 붙였습니다. 나는 힉스 입자에 대한 기사를 신문에서 보고 깜짝 놀랐습니다. 반야심경에서는 '색불이공色不異空 공불이색空不異色 색즉시공色即是空 공즉시색空即是色'이라고 말하지 않습니까. 색이 공과 다르지 않고 공이 색과 다르지 않으며, 색이 곧 공이요 공이 곧 색이라고 하지 않습니까.

완전한 공이면 절대 색이 아닙니다. 공이라는 것이 완전한 공이 아니라 언젠가 유가 될 수 있는 공인데, 현대물리학에서 밝힌 바에 의하면 이 공이 바로 힉스 입자라는 겁니다. 힉스는 현재는 물질이 아니지만, 우주 속에 있는 어떤 에너지를 만나면 곧 물질화되는 것입니다. 현재 천이백여 명이나 되는 세계 물리학자들이 스위스 국경 지방에 모여 힉스 입자를 발견하려고 연구 중이라고 합니다. 금년 2월에 실험에 들어갔다고 해요. 우주가 빅뱅 시절 만들어졌다고 하는데 힉스가 우주의 모든 삼라만상이 만들어지는 전 단계라 할 수 있겠지요.

자성, 법성이라 하는, 아직까지 질량화되지 않고 물질화되지 않고 그런 것이 어떤 에너지를 만나는 그것이 연기거든요. 힉스와 에너지가 만나서 어떤 먼지가 생겼다, 그것이 연기라. 그 먼지하고 먼지가 만나고 또 만나 가지고 이렇게 삼라만상이 생긴 것이라고 봅니다. 그래서 '신의 입자'라 하기도 하지요."

고우스님은 2002년 월드컵을 계기로 시작된 템플스테이를 거론하셨다.

아름다운 산사에 머물며 마음 수행과 전통생활 양식 등을 통해 한국의 독특한 문화를 보여주는 것으로 시작했지만 템플스테이를 부처님 가르침을 국내외적으로 널리 생활화시키는 소중한 기회로 삼자는 것이다. '무아' '공'을 이해하는 경제·정치인, 교육자, 공무원 등이 많아진다면 이 세상은 확실히 달라질 것이기 때문이다.

"부처님 가르침에 대한 이해부터 하고 수행을 해야 합니다. 그래야 체험으로 가는 길이 열려요. 부처님이 보신 무아, 공을 우리가 직시하면 인생이 바뀝니다. 그것을 이해하면서 자동으로 사고하고 생활이 되도록 하는 것이 바로 '수행'입니다. 내 존재에 대한 원리를 정확하게 이해하고, 그 이해를 바탕으로 염불, 참선, 절, 봉사 등 수행을 열심히 하세요. 이것이야말로 행복해지는 가장 빠른 길입니다."

이경숙(전 현대불교신문)

고우 대종사 1937년 경북 고령에서 태어나 25세때 폐병으로 요양하러 왔다가 김천 청암사 수도암에서 법희스님을 은사로 출가했다. 청암사 강원에서 고봉스님에게 수학했으며 관응스님에게 《대승기신론》을, 혼해스님에게 《금강경》과 《원각경》을 배웠다.

양산 묘관음사 선원에서 첫 안거를 난 이래 봉암사, 각화사, 김용사 등 제방선원에서 평생을 참선 수행으로 일관했고 전국선원수좌회 공동대표를 지냈다.

현재 조계종 원로의원이며 봉화 문수산 금봉암에 주석하고 계신다.

• 지금도 새벽 세 시면 어김없이 대능엄주 독송을 하며 뿌리 깊은 소나무처럼
  송광사를 지켜오고 있는 법흥法興 대종사.

스스로를 등불로 삼고 정진하라

법흥 대종사

"나 같은 돌중을 취재해서 뭐할라고. 나는 돌중이여. 더 훌륭한 스님 찾아가봐." 대종사 취재를 위해 송광사를 방문하겠다고 하자, 전화기로 들려온 대답이었다.

한사코 안하겠다는 스님을 겨우 설득해서 송광사 방문 허락을 받았다. 대종사께서는 송광사 본찰에서 조금 떨어진 백일홍이 만발한 화엄전에 머무르고 있었다. 법흥 대종사를 지척에서 뵌 것은 이번이 두 번째다. 십여 년 전 석사 논문을 제출한 직후, 책 속의 불교가 아닌 살아 숨쉬는 불교를 직접 확인하겠다고 찾아간 곳이 송광사 수련회였다.

그 당시는 모든 것이 생소하고 불편하기만 했다. 승보 종찰이라는 자존심 때문인지, 송광사 스님들은 그 어느 절보다 표정이 굳어 있었고 엄격했다. 숨소리도 크게 못내고 참선과 공양, 울력의 빡빡한 일정이 쉴 틈 없이 이어졌다. 불편한 가부좌를 틀고 있다 잠깐 졸다 보면 죽비가 어깨 위로 던져졌고, 공양 시간에 옆 사람에게 밥을 더 먹겠냐고 묻다가는 말이 채 끝나기도 전에 '묵언'이라는 스님의 고함 소리가 들려왔다.

이유 없이 서러워져, 모두가 저녁 예불을 드리러 대웅전에 올라간 사이 명부전 뒤에서 펑펑 눈물을 쏟았다. '내일 점심 먹고 짐 싸서 도망치리라.'

다음날 오전, 아침 공양 직후 아주 인자하게 생긴 스님 한 분이 '선의 세계'를 강의하러 사자루에 왔다. 송광사의 율주 스님이시라는데, 목소리 한 마디 한마디에 따뜻함이 뚝뚝 묻어나왔다. 수련회 참가자들이 그 따사로움에 꾸벅꾸벅 졸기 시작하자, 스님은 '보살들이 많이 피곤하구나, 내가 노래 하나 불러줄게'라며 옛 스님들의 염송을 구성진 목소리로 불러주셨다. 스님이 들려주는 염송 가락이 그렇게 좋은 줄 처음 알았다. 꾸벅꾸벅 또다시 졸면서도 '아! 여기 참 좋다'는 생각이 가슴에서 맴맴 돌았다.

수년 뒤 불교계 기자가 되었고, 그 스님의 법명이 지난 2008년 조계종 대종사가 된 법홍스님이라는 사실도 뒤늦게 알게 되었다. 최근 대종사를 취재해달라는 원고 청탁이 들어왔을 때 스님의 법명이 뇌리에 떠오른 것은 당연한 인연지사였다. 오래전 들었던 스님의 따뜻한 염송 소리가 가슴 한복판에서 다시금 떠오르자, 스님을 다시 뵐 수 있다는 생각에 마음이 설레기 시작했다.

그렇게 십 년 만에 지척에서 대종사를 만났다. 대종사는 여전히 건강하고 여전히 따뜻했다. 멀리서 오느라 수고했다며, 이미 씻어놓은 포도와 복숭아를 내밀었다. 어떻게 출가하시게 됐는지 이야기해달라고 하자 스님 특유의 네버엔딩스토리가 시작됐다.

어떤 이는 생사의 기로에서 수만 번의 발심을 통해 불도에 입문하는가 하면, 또 어떤 이는 태어나면서부터 그 길로 접어들기로 예정돼 있는 것 같기도 하다. 법흥 대종사는 아무래도 후자가 아닐까 싶다.

대종사는 경상북도와 충청북도가 맞닿은 충북 괴산의 연풍에서 태어났다. 초등학교 시절, 학교는 분명 충청도인데 소풍은 새재 너머 경북 문경으로 갔다. 그곳에 봉암사가 있기 때문이었다. 봉암사로 소풍을 가면 누가 시키지 않아도 항상 부처님께 절을 했다. 부처님께 절을 하는 것이 그리 좋을 수가 없었다. 사람들은 어린 소년이었던 스님을 '중아~ 중아~' 하고 불렀다. 속가 이름 윤주흥을 나이 많은 어르신들이 '주흥이'라고 부르려다 그만 ㅎ은 어디론가 사라지고 '중'이라는 말만 남았기 때문이다.

스님의 속가는 그 일대에서 가장 부잣집이었다. 그 근방 눈에 보이는 땅이 모두 스님네 땅이었고, 한 해에 쌀 이백 석을 생산할 정도였다. 그래서 가뭄이 들면 인근 마을에서 모두 스님 집으로 곡식을 얻으러 찾아오곤 했다. 책을 좋아하는 부잣집 아들은, 먹을 걱정, 입을 걱정 없이 행복한 어린 시절을 보내고 있었다. 그러다 중학교를 다니고 있을 때 한국전쟁이 났다. 인민군들이 동네로 쳐들어왔다. 그 일대에서 가장 땅이 많고 소작을 많이 부리던 스님의 집안은 갑자기 인민의 피를 빨아먹는 지주 집안으로 지목됐다. 스님은 다락으로 숨었다가 의용군에게 발각되었다. 뒷문으로 부리나케 도망을 쳤다가 동구 밖에서 또다시 의용군에게 붙들렸다. 다시 마을로 붙들려 가면 즉석에서 총살당할 판이었다.

당시 스님은 마음속으로 관세음보살을 염호하면서 의용군에게 "지금 아버지가 돌아가셨다는 소식을 듣고 산 너머 마을로 급히 돌아가는 중"이라고 둘러댔다. 이후 소백산, 태백산을 전전하며 도망을 다녔고, 의용군이 다시 북으로 쫓겨갈 무렵에서야 집으로 돌아갈 수 있었다. 그 당시 의용군에 붙잡혔다 도망칠 수 있었던 것은 항상 관세음보살을 입에 달고 다닌 염불 공덕 때문이라고 대종사는 지금도 믿고 있다. 하루하루 죽고사는 순간을 반복했던 그 시간들이 지난 후, 인간의 생이라는 것이 덧없는 것이라는 사실을 어렴풋이 깨닫게 되었다고 한다.

전쟁이 끝나고 청주고등학교를 졸업한 후 스님은 고려대 국문과에 입학했다. 당시 고려대 국문과에는 조지훈 선생이 학생들을 가르치고 있었다. 학교 담장 너머로 개운사가 있어, 스님은 학교를 오며 가며 매일매일 개운사 부처님을 찾아가 절을 했다. 학교에 가지 않는 날에는 동대문 밖 청룡사에 나갔다. 자취집이 신설동이라 걸어서 다닐 수 있었기 때문이었다. 새벽 4시에 청룡사에 가서 비구니 스님들과 함께 예불을 드리고, 관세음보살 정근을 하며 천주(천 개 구슬을 꿴 염주)를 하고, 반야심경도 다 외었다.

고려대를 졸업했지만, 군대를 안 다녀온지라 취직도 안 되고, 마음은 자꾸만 절로 가고 싶었다. 그래서 무작정 집을 나섰다. 집을 나선지 꼭 42일이 되던 날, 새도 쉬어간다는 문경새재를 넘어 대승사 묘적암에 도착했다.

• 법흥 대종사는 생사가 둘이 아님을 알고 인생의 무상을 알아차리는 것이 발심의 첫 단계라고 강조했다.

아버지 친구가 문경 대승사에서 강사를 했다는 생각이 미쳤기 때문이다. 그곳에는 일타스님이 홀로 수행을 하고 있었다. 일타스님에게 대학을 마쳤으나 절이 그리워 중이 되기 위해 찾아왔노라고 했다.

치기로 온 것이라고 생각한 것인지, 일타스님은 돌아가서 양식을 구해오라고 했다. 그곳에는 한 사람이 두어달 먹을 양식밖에 없다는 것이었다. 한국전쟁 직후 절에 있는 것이라곤 두 됫박 정도의 양식과 솥 하나가 전부라는 말이 거짓이 아니었다. 재를 하겠다는 사람이 있는 것도 아니고, 높은 산중까지 양식을 들고 오는 이들도 거의 없었다. 스님은 또 이틀을 걸어 까마득한 새재 너머 집으로 가서 쌀 두 말을 짊어지고 구슬땀을 흘리며 절로 가져왔다. 그때서야 비로소 묘적암에 머물 수 있었다. 두 말의 쌀을 들고 절로 들어온 그를 본 일타스님은 그제서야 비로소 머리를 깎아주었다. 그것이 1959년 4월 20일이었다.

일타스님은 부처님한테 절을 하면 공덕이 많다고 절을 하라고 했다. 그래서 사흘간 3,500배씩 만 배를 했다. 삼복더위에 만 배를 하니, 땀이 하도 나서 독성각 마룻장 때가 다 벗겨져 버렸다. 만 배를 끝내고 나니 일타스님은 《초발심자경문》 등을 직접 가르쳐 주었다. 그러고는 다음과 같이 말했다.

"해제를 하고 나면 나는 여기서 떠난다. 그런데 나는 서른하나이고, 너는 스물아홉이니, 내 상좌로 삼기에는 내가 너무 젊다. 그리고 큰 절로 가야 보고 배울 것이 많으니 중이 되려면 큰 절에 가야 한다. 마침 팔공산 동화사에 가면 효봉스님이 계시니까 거기 가서 중이 되거라."

해제가 끝난 직후, 스님은 일타스님이 써준 소개장을 들고 팔공산 동화사로 향했다. 일타스님 소개장에는 "생사 발심했다고는 할 수 없고, 불전에 신심 하나는 있습니다"라는 말이 적혀 있었다.

동화사로 올라가는 버스를 타기 위해 자갈 마당에 서자, 행자복을 입은 사람이 자기처럼 머리 깎은 주홍 행자를 보고는 말을 던졌다. '어디로 가냐, 왜 올라 가냐, 뭣 땜에 중이 되려고 하냐'는 질문이 쏟아졌다. 나중에 알고 보니 이 스님이 바로 후일 조계종 종정이 된 혜암스님이었다.

그 스님은 "내 지프에 지금 짐이 많아서 사람을 태울 수가 없으니, 저녁 일곱 시 막차를 타고 올라오라"는 말을 남기고 훌쩍 떠나버렸다. 일곱 시 막차를 타고, 또 십 리를 걸어 동화사로 올라갔다. 이튿날 효봉스님을 찾아뵈니, 효봉스님 첫마디가 "너는 얼굴이 딱 중 될 상인데, 왜 이제까지 속가에 있었냐"는 것이었다. 효봉스님은 "스승 삼는 것은 인연 따라 하는 것이니, 큰 절에서 스님들 심부름 잘 하고, 말 잘 듣고 있으라"고 분부했다. 그로부터 수개월 뒤 시월에 다시 효봉스님을 찾아뵈었더니 두말없이 "너는 시월 보름에 수계 내려주겠다"고 했다.

그래서 효봉스님의 상좌가 되어서 동화사 강원에서 글을 배웠다. 이후에는 효봉스님이 통영 미래사로 떠나자, 함께 따라가 미래사 원주 노릇을 했다. 그리고 효봉스님이 송광사로 오실 때 함께 따라온 뒤로 법흥스님은 줄곧 송광사 스님이 되었다.

한번은 효봉스님이 법흥스님을 이래저래 살피더니 "구산이는 대근기라서 참선 잘할 건데, 법흥이는 경 잘 읽는 중근기밖에 못 되겠다"라고 하더란다.

"효봉스님 상좌 중에서 지금 살아 있는 사람이 나하고 법정스님밖에 없고, 환속한 이로는 고은 씨가 있는데, 법정스님이나 고은 씨는 아주 난 사람들이여. 근데 나는 평생 절밥 축내면서 돌중 노릇밖에 못했어. 우리 사형인 구산스님이 참으로 훌륭한 수행자였어."

그때부터 '중근기'로 낙인찍힌 법흥스님은 대신 스승의 말씀을 항상 가슴에 새기며 그 말을 모두 잊지 않고 있다. 효봉스님은 "중 됐으면 참선 하는 일밖에 더 있냐. 강사는 죽을 때 후회하면서 죽는다. 팔만대장경 거꾸로 읽어봤자 생사해탈할 수 있느냐. 참선하다가 죽어 지옥에 가는 한이 있더라도 애써 정진하라"고 늘 당부했다. 그 말은 이후 법흥스님에게 항상 앞을 밝혀주는 등불이 되어 주었다.

효봉스님은 그밖에도 많은 당부를 내렸다.

"이 세상에 종교는 많지만 계정혜를 닦아서 생사해탈하는 종교는 불교밖에 없다. 계행을 청정히 지켜야 정력이 생기고 정력이 밝아야 혜가 생기므로 생사해탈할 수 있다. 부처님 법 말고 다른 것 아무리 열심히 믿어봐야 소용이 없다. 불교를 통해서야 비로소 생사를 여읠 수 있고, 해탈에 도달할 수 있다."

스승의 이런 말씀은 마치 부처님께 직접 가르침을 받은 것처럼 바위가 되어 뇌리에 깊숙이 박혔다. 대종사는 오랜 시간이 흘러도 이 가르침은 마치 어제 들은 것인 양 성성하게 남아 있다고 했다.

법흥 대종사는 올해로 출가 51년째가 된다. 스물아홉에 출가해서 올해 79세이니, 절집에서 반세기를 넘겨 보낸 것이다. 대종사께 "오십 년 수행을 통해 무엇이 남았습니까" 하고 물어보았다.

"나는 선방도 다녔지만 도 깨우친 것이 없어. 그것은 내 근기로 못 이겨. 예순 이전까지 내가 잔병치레를 많이 했어. 이제 노년기에 들어 공부를 하려고 보니 힘에 많이 부딪혀. 그럼에도 불구하고 한 가지 자신있게 말할 수 있는 것은 생과 사는 하나요, 지금의 나는 가짜에 불과하다는 점이야."

대종사의 본격적인 법문이 시작되자, 쉼표 하나 없는 문장처럼, 마치 폭포수가 쏟아지듯 스님의 이야기가 터져 나왔다.

"부처님께서는 남을 의지하지 말고 스스로를 등불로 삼으라고 했어. 인생의 무상함과 생사의 허무함을 깨닫지 못하면 발심이 되지 않아. 나라는 육신은 부모 인연 속에 태어나. 사람이 늙으니 병들고, 병드니 죽게 돼. 죽을 운명을 지닌 숙명을 지닌 존재, 그것이 가짜 나야. 우리 인생은 이 순간에도 일초일초 시간이 감에 따라 죽음을 피할 수 없는 것이 인간의 현실이야. 내가 한가지 깨달은 점이 있다면 생과 사는 동일점에서 시작과 동시에 모순을 내포하고 있다는 것이야. 무엇이 모순이냐. 부단히 살면서 죽음에 접근하고 있다는 점이 모순이요, 이율배반이라는 것이지. 우리 인생은 영원히 살고자 하지만 죽음에서 단절되고 말아. 생즉사生卽死 사즉생死卽生, 생사가 열반이요 번뇌와 해탈이 둘이 아니야. 이것이 중요해. 인생의 무상, 육신의 허망을 알아차리지 못하면 발심이 되질 않는 것이지."

대종사는 이어 송광사 16국사 중 진각국사의 무상 시를 읊어주었다.

늙어가니 사람이 지천 꾸러기요
병이 드니 친하던 사람이 모두 떠나는구나
평소에 인정이니 의리니 해도
늙고 병드니 헛것이로구나

"그럼 참선은 무엇 때문에 하나. 이 세상 사람들은 타성적인 생활 습관에 살기도 하고, 환경에 적응하여 살기도 하고, 욕망 충족을 위해 살기도 하고, 정치가는 권력을 잡고 일신해보려고 살고 있고, 예술가는 미의 창조를 위해 살고 있지만, 인간 존재의 근원인 생멸의 실상을 모르기 때문에 이 마음을 깨치면 생사의 근원을 알게 되고, 선악의 근본을 알게 되고,

물物과 심心의 체성을 알게 되고 우주와 나 둘이 깨치게 되면 생사가 해탈되고, 영생할 수 있게 돼. 지금은 수녀와 신부들이 자꾸 절에 와서 참선을 배우려고 들어. 그건 왜 그러냐. 20세기 들어와서 물질문명이 고도로 발달하고, 인간이 기계의 노예가 되었어. 그러다 보니 나를 찾고자 하는 마음이 들어. 그것이 실존철학이야. 내가 잃어버린 나를 찾고 나에게로 다시 돌아가려는 것, 이것이 곧 인간의 자기 환귀의 자각과 노력이요, 실존주의의 정신이야. 비본래적인 자기에서 본래적인 자기로 돌아가려는 것, 이것이 우리가 불교를 믿고, 수행을 하는 이유지."

스님은 말을 끝내고는 빙그레 웃으면서 또 다음과 같은 말을 던졌다.

"나한테는 별로 배울 게 없어. 죽을 때까지 정진하고 또 해야지. 효봉스님은 화두를 놓치면 죽은 사람이라고 그랬어. 죽을 때까지 정진해야 돼. 나같이 부족한 중한테 이야기 듣느라 고생 많았네."

송광사 해탈교를 건너며 대종사란 무엇인가, 스님이란 무엇인가, 불제자란 무엇인가라는 말을 곱씹어 보았다.

50년을 하루와 같이 살아오면서, 여든이 다 된 나이까지 스스로 양말을 꿰매어 신으면서, 매일 새벽 3시면 화엄경 약찬게를 외우고, 평생토록 그 자리에서 송광사를 지켜온 법흥 대종사. 그의 말대로 스님이 큰 도를 깨우친 수행자인지, 아닌지는 스님의 말만으로는 확인할 길이 없다. 하지만 그가 우리에게 보여준 모습은 1700년 전부터 지금에 이르기까지 온몸으로 사찰을 지켜 오고, 후학을 기르고, 대중의 마음을 보듬어온 바로 '스님'의 모습이었다.

"나한테는 배울 것이 없다. 스스로를 등불로 삼고 정진하라"는 법흥 대종사의 잔잔한 미소가 송광사를 휘감아 도는 계곡물처럼 내 가슴속을 파고들고 있었다.

탁효정(미디어붓다)

법흥 대종사   1959년 동화사에서 창수스님을 계사로 사미계를 수지했으며, 1961년 해인사에서 자운스님을 계사로 구족계를 받았다. 은사는 효봉스님이다. 조계종 21교구본사인 조계총림 송광사 주지와 중앙종회의원 등을 역임했으며, 통도사와 해인사, 송광사, 상원사 등 제방선원에서 안거를 했다. 현재 송광사 회주이며, 새벽 3시 대능엄주 독송을 시작으로 각 전각을 돌며 절을 하는 모습은 후학들의 귀감이 되고 있다.

• 경허·만공의 선풍과 법맥을 이어가고 있는 덕숭총림 방장 설정(雪靖) 대종사.

본질을 바로 보고 참행복을 찾아라

설정 대종사

  진눈깨비가 내리는 유난히 추운 겨울 새벽 한 소년이 덕숭산 수덕사를 향해 걷고 있었다. 지난밤 폭설로 인해 눈은 한 자 깊이 쌓여 있어 사람들 통행마저 끊겼다. 청수한 얼굴과 맑은 눈을 가진 소년은 놀랍게도 맨발이었다. 발은 벌써 발갛게 퉁퉁 불어 있었으나 그 소년은 걸음을 멈추지 않았다.

  그 소년은 생에 대한 아련한 그리움의 발로가 무엇인지 늘 궁금했다. 그래서 그 근원을 찾을 수 있는 공부를 해보기 위해 출가를 결심했다. 그는 부모에게 출가 허락을 받지 못하자 그 어떤 증표도 남기지 않고 덕숭산 수덕사로 떠나는 길이었다.

'신동'으로 유명했던 그 소년에 대한 기대가 컸던 집안에서의 반대는 극심했다. 도저히 부모의 허락을 받을 수 없었던 그 소년은 출가를 위해 그 어떤 흔적도 남기지 않기 위해 눈 속에 가출을 한 것이다. 그 소년이 가고 있는 곳은 '도인'들이 살고 있다는 수덕사였다.

새벽이 어둠을 밀어내고 아침 공양 종성이 울리자 원담 진성(전 수덕사 방장, 2008년 입적)스님은 공양간에 가기 위해 주지실 방문을 열었다. 수북이 쌓인 흰 눈 속에 맨발에 홑적삼을 걸친 한 소년이 자신의 방문 앞에 서 있었다. 원담스님은 순간 '혜가단비慧可斷臂'가 떠올랐다. 그리고 그 소년의 '근기'를 단박에 알아보았다.

"그대는 누군가?"

"덕숭산의 먹을거리를 구하러 온 중생입니다"

"뭐하러 왔는가?"

"덕숭산의 부처입니다."

"아침 공양이나 하게."

새벽 눈길을 맨발로 걸어온 인연 탓일까. 원담스님은 그 제자의 법명을 설정雪靖이라 했다. '편안한 눈'이라는 뜻을 가진 설정은 많은 의미를 내포하고 있다. 눈은 속진의 때를 반추하는 거울 같은 것이다. 눈은 '무無'와 깨침을 상징한다. 무無와 유有의 양동성을 모두 포함하고 있는 부처의 존재라는 뜻이 바로 설정이다.

경허 · 만공 · 원담 선사를 잇는 한국 선불교의 맥을 이어가고 있는 덕숭총림 방장 설정 대종사의 출가는 선연과 법연의 이중 곡선 속에서 이뤄졌다. 마치 달마선사와 혜가선사의 '혜가단비'의 법거량을 연상시킨다.

"출가란 본질적으로 비우면서 내적으로 채워야 하는 것입니다. 그런 점에서 출가란 무한한 헌신이요, 공양이요, 버림입니다. 자유자재한 본분종사는 중생들의 아픈 곳과 즐거운 곳을 동시에 투과할 수 있어야 합니다. 그런 본분종사가 되기 위해 출가를 한 것입니다. 그런 점에서 출가자는 세상의 모든 것의 상위개념이요 세상 모든 것의 하위개념입니다. 출가자에게 세상의 모든 유위법有爲法은 몽환포영夢幻泡影 같은 것입니다. 부처님께서는 자등명 법등명을 말씀하셨습니다. 출가자의 존재 이유는 자성의 등불, 가르침의 등불을 켜는 것입니다. 자성의 등불을 켜기 위해 보살행을 끊임없이 실천해야 합니다."

설정 대종사는 출가 수행자로서 중생들의 삶을 보듬어 안기 위해 세속의 공부도 했다. 부처와 중생의 세상은 둘이 아니라 하나라는 생각을 했기 때문이다. 세속과 산속의 경계가 갈수록 모호해지고 중생제도를 위해 세속의 중심을 알아야 한다고 생각했다. 선교禪敎 공부를 하며 틈틈이 자투리 공부를 시작해 중학교와 고등학교를 검정고시로 패스한 후 그 어렵다는 서울대에 합격했다. 세속의 최고 학교인 서울대에 합격을 하자 은사인 원담스님이 설정스님을 불렀다.

"어디가 세속이요 어디가 세속이 아닌가?"

"세속도 없고 성도 없습니다."

설정스님은 장학생이어서 학비 걱정은 없었다. 그렇지만 그 누구의 도움도 없이 서울에서 살아야 하는 대학 생활은 힘들었다. 매일 1종식을 하며 걸망을 메고 서울 은평구 기자촌에서 서울 동숭동까지 20킬로미터를 걸어서 대학에 다녔다. 절에서 살 때처럼 똑같이 수행을 한 것이다. 그런 설정스님을 대학 도반들은 '독한 스님'이라고 했다.

설정 대종사는 그래서 흔히 이理와 사事를 겸비했다고 한다. 포교와 수행 행정과 선 등을 두루 섭렵했기 때문이다. 본분종사는 지혜와 혜안을 겸비해야 한다. 그 지혜는 곧 시대적인 지혜요, 실천적인 지혜인 것이다. 경허선사와 수월선사의 가풍을 이어가는 것이 바로 중생의 아픔을 모두 융섭하는 지혜를 구하는 것이다. 부처의 길과 중생구제의 길이 하나인 이와 사를 두루 갖춰야 하는 이유인 것이다.

"산속에 있어도 세속의 일을 알아야 합니다. 중생과 부처는 둘이 아니라 하나라고 말씀하지 않습니까. 그것은 부처의 길을 걷는 사람들도 세속일에 무관심해서는 안된다는 것이지요. 태안 기름유출 사고로 인한 환경문제, 백두대간을 비롯한 생태문제, 노동문제 등에 관심을 갖고 해결하기 위해 중생들과 함께 노력을 해야 합니다. 중생의 고통은 곧 부처의 고통이기 때문입니다. 거대한 현실 속에서 중생의 아픔을 함께 보듬고 가자는 유마거사의 가르침을 우리는 늘 되새겨야 합니다."

그런 탓일까. 대종사는 늘 현실사회문제에 목소리를 내고 실천에 옮겼다. 태안 기름유출 사고 때는 정혜사 능인선원에서 수행을 하던 수좌들과 함께 기름때를 걷었고, 4대강 반대를 외치는 삼보일배를 하는 수경스님을 지원했을 뿐만 아니라 바른 정치를 하지 못하는 위정자들에게 고언과 직언을 서슴지 않았다.

"수행자는 사회의 정신과 삶 그리고 문화를 이끄는 정신적인 지도자들이라는 것을 알아야 합니다. 그래서 올바른 세상을 만들기 위해 중생이 어려울 때 바른말을 해야 하고 올바른 길로 이끌어주어야 할 의무가 있습니다. 세상을 바로 세우고 중생을 바로 세우는 일에 수행자들은 자신의 몸과 마음을 아끼지 않아야 합니다."

설정 대종사는 세상을 리드하는 지도자들과 공직자들에게 가장 필요한 덕목은 공심公心이라고 강조한다. 공심이란 공공에게 최선의 이익이 어디에 있는가에 모든 기준을 두고 정책과 방향을 판단해야 한다는 것이다.

"공심이란 개인이나 집단의 이해 요구를 완전히 떠나 있는 것입니다. 사회조직의 세분화 개인화는 조직과 개인 간 갈등과 반목을 유발시킵니다. 그것은 바로 공심이 아닌 개인과 조직의 이해 요구에 지도자나 공직자들이 복무하기 때문입니다. 자본주의 사회에서 부정과 부패가 끊이지 않는 이유가 바로 여기에 있습니다. 자본주의는 바로 개인의 가치와 이해 요구를 가장 우선시하는 이념을 기본적으로 내재하고 있습니다. 자본주의와 민주주의 사회가 좀 더 건강해지기 위해 필요한 것이 바로 공공의 이익을 모든 가치 기준으로 삼는 공심이지요."

사회의 국회격인 대한불교조계종의 중앙종회의장직을 떠난 설정스님은 걸망 하나를 메고 곧장 조계종의 종립선원인 문경 봉암사로 향했다. '공부하다 좌복에서 죽으리라'고 생각했다. 출가자의 본분사인 '부처'를 찾기 위해서는 공부하다 죽는 것이 가장 최선이 방법이라고 생각했기 때문이다. 평소의 신념을 실천에 옮긴 설정스님의 모습은 '파격'적인 결행이었다. 길을 떠난 나그네가 고향으로 돌아가는 것은 쉽지 않다. 그러나 스님은 출가자의 본분사로 돌아가는 것이 출가자가 가장 해야 할 일이라고 생각했다. 그래서 종단을 대표하는 봉암사 선원에서 제방선원의 수좌들과 함께 한국 선불교의 '선풍'을 함께 일궈낼 생각을 한 것이다.

봉암사에서 설정스님은 생사를 건 수행을 시작했다. 그리고 그곳에서 한국 선불교의 오랜 전통인 '백장청규'를 실천했다. '운력'으로 대표되는 청규는 수행자들에게 잃어버린 '노동의 건강성'과 '노동의 수행성'을 되찾게 할 수 있다고 생각했기 때문이다. 백장청규의 실천은 '관념적인 선'에서 '실천적인 선'으로 회귀하기 위한 첫 걸음이었다. 그리고 오대산 상원사 청량선원, 덕숭산 정혜사 능인선원을 거쳐 그 구체적인 결실을 덕숭총림에서 해낼 작정이다. 덕숭총림의 방장에 추대된 후 그 첫 일성이 바로 '백장청규' 실천을 통한 선풍의 회복이었다.

"덕숭총림 사부대중이 먹을 양식을 대중이 직접 농사를 지어 공급할 것입니다. 살림살이를 총림 내부에서 해결해보겠다는 것입니다. 과거 덕숭총림의 방장 스님들이었던 혜암·벽초스님 등이 세워놓은 총림의 가풍을 이어가는 것입니다. 두 방장 스님들은 법상에 오르시는 것보다 아침부터 저녁까지 일을 하며 대중의 공양을 직접 해결하셨습니다. '일일부작 일일불식'의 백장청규정신을 몸소 보여주셨습니다. 수행과 일상생활이 둘이 아니라 하나라는 것을 일깨워주셨던 것입니다."

설정 대종사의 화두는 '만법귀일 일귀하처萬法歸一 一歸何處' 다. '모든 것은 하나로 돌아가는데 그 하나는 어디로 돌아갑니까' 라는 물음을 가진 화두

• 매일 매일 최선을 다하는 것이 선이며, 현대사회의 모순을 선으로 치유할 수 있다고 강조하는 설정 대종사.

인 것이다. 설정스님에게 화두나 선은 일상성이다. 검은 안경을 끼고 세상을 보면 모든 것이 검게 보이듯 마음의 안경을 벗는 작업이 바로 선 수행인 것이다. 그래서 옛 선사들이 말했던 것처럼 촌각도 마음을 놓지 않아야 한다고 생각한다. 마음의 방임은 곧 수행의 방임으로 이어지기 때문이다.

"매일 매일 최선을 다하는 것이 선입니다. 유무, 애증, 선악, 피아 같은 상대적 경계를 끊어내기 위해서는 단 한순간도 마음을 놓아서는 안됩니다. 중국 임제선사께서 '수처작주隨處作主 입처개진立處皆眞'을 이야기한 본 뜻이 바로 거기에 있습니다."

설정 대종사는 현대사회 모순을 '선'으로 치유할 수 있다고 본다. 불신, 자살 그리고 민족 간의 분쟁 등 모든 문제를 해결할 인류의 대안으로 선禪

수행을 그 대안으로 보는 것이다. 선은 잘못된 가치관을 바로 잡고 탁한 마음을 정화시킬 뿐만 아니라 중생들의 번뇌 망상을 제거해 세상과 삶의 본질을 바로 볼 수 있게 하기 때문이다.

"본질을 바로 본다는 것은 참 행복을 찾는다는 것입니다. 선은 그 행복을 찾는 본질을 스스로 알 수 있게 하는 것입니다. 선은 갈등과 시기 번뇌 망상을 한꺼번에 털어버릴 수 있는 최선의 방법이고 인류의 정신질환과 평화를 해결해줄 수 있는 참 생명의 경지를 알 수 있게 하는 것입니다. 그래서 인류가 선을 통해 삶의 모든 것을 해결할 수 있도록 해야 합니다."

사찰에서 행자는 수행의 첫 관문에 들기 위해 모든 것을 직접 보좌하는 고단한 일이다. 그래서 사찰에서 행자 노릇은 매우 힘들고 어렵다. 그런 행자 노릇을 하겠다고 설정스님은 선언했다. 덕숭총림 방장에 추대된 설정 대종사의 첫 선언은 '방장 행자'였던 것이다. 결코 자리에 연연하지 않고 행자의 마음으로 수행을 하고 대중을 이끌어가겠다는 것이다. 가장 높은 곳에 있는 '큰 어른'이 가장 낮은 곳에서 수행을 통해 덕숭총림의 수행 가풍을 철저히 실천하는 방장이 되겠다는 것이다.

"무릇 출가자란 수행을 통해 신심과 원력으로 자리이타를 행해야 합니다. 세상이 어려울 때일수록 출가 수행자들이 대중과 사회 속에서 함께 호흡하며 희망과 행복을 주는 존재가 되어야 합니다. 제가 입전수수入鄽垂手의 경지를 보여준 경허스님과 수월스님을 존경하는 이유가 바로 거기에 있습니다. 경허스님께서는 세간과 출세간이란 이분법적인 대립 관념을 벗어난 대자유의 삶을 이렇게 노래하셨습니다."

世與靑山何者是   세여청산하자시
春光無處不開花   춘광무처불개화
傍人若問惺牛事   방인약문성우사
石女心中劫外歌   석녀심중겁외가

속세와 청산 그 어느 쪽이 옳은가
봄빛에 꽃피지 않는 곳 없구나
그 어느 누가 경허의 가풍을 묻는다면
석녀의 마음 밖을 노래하리라

  덕숭총림 방장 설정 대종사는 생사生死의 갈림길에서 좌복 위에서 죽는 것을 선택했다. 그리고 그 실천을 통해 진리를 자각했다. 백척간두에서 진일보가 무엇인지를 직접 실참해 낸 것이다. 이와 사를 두루 융섭하며 유마거사처럼 중생의 마음 밭을 일구는 농사꾼이다. 선의 농사꾼이요, 마음의 농사꾼인 설정 대종사는 수행자와 중생들에게 행복의 문은 죽는 순간까지 최선을 다할 때 열린다고 말한다.
  "세상을 쉽게 편하게 살기를 바라서는 안됩니다. 죽는 순간까지 최선을 다해야 합니다. 밤이 가면 날이 밝듯 삶에도 행복과 불행이 늘 맞물려 있습니다. 자신이 처한 상황에 굴복하지 말고 닭이 알을 품듯 용기와 희망 자신감을 갖고 일하면 반드시 기회는 옵니다."

이상균(전 불교신문)

설정 대종사   덕숭총림 수덕사 방장 설정 대종사는 이판과 사판을 두루 아우른 이사원융의 대표적 선승이다. 1955년 수덕사에서 원담 진성스님을 은사로 출가한 후 해인사 범어사 등 제방 선원에서 수행을 했다. 그후 수덕사 주지와 조계종 중앙종회의장을 역임한 후 문경 봉암사에서 수년간 수행했으며, 상원사 청량선원, 정혜사 능인선원에서 수행 정진했다.

2009년 8월 조계종 중앙총회에서 덕숭총림 방장으로 추대된 뒤 11월 대종사 법계 품수 동의를 받았다. 선농일치의 수행을 몸소 실천하고 있는 설정 대종사는 선방 인근 텃밭에 채소를 직접 수좌들과 가꾸면서 백여 마지기의 논을 경작하고 있다.

한국의 명사들

• 서울 성북구 삼선동 정각사 경내를 거닐고있는 광우光雨 명사.

삼독 끊고
본성 맑혀야
열반 언어

광우 명사

'최초' 라는 수식어가 자주 붙는 한국불교 비구니계의 산증인 광우 명사의 문집 《회향》을 기념하는 출판 기념법회가 지난 7월 22일 서울 정각사에서 열렸다. 아울러 이 자리는 제자 정목스님에게 정각사 주지직을 물려주는 뜻깊은 자리이기도 했다.

정각사는 개발을 앞두고 있는 달동네 언덕에 자리했다. 비록 도심 주택가 속에 있지만 경내에 들어서면 잠시나마 산사의 기분을 맛볼 수 있다. 아름드리 은행나무와 백송과 탑 등이 운치를 더해준다. 기념법회 일주일 뒤 아직도 우중인 7월 29일 다시 정각사를 찾아 광우 명사께 포교와 수행 70여 년의 세월을 물었다.

• 스님의 수행 70여 년을 돌아보면 한 편의 드라마 같다고 할 수 있는데요. 지금 다시 뒤돌아보면 어떠했다고 생각하시는지요?

• 　　　　　　　　　　　　내가 과연 포교와 수행을 잘 했는지는 죽고 난 다음에 평가를 받아보면 알겠지요. 다만 이제 와서 생각해보니 그동안 아버지 스님의 이름과 명예에 욕되게 해서는 안 되겠다는 생각을 놓지 않고 산 것은 분명한 것 같습니다. 경전에 보면 부처님을 아버지로 둔 라훌라존자도 늘 그런 마음이었던 것 같아요. 라훌라가 출가했을 때는 나이가 어려서 개구쟁이였다고 합니다.

라훌라는 사미가 되어 사리불존자를 시봉하면서 훈도를 받았습니다. 그래서 뒷날 부처님 성문聲聞 제자 중에서도 욕된 것을 가장 잘 참아내는 밀행密行 제일의 칭호를 얻어 십대제자 반열에 오릅니다. 물론 거기에 나를 빗대는 것은 어불성설이지만 마음만은 늘 그런 점을 잊지 않고 살았다고 생각합니다.

• 스님이 정각사를 창건한 것이 1958년이라고 들었습니다. 계산해보면 반백 년인 셈인데요. 특히 지난 7월 22일에는 주지직을 제자 정목스님에게 넘기셨는데 심회가 어떠십니까?

• 　　　　　　　　　　　　내 나이 33살 때 절을 지었으니 벌써 그렇게 됐군요. 참 세월이 빠르네요. 부처님이 열반하시면서 마지막으로 유교遺敎하시기를 '제행무상諸行無常이니 상근정진常勤精進하라'고 하셨는데 정말 그 말씀이 절실하게 느껴집니다. 이곳에 절을 세울 때는 참 꿈도 많고

포부도 컸습니다. 서울서 제일 포교 잘하는 절을 만들고 싶었습니다. 항상 정법을 가르치는 법회를 하고 싶었습니다. 그런데 지금은 몸도 늙고, 옛날처럼 법회도 잘 하지 못하니 변명조차 부끄럽습니다. 이번에 주지를 맡은 정목스님이 잘 운영해주리라 믿습니다.

• 정각사의 포교 활동 가운데 빼놓을 수 없는 것이 〈신행불교〉의 발간이 아닌가 싶습니다. 〈신행불교〉는 사찰에서 간행하는 잡지로는 드물게 30여 년간이나 발간된 것으로 알고 있습니다. 어떤 생각으로 이 잡지를 만들게 되셨는지요?

•   처음 시작은 아주 단순한 데서 비롯됐습니다. 당시 정각사에는 훌륭한 교수님들이 법사로 나와서 강의해 주셨는데, 사정상 강의에 나오지 못하는 분들이 그날 법회 내용을 궁금해하는 거예요. 그분들에게 지면紙面으로나마 설법을 들려주었으면 좋겠다 싶어서 일종의 사보寺報 형태로 간행을 시작한 것이지요. 모토는 '바로 믿고 바로 행해 참사람이 되자'는 것이었지요. 이는 정각사의 포교 목표와도 일치한 것입니다. 반응은 좀 과장하면 폭발적이었습니다. 일부 사찰에서는 김동화 박사나 대은스님의 글을 보고 법문을 준비할 정도였으니까요.

• 당시 〈신행불교〉의 잡지는 누가 만들었는지요?

•   여러 사람이 관여했습니다. 처음에는 동국대 서윤길 교수가 학생회를 지도하는 틈틈이 화보 편

집을 했습니다. 그다음으로 오래한 사람은 수필가인 맹난자 보살입니다. 특히 맹 보살은 〈신행불교〉를 십 년 동안 만들기로 발원하고 매달린 원력 보살입니다. 또 한때는 동국대 사범대학 박선영 교수도 좋은 글을 쓰고 관여했지요. 이런 분들이 없는 시간 내 몸으로 때워주고 해서 〈신행불교〉는 작지만 알찬 잡지가 될 수 있었습니다. 그리고 이 잡지를 마지막까지 만든 사람은 상좌 정현 수좌입니다. 그런데 정현 수좌가 다른 곳으로 공부하러 떠나자 이후 손이 모자라서 그만두게 됐습니다. 돌이켜 보면 〈신행불교〉는 내가 한 일이 아니라 문서 포교의 열망을 가진 여러 사람이 정각사를 텃밭으로 해서 봉사적 차원에서 일을 해줘서 간행하던 잡지입니다.

• 정각사 창건 뒤에는 50여 년간 도심 포교에 헌신하시느라 선원이나 여타 수행처에 머물기가 힘드셨을 것으로 압니다. 어떻게 수행을 하고 계신지요?

• 수행이란 일념으로 전심을 다해야 하는데 도시에 살면 그게 힘듭니다. 내 경우는 매일 《법화경》 읽는 것이 중요한 일과이긴 하지만 선방에서 정진하는 스님들과는 비교가 안되지요. 평생 거르지 않는 것이 있다면 조석 예불을 해온 것입니다. 수행자라면 조석 예불을 올려야 하는 것은 당연한 것입니다만 예불할 때만이라도 청정한 일심을 지니려고 애를 써 왔습니다. 요즘도 조석은 물론 사시불공을 신도들과 올리며 일념으로 정진하려고 합니다.

- 《법화경》을 매일 강독하신다는 말을 들으니, 법화경과의 인연 이야기를 했으면 하는데요. 어떤 인연으로 공부를 시작하게 되셨는지요?

- 인연이 아주 깊지요. 절에 처음 들어왔을 때 혜봉큰스님이 어느 날 저를 부르더니 〈법화경 실상서〉를 주면서 외워오면 큰 상을 주겠다는 거에요. 실상서란 중국 송나라때 법화경 연구자인 계환스님이 붙인 해제를 말합니다. 처음에는 이 글을 한문으로 외워서 무슨 뜻인지 몰랐는데, 나중에 공부하면서 보니 참으로 대의를 한마디로 잘 요약한 글이었습니다. 이것이 계기가 돼서 《법화경》 한 품씩 읽기를 수행의 정업正業으로 삼아 오늘에 이르고 있습니다. 강원에 들어간 것이 열여덟 살이었으니까 햇수로 한 65년이 넘게 경을 옆에 두고 공부해온 셈이지요.

- 스님이 번역한 《법화경》의 특징은 입으로 독송하는데도 편하고, 뜻이 명료하다고 평가하더군요. 번역할 때 독송을 염두에 두셨는지요?

- 경을 독송하려면 아무래도 운율이 중요하지요. 그래서 번역을 해놓고는 반드시 한 번 소리를 내서 읽어보고 역문譯文을 확정했습니다. 이렇게 작업하다 보니 경전을 번역해서 원고지에 옮기는 데만 꼬박 일 년이 걸렸습니다. 그렇지만 평소에 자주 읽고 공부한 것까지 합치면 꽤 오래 걸렸다고 봐야지요.

• 《법화경》을 제대로 읽으며 신행생활을 하기 위해서는 어떤 방법이 필요한가요?

• 길이가 긴 경전을 다 읽는다는 것은 세상살이를 하는 사람에게는 어려운 일입니다. 그래서 정각사에서는 매일 한 품씩 읽습니다. 그러나 그마저 힘든 사람은 경의 제목만 외우는 것도 괜찮습니다. 그렇더라도 법화행자가 취해야 할 태도는 법화경의 가르침을 새겨야 한다는 것이죠. 제목을 한 번 외우면서 내가 과연 법화경 가르침대로 실천하는가를 생각하고 그렇게 되도록 노력한다면 정말로 큰 공덕이 될 것입니다.

《법화경》은 보살행을 가르치는 경전입니다. 나의 이익을 위해 남을 희생해도 좋다는 것을 가르치지 않습니다. 이것을 결코 잊지 말아야 할 것입니다.

• '광우스님' 하면 빼놓을 수 없는 업적 중 하나가 바로 비구니회를 반석에 올려놓은 일일 텐데요. 전국비구니회는 어떻게 만들어진 것인가요?

• 첫 발기 모임은 청룡사에서 가졌고, 1968년 2월 24일 보문사에서 창립 총회를 개최했습니다. 총회에는 뜻을 같이하는 비구니 스님 50~60여 명이 참석했어요. 모임의 명칭을 '대한불교비구니 우담바라회'라고 지었지요.

우선 전국에 있는 비구니 스님들을 하나로 묶고 그 힘을 모아 비구니회관을 지어 총림을 만들고 거기서 교육과 포교 및 복지사업 등을 하자는 것이 비구니회의 창립 목적이었습니다.

•1969년 청각사에서 보살계 산림을 마치고 찍은 기념 사진
(맨 앞줄 가운데가 김동화 박사, 오른쪽이 명성 명사, 왼쪽이 광우 명사).

    그 뒤 순조롭게 사업을 추진하다가 여러 가지 사정으로 인해 1970년대부터 중반 활동이 사실상 중단됐지요. 오늘의 비구니회가 만들어진 것은 1985년 삼선포교원에서 총회를 개최하고 회장에 혜춘스님(1919~1998년)을 추대하면서 재기의 발판이 마련됐습니다. 스님은 우담바라회에서부터 따지면 4대 회장이 되는 셈인데, 저는 스님 밑에서 부회장직을 맡아 비구니회관 부지 확보 등 본격적인 사업을 추진하게 됐습니다.

• 비구니회 회장은 언제부터 언제까지 하셨습니까?

    •   내가 비구니회 회장을 맡은 것은 1995년부터 2003년까지 8년간이었습니다. 여러 스님들과 힘을

합쳐 비구니회관을 지어놓고 두 달 뒤인 시월에 물러났습니다. 내가 한 역할은 '집짓는 일'까지였습니다. 사람은 다 그릇과 역할이 다릅니다. 비구니회관서 훌륭한 사업을 하고 꽃을 피우는 일은 후임인 명성스님이 더 잘할 수 있다고 판단했습니다.

실제로 명성스님은 회장으로 취임한 후 2004년 세계여성불자대회를 성공적으로 개최해서 한국 비구니의 위상을 높이는 데 큰 역할을 했습니다.

• 이제 무거운 얘기는 그만하고 화제를 좀 바꿔야겠습니다. 스님은 팔순을 넘긴 나이라고는 믿어지지 않을 만큼 건강해 보이시는데, 비결이 있으신지요.

• 평생 어디 특별히 아픈 곳은 없었어요. 단지 감기 걸려서 몇 차례 고생했지만 그 외에는 비교적 건강한 편이었죠. 건강 비결은 따로 없어요. 항상 감사하는 마음으로 살고 있죠. 무엇이든지 가리지 않고 잘 먹는 것도 그처럼 마음을 먹고 살기 때문입니다.

적당히 운동하고, 적당히 먹고, 욕심을 부리지 않으면 저절로 건강해져요. 굳이 비결을 꼽자면 삼십 년 전부터 요가와 수식관을 배워서 하루도 빼놓지 않고 실천하고 있습니다. 요즘도 새벽 예불을 마치면 오십 분 정도 요가로 몸을 풉니다.

• 인생에서 좋은 스승을 만나는 것은 큰 복이 있어야 한다고 합니다. 스님

의 삶의 방향을 바꾸어놓은 스승이 있으시다면.

• 그야 당연히 부처님이지요. 부처님은 모든 불자의 스승입니다. 우리는 아침저녁 예불을 할 때 부처님을 지칭해 '삼계도사三界導師'라고 찬탄합니다. 우리 인생을 바르게 이끌어주는 스승은 아버지 같은 부처님뿐이라는 거지요. 그런 점에서 부처님을 또한 '사생자부四生慈父'라고 하는 표현은 아주 적절합니다. 부처님은 자애로운 아버지와 같다는 것이지요, 부처님을 스승이기도 하지만 '아버지'로 표현하는 것이 개인적으로 더 마음에 듭니다.

• 은사 스님에게 자주 들으시던 말이 있으면 불자들에게 소개해 주세요.

• 공부를 하되 전심전력을 다해서 하라고 하셨습니다. 그러나 가끔 돌아보면 그동안 혹시 너무 편안하게 지낸 게 아닌가 하는 반성도 듭니다. 은사 스님의 말에 따르면 부처님이 말하신 중생의 길에는 두 가지가 있다고 했습니다. 하나는 세속의 길이고, 또 하나는 열반의 길이라는 것입니다. 내가 중노릇을 해온 70여 년 동안, 내가 걸어온 길이 세속의 길이 아니고 열반의 길이었는가를 돌아보곤 합니다.

• 스님께서는 비구니로서는 최고 법계인 '명사' 법계를 품수하는 등 후학들을 지도하는 스승의 위치에 이르셨습니다. 특히 조계종단에서는 일곱 분밖에 안 되는 비구니의 최고 원로이십니다. 후학들에게 들려주고 싶은 당부의 말씀이 있으시다면 부탁드립니다.

• 출가 수행자는 많은 불자가 귀의하는 현전삼보現前三寶입니다. 불법승 삼보 가운데 불보는 법신 · 보신 · 화신으로, 법보는 경장 · 율장 · 논장으로, 승보는 보살 · 연각 · 성문으로 중생의 눈앞에 현전하게 됩니다. 이 가운데 특히 많은 사람이 불법에 귀의심을 내는 것은 관념적으로 존재하는 부처님과 진리가 아니라 현전하는 승보이지요. 그런 점에서 출가 수행자는 바로 부처님의 살아 있는 대행자라고 할 수 있지요.

출가 수행자인 스님들은 현실적으로 대중의 귀의를 받아야 하는 삼보의 하나라는 점에서 수행자가 수행자답지 못하다면 그것처럼 부끄러운 일도 없습니다. 그러므로 무엇보다 스님이 반듯하게 잘해야 합니다. 다른 사람에게 모범을 보여야 존경과 귀의심이 생깁니다.

행동은 수행자답지 않으면서 남에게 존경만 받으려고 한다면 부끄러운 일입니다. 수행자는 하루에도 몇 번씩 왜 내가 출가했는지를 생각하고 행동해야지요.

김주일(주간불교신문)

광우 명사 1925년 12월 11일 경북 군위에서 태어났다. 1939년 열다섯의 나이로 어머니와 함께 직지사로 출가했다. 1956년 비구니로서는 최초로 4년제 대학(동국대 불교학과)을 졸업했다. 조계종 전국비구니회 회장을 8년간 역임했다. 1958년 서울 성북구 삼선동에 정각사를 창건하고 현재까지 그곳에서 수행 정진하고 있다. 스님은 이곳에서 50년째 '바르게 믿고(正信) 바르게 실천하자(正行)'는 신행불교운동을 펼치고 있다. 또한 2007년에는 대한불교조계종 종단 사상 최초로 비구니로서는 최고 영예인 명사明師, 비구의 대종사에 해당로 추대되어 법계法階를 품수받았다.

• 성철스님의 유일한 비구니 제자, 묘엄妙嚴 명사.

살생을 하지 않으면 세계평화가 옵니다

묘엄 명사

"니 중 되면 어떻겠나?"

"지는 여자라서 중 못됩니더. 남자들은 설법도 하고 빨간 보자기 둘러쓰고 앉아서 참 좋은데, 여자는 법문도 할 줄 모르고…….."

인순은 진주에 살 때 기억이 떠올랐다. 어린 눈에 비구니는 상좌들 욕하고, 부지깽이로 때리는 존재일 뿐이었다. 치사하고 더러워서 여자 중은 못한다고 얘기했다.

"그러면 니가 잘 배워갖고 승중(비구니를 속가에서 이르는 말)이 돼, 승중계에 혁명을 일으키는 큰 중이 되면 안 되나?"

성철스님은 인순의 또랑또랑한 눈을 바라보며 말했다. 인순이 머뭇거리자 내처 물었다.

"왕이 죽어서 장례를 지내는 거하고 거지가 죽어서 장례를 지내는 거하고 뭐가 다르냐?"

이번에는 자신 있게 답했다.

"왕은 죽으면 호화롭게 장례를 지내고 거지는 죽으면 가마니때기로 덮어서 장례를 치릅니다. 하지만 호화롭고 초라한 거는 차이가 나도 죽은 사람은 똑같습니다."

성철스님은 무릎을 탁 치면서 환하게 웃었다.

"됐다. 그런 걸 분간할 줄 아는 거 보이 가시나가 제법이네."

수원 광교산 자락 봉녕사. 800여 년의 향훈이 대웅전 앞뜰에 그윽하다. 창건과 역사를 같이한 향나무가 근원지다. 대웅전에서 부처님께 참배하고 승가대학장 묘엄 명사의 주석처 향하당香霞堂 염화실을 찾았다. 여든에 가까운 세납에도 불구하고 스님의 목소리는 꼿꼿했다. 부드러움 속의 강함. 강하지 않으면 부드러울 수 없다. 출가 당시를 회고하는 명사의 얼굴에서도 그것을 읽을 수 있었다.

"문경 대승사를 찾은 건 일제가 패망을 앞두고 마지막 발악을 하던 때였지요. 일제는 어린 여학생들을 정신대로 징집하기 위해 혈안이 됐거든요. 어머니가 써 주신 편지 하나 들고 대승사를 찾아갔습니다. 아버지 순호(청담)스님이 거기에 계셨거든요."

대승사에 도착하자 순호스님과 성철스님이 나란히 걸어나오는 게 보였다. 순호스님이 먼저 인순을 알아봤다.

"인순이 아이가. 니가 어째서 여길 오노."

태어나서 세 번째 보는 아버지였다. 인순은 아버지를 따라 선방에 들어갔다. 성철스님은 인순의 머리를 만지며 반갑게 맞아주었다. 인순은 말없이 편지를 순호스님에게 건넸다. 나중에 안 것이었지만 거기에는 '이 아이를 달래서 승려로 만들어 달라'는 내용이 적혀 있었다.

인순은 출가가 뭔지 불법佛法이 뭔지도 몰랐다. 아니 스님이 되기 싫었다. 하지만 성철스님에게 역사와 철학을 배우면서 점점 변해갔다. 대승사에 머무른 지 열흘 정도 지나자 '아! 이 스님이 굉장히 유식하구나'라는 생각이 들었다.

하루는 성철스님에게 물었다.

"내가 출가하면 스님 아는 것 내한테 다 가르쳐줄랍니까?"

"암만."

"그러면 중이 되겠습니더."

"인자 됐다. 가시나 인자 중노릇한단다."

성철스님은 손뼉을 치며 껄껄 웃었다.

인순은 윤필암에서 성철스님에게 사미니계를 받았다. 성철스님은 "내는 법상에 안 올라가는 사람인데, 순호스님 딸이니까 내 딱 한번만 사미니계를 설하는 기라"며 묘엄妙嚴이라는 법명을 내려주었다. 성철스님의 유일한 비구니 제자가 된 것이다. 열네 살 때였다.

"성철스님은 자장율사가 남기신 '기좌편의시 환사지옥고마起坐便宜時 還思地獄苦麽, 일어나 앉아 편안할 때에 도리어 지옥고를 생각해야 한다'라는 말씀을 내리셨습니다.

우리가 밥 먹고 옷 입는 것들이 신도들의 도움으로 이뤄지는 만큼, 수행할 때 그 시은施恩을 갚을 수 있도록 엄격하고 올바르게 생활해야 한다는 것이지요. 아침에 일어날 때마다 생각하라고 하셨습니다. 지금도 매일 아침 눈을 뜨면 이 말씀을 되새기고 있습니다."

성철스님과의 인연은 봉암사결사로 이어진다. '부처님 법대로 살자'며 청담·향곡·자운·성철 스님 등이 의기투합해 봉암사에서 결사에 들어갔는데, 묘엄 명사도 칠팔 명의 비구니들과 봉암사 뒤편 백련암에서 '부처님 법대로' 수행 정진했다.

"봉암사에서는 주로 참선을 했습니다. 한번은 오라고 해서 갔더니 화두를 주는데, 성철스님이 내 멱살을 딱 쥐고 '만법이 하나로 돌아갔는데 하나는 어디로 돌아갔는고?'라고 하면서 대답을 하라는 거예요. 그래서 내가 '마음으로 돌아갔습니다' 카니까 등짝을 세 번 때리시더라꼬. 그라더니 성철스님이 '이거 안 되겠군' 카면서 딴 화두를 가르쳐줬어. '마음도 아니요, 중생도 아니요, 부처도 아니니 이것이 무엇인고?' 이거를 화두로 주더라고."

화두 일념으로 정진하던 스님은 교학에 천착하기로 마음을 먹는다. 참선이 뭔지 화두가 뭔지 잡히지도 않고 구름에 떠 있는 기분이었던 것이다. 부처님 가르침이 무엇인지 제대로 배워야 제대로 믿는다고 생각해 성철스님의 추천서를 들고 운허스님을 찾았다. 운허스님에게 《서장》, 《선요》, 《절요》, 《도서》 등 사집四集을 배웠다.

"먹을 게 넉넉지 못했던 시절이었지요. 보리 동냥, 고추 동냥 등 탁발을

• 봉암사결사 당시를 회고하는 묘엄 명사.

했지만 책을 보지 않고 강의를 들은 적은 없었습니다. 울력이 많아 책을 제대로 보지 못한 날에는 사람들이 버린 깡통을 엎어놓고 기다란 솜으로 심지를 만들어 찌꺼기 촛농 모은 것을 얹어놓고 밤새 책을 읽었어요. 그러면 얼굴과 콧구멍이 새까맣게 되는데, 다음날 새벽 도반 스님들이 내 얼굴을 보고 크게 웃기도 했지요."

성철스님의 선맥禪脈, 운허스님의 강맥講脈을 이은 스님은 자운스님의 율맥律脈을 잇는다. 자운스님에게 사미니율의, 식차마나, 범망경, 비구니계율 등을 배운 뒤 1956년 동학사에서 사교과를 수료하고 경봉스님으로부터 전강傳講을 받아 비구니 최초로 강사가 된다. 비구니에게는 가르치지도 않았고, 비구니 강원도 없던 시절, 비구니가 강사를 한다는 것은 감히 엄두도 못내던 때였다.

　스님은 운허스님으로부터 지관스님(전 조계종 총무원장), 월운스님(남양주 봉선사 조실), 인환스님(동국대 명예교수) 등과 함께 전강을 받고 학문의 시야를 넓히기 위해 동국대 불교학과에 입학했다. 동국대를 졸업하고 청도 운문사 강원에서 4년여 동안 후학들을 제접하다 문득 '참선을 해야 한다' 는 생각이 들어 모든 것을 다 버리고 운문사를 나왔다. 서른여 명의 절집 식구들과 갖은 고생을 하다 우여곡절 끝에 1971년 봉녕사에 정착했다.

　봉녕사는 고려 희종 4년1208년 원각 국사가 창건한 고찰이다. 하지만 묘엄 명사가 처음 왔을 때는 쓰러져가는 작은 법당 몇 채가 전부인 폐사 직전의 사찰이었다.

　"낡은 것도 문제였지만 더 큰 문제는 쥐였어요. 논 주변에 있어서 그런지 쥐가 온 천지를 돌아다니는 겁니다. 쥐들이 천장에서 뛰어놀다 스님들이 자는 이불 위로 떨어지기도 했지요. 어느 스님이 '우리가 새로 들어온 것을 환영하느라고 쥐들이 대운동회를 여는가 보다' 라고 말하니까 모두 웃으며 잠을 청하기도 했습니다."

　대대적인 불사와 울력이 시작됐다. 먼지를 털어내고, 허물어진 계단을 고치고, 나무와 꽃을 심었다. 다 같이 법회 볼 법당이 없어 멍석을 깔고 법회를 보아야 했지만 행복했다. 수행 정진할 공간이 생긴 것만 해도 감지덕지였다. 그런데 문제가 생겼다. 허가 없이 논을 메웠다는 이유로 구속영장이 나왔다. 몰랐다며 해명했지만 막무가내였다. 삼 개월을 감옥살이해야 한다는 말에 학인들 오십 명이 하루씩 살면 안 되느냐고 애원했다.

그러자 해당 공무원은 물정 모르는 스님들의 선의에 감동해 없었던 일로 처리했다.

1974년 묘엄 명사를 강사로 승가학원이 설립됐다. 1983년 육화당 3층 건물을 신축하고 이듬해 승가대학으로 개칭했다. 1992년 5월 도서관 소요삼장逍遙三藏이 건립됐다. 당시 사찰로서는 최대 규모의 열람실과 부대시설, 장서 이만여 권을 갖췄다. 1999년에는 최초의 비구니 율원인 금강율원을 개원해 수행도량으로서 대가람을 완성했다.

"계율은 수행자의 근본입니다. 부처님은 대자대비大慈大悲를 말씀하셨는데, 자는 사랑한다는 것이고, 비는 불쌍히 여긴다는 뜻입니다. 그런데 부처가 되겠다고 하는 사람이 생명을 함부로 죽여서야 되겠습니까. 육식을 하면 원한을 먹게 되거든요. 어떤 사람들은 나를 위해 잡은 것이 아니니까 먹어도 된다고 하는데 그것은 핑계에 불과합니다. 살생을 하지 않으면 세계평화가 옵니다."

스님은 미꾸라지를 예로 들며 생명의 존엄함을 일깨웠다. 예전에 어떤 사람이 '바다에 있는 고기를 잡아먹지 않으면 고기가 넘쳐 배가 지나다니지도 못하고, 웅덩이에 있는 미꾸라지를 잡아먹지 않으면 웅덩이에 미꾸라지가 가득해진다'며 살생의 정당화를 주장했다고 한다. 그러자 스님은 "그래도 잡아먹어서는 안 된다"고 말했다. 웅덩이에 있는 미꾸라지를 안 잡아먹으면 원결怨結이 안 생겨 미꾸라지 새끼 될 영혼이 안 생기기 때문에 웅덩이가 비게 된다는 것이다.

"서로 잡아먹고 잡아먹히는 원결이 맺히지 않으면, 이 세상이 바로 기독교에서 말하는 천당이고 불교에서 말하는 극락입니다."

스님의 별명은 '밀리미터'다. 제자들이 붙인 것으로 한 치의 방심도 용납하지 않는다는 뜻이다. 이런 별명이 붙은 것은 수행자로서의 엄격함뿐만 아니라 후학들에 대한 남다른 애정에 기인한다. 엄한 스승 밑에서 제대로 배워야 중생들에게 제대로 된 법을 펼치기 때문이다.

"학인들은 불교 지식뿐 아니라 일반 상식도 많이 알아야 됩니다. 설법을 할 때 객관적인 예를 들어서 해야지 불교 전문용어로만 하면 일반인들이 잘 못 알아듣거든요. 시대를 등지고는 못삽니다. 옛날에는 산중에 살면서 사람들 오는 것도 금지시키고 참선만 했는데, 요즘은 신도님들이 참선한 것을 내놓으라고 합니다. 그렇기 때문에 일반 사람들이 알아듣고 감화될 수 있도록 해야 합니다."

스님은 첫째도 실력, 둘째도 실력이라고 강조했다. 육체에는 성별이 있지만 영혼에는 성별이 없기 때문에, 비구를 능가하고 조사 스님을 능가하는 실력만 갖추고 있으면 불법을 펴는 데 아무런 장애가 없다는 것이다. 다만 누군가와 비교하면서 더 나아지려고 하면 오히려 더 낮아질 수 있다며 경계할 것을 당부했다.

2007년 제자들은 《주강主講 50년 기념 논총》을 봉정했다. 운허스님으로부터 강사 자격을 인정받은 지 50년이 되는 해였다. 50년 넘게 법을 설해 온 스님에게 불법의 핵심을 물었다.

"불교는 궁극적으로 마음을 깨치는 것입니다. '사대허가四大虛假 비가애석非可愛惜'이라는 구절이 있죠. '무상계無常偈'에 나오는 것인데, '몸뚱이는 거짓되고 헛된 것이니 조금도 애석해할 것이 없다'는 뜻입니다."

그런 스님에게도 빈 공간은 있었다. 아버지 청담스님에 대한 것이다. 애틋한 감정을 느끼진 못했지만 천륜이라는 단어가 어렴풋이 다가오는 순간이 있었다. 하루는 선학원에 갔는데 청담스님이 어디 다녀오느라고 늦은 점심상을 받은 것을 봤다. 그런데 밥상에는 시래기국 한 그릇에 간장 한 종지, 김치 쪼가리뿐이었다. 묘엄스님이 "아이구 스님, 공양을 이래 잡수십니까?"라고 묻자 청담스님은 "응, 이기 이래도 내한테는 한 가지 더 있다"라고 대답했다. 그 말씀을 들은 묘엄스님은 콧등이 시큰해지는 것을 느꼈다.

스님에게 마음속에 간직하고 있는 부처님 말씀 한 가지만 소개해달라고 부탁했다. 그러자 돌아온 대답이 '명심견성明心見性'

"마음을 밝혀서 자신의 성품을 보라는 것이지요. 선가禪家의 말이기도 한데요, 우리는 수행으로 자비심을 길러서 대자대비한 마음으로 중생들을 대해야 하는데 감정적으로 되기 쉽거든요. 어떠한 순간에도 참을 수 있는 힘을 길러야 합니다."

우문愚問을 마치고 대웅전 앞으로 나섰다. 여전히 향훈이 그윽하다. 그런데 들어올 때와 다른 것 같다. 향훈을 좇아 보니 향나무가 아니라 향하당이다. 광교산 자락에서 부처님(光) 가르침(敎)을 펴고 있는 묘엄 명사. 광교산 법향法香이 웅숭깊다.

남동우(금강신문)

묘엄 명사 1931년 경남 진주에서 태어난 묘엄 명사는 1945년 문경 대승사에서 성철스님을 계사로, 월혜스님을 은사로 출가했다. 1958년 통도사에서 자운스님을 계사로 구족계를 받았다. 전국비구니회 부회장을 지냈으며, 현재 봉녕사 주지와 봉녕사 승가대학 학장·강주를 맡고 있다.

'성철스님에게 계를 받은 비구니 유일의 제자', '봉암사 결사에 참여한 몇 안되는 비구니', '율원을 갖춘 비구니 전문강원 학장.' 묘엄 명사를 가리키는 수식어다. 운허스님과 경봉스님에게 교학을 배웠으며 1966년 운문사 승가대학에서 학인들을 가르치기 시작했다. 1971년 봉녕사로 자리를 옮겨 1974년 봉녕사 승가대학을 개원했으며 오늘에 이르고 있다.

• 청도 운문사를 한국을 대표하는 비구니 도량으로 일궈낸 명성때로 명사는 항상 자신을 먼저 살펴야 한다고 강조했다.

모르는 것을 모른다 하고
의리를 잊지 말아라

명성 명사

 청도 운문사는 비구니 스님들의 정진 도량으로 이름난 곳이다. 현재 220여 명의 비구니 스님들이 경학을 연찬하고 계율을 수지하며 청정승가의 가풍을 이어가고 있다. 이곳에 전국비구니회회장이자 운문사 승가대학장인 법계法界 명성明星 명사께서 주석하고 있다. 명성 명사는 40여 년 전 운문사에 발을 들인 이후 가람의 면모를 크게 일신하고 후학을 양성하는 데 진력해왔다. 배출된 졸업생만 수천 명에 이른다. 이 때문에 단연 최고의 수행 여건을 자랑하는 승가대학으로 손꼽히고 있다.
 명성스님을 만나기 위해 운문사를 찾았다. 일반인 출입을 금하는 팻말이 걸린 작은 사립문을 지나자 죽림헌竹林軒이라는 요사채가 나왔다. 어릴 때 운문사를 자주 찾았지만 처음 밟아본 곳이라 긴장감을 늦출 수 없었다. 인터뷰가 허락된 다실로 들어섰다. 가장 먼저 스님이 쓰신 붓글씨가 눈에 들어왔다. 국전 입상이라는 경력이 증명하듯 문외한의 눈에도 글자의 빼어남과 힘찬 기상이 느껴졌다.

'진실을 말하라. 모르는 일이거든 모른다 말을 하고 아는 일 물어 오면 솔직히 말을 하여 이간질하지 말고 의리를 잊지 마세. 시비를 가리는 건 중생의 악습인 걸.'

나직이 읊조리자 마음이 조금 안정되는 것 같았다. 그 사이 명성스님이 모습을 드러냈다. 스님과의 첫 만남은 그렇게 시작됐다.

"비구·비구니는 마치 수레의 두 바퀴와 같고 날짐승의 날개와 같습니다. 만약 날개 하나가 부러지거나 수레바퀴 한 곳이 망가진다면 어떻게 전진하고 날아갈 수 있겠습니까."

명성 명사께서는 운문사를 한국을 대표하는 비구니 교육 도량으로 이끌어 왔다. 이것이 한국불교를 발전시키는 길이라고 믿었다. 스님의 생각은 적중했다. 비구니 교단이 완전하게 사라진 남방불교와 달리, 여성이 출가해 체계적으로 불교를 연마하고 계를 받을 수 있는 곳은 한국 비구니승단뿐이다. 그중에서도 '운문사승가대학'이다. 이를 입증하듯 매년 미국이나 유럽, 동아시아 등 세계 각국에서 찾아온 외국인 출신 비구니 스님들이 이곳에서 공부를 하고 있다. 강사로 시작해 주지와 학장 소임을 맡으며 비구니 스님들의 교육 분야에 남다른 뜻을 품고 외길을 걸어온 스님의 노력이 빛을 발하게 된 것이다.

운문사 하면 농사를 지어 자급자족하며 밤낮을 가리지 않고 공부하는 스님들의 모습이 금세 떠오른다. '하루 일하지 않으면 하루 먹지 않는다'는 백장청규를 철저히 지키고 있기 때문이다. 여기에는 스님이 늘상 강조하는 가르침이 담겨 있다. 밥을 먹거나 농사를 지을 때 혹은 잠을 잘 때도 자기를 잊지 말라는 가르침이다. 곧 일상생활을 수행으로 삼는 것이다.

"수도가 따로 있는 것이 아닙니다. 위험한 벼랑에 올라가서 좌선하라는 말이 아닙니다. 우리가 살고 있는 바로 이 자리가 곧 수행처입니다. 일상생활 그 자체가 수행이 돼야 한다는 뜻입니다. 자신의 근기에 따라 바른 견해를 갖고 올바로 살아갈 수 있도록 부단히 정진해야 합니다. 모두 자신이 마음먹고 실천하기에 달렸습니다."

스님의 가르침이 이어졌다. 바른 견해를 갖기 위해서는 자기 자신을 먼저 성찰해야 한다는 것. 자신은 똑바로 바라보지 못하면서 남더러 잘 하라고 가르칠 수 없다는 것이다. 타인의 허물을 보고 헐뜯기를 즐기지만, 정작 자신의 허물은 보지 못하는 모습을 경계할 것을 당부했다.

"항상 나 자신을 살펴야 합니다. 《불치신경佛治身經》에 '욕교여欲教餘, 선자교先自敎'라는 구절이 있습니다. 남을 가르치려면 먼저 자신부터 가르쳐야 한다는 말입니다. 나 자신의 수행을 먼저 챙겨야 남도 가르칠 수 있는 겁니다."

운문사가 오늘의 대가람으로 변하기까지 어려움은 셀 수 없이 많았다. 40여 년 전 지금보다 대중은 훨씬 적었지만 넉넉지 않은 형편으로 여러 가지 불사를 충당하기엔 버거운 일이었다. 지금도 농사를 짓지만 그때는 더 많은 규모의 경작을 감당해야 했다. 논밭을 가꾸고 타작하는 일은 온전히 스님들 몫이었다. 타작을 앞두고 학인 스님들이 오후 늦게까지 볏단을 나르는 모습은 많은 이들의 눈시울을 붉혔다. 비구니 스님들의 청백한 삶이 더욱 가슴에 와 닿는 것은 이 때문이 아닐까.

1970년대만 해도 대중생활에 꼭 필요한 시설 이외의 편의시설은 꿈도 꾸지 못했다. 목욕 시설도 그 가운데 하나였다. 대중목욕탕이 없는 까닭에 목욕날을 정해 학인 스님들이 그날 하루 공부를 제쳐놓고 산으로 올라갔다. 산을 오르면서 자신의 몫만큼 나무를 주워 커다란 솥에 물을 데웠다. 이같은 운력은 목욕날마다 반복됐다. 그래서 운문사에 가장 먼저 신축된 건물이 목욕탕이다. 스님들이 목욕날마다 애를 먹는다는 소식을 접한 부산의 한 불자가 목욕탕 불사에 선뜻 나선 것이다.

이를 시작으로 30여 년간 불사가 이어졌다. 사리암까지 합쳐 신축된 건물은 39동, 보수는 10동에 이른다. 일 년에 약 2개의 건물을 새로 짓거나 고친 것이다. 명성 명사는 "그 기간 동안 인명피해나 사고 없이 대작불사를 이뤄낸 것은 모두 부처님의 가피력이다"며 그 은혜를 부처님에게 돌렸다.

스님은 크고 작은 불사 중에서도 만세루에 얽힌 일화만은 잊지 못했다. 만세루는 옛날 법회 때 대웅전에 들어가지 못한 대중을 위해 사용했던 공간으로 연면적이 660㎡(200여평)에 달한다. 만세루 기와를 잇던 중 갑자기 건물이 무너져 자칫 대형사고로 이어질 뻔했던 이야기다. 당시 여덟 명의 와공들이 만세루 지붕에서 손상된 기와를 손질하고 있었다. 지붕 아래에는 젊은 목수가 기계톱으로 설현당이라는 집을 짓기 위해 나무를 다듬

• 명성스님이 1970년대에 경내 화엄당에서 전체 학인을 대상으로 강의를 하고 있다.

고 있었다. 때마침 목수가 와공들이 용마루 기와를 잇는 모습이 신기해 구경하려고 기계톱을 멈췄다. 요란하게 울리던 기계소리가 멈춰지자마자 뿌지직거리는 소리가 들려왔다. 위험을 감지한 와공들이 얼른 날개 쪽으로 몸을 피해 사닥다리를 타고 내려왔다. 그리고 지붕이 무너졌다. 명성스님은 그때 학인들과 약초를 심고 있었는데 굉음소리를 듣고 달려갔다. 지붕이 폭삭 무너져 마루를 뚫고 땅바닥까지 주저앉아 있었다. 형체를 알아볼 수 없는 잔해만이 당시 상황을 말해주고 있었다. 명성스님은 만약 기계톱이 멈추지 않았다면 나무가 갈라지는 소리를 듣지 못해 모두 죽었을 거라고 말했다. 어찌 부처님의 가피가 아니겠는가.

명성 명사는 어릴 때부터 위인전을 즐겨 읽었다. 위인전을 읽으며 때로는 잔다르크와 같은 용감한 삶을 꿈꾸었다가, 평생 청빈하게 살며 이웃들에게 봉사한 이탈리아의 성인 프란체스코와 같은 사람이 되고 싶다고 마음먹기도 했다. 또 불서와 옛 성인들이 남긴 책을 탐독하며 명구를 가슴에 새기고 삶의 나침반으로 삼았다. '책벌레'라는 별명을 갖고 있을 정도로 밤을 새가며 읽고 또 읽었다. 그리고 머리를 깎았다.

스님은 1952년 합천 해인사에서 선행스님을 은사로 출가했다. 세상 사람들이 깊게 잠든 새벽 3시에 일어나 밤 9시까지 하루가 어떻게 지나가는지도 모를 정도로 빡빡한 일상이 펼쳐졌다. 공양주를 하며 밥을 지어 올리고 설거지까지 마친 뒤에야 경학을 공부할 수 있었다. 때로는 노동으로 몸은 지치고 난해한 경전을 익히는 것도 힘들었지만 눈에 불을 켜고 정진했다. 스님은 선암사 성능스님으로부터 전강을 받고 경봉·탄허·운허 스님 등 당대 대강백 스님들로부터 두루 배우고 익혔다.

그렇게 선과 교를 겸비한 스님은 서른이 넘어 동국대에 입학했다. 당시 학교에 비구니 스님은 거의 없었다. 마음을 내기 쉽지 않았을 것 같다. 서울 숭인동 청룡사에서 학교까지 수 킬로미터 되는 거리를 매일 걸어 다녔다. 전차는 갈아타는 것이 번거로웠고 버스는 항상 초만원이었기 때문에 걷는 것이 더 편했다고 한다.

하루 이틀도 아니고 몇 년을 이같이 생활할 수 있었던 원동력은 어디에 있을까. 스님은 외전을 공부해야 하는 절실한 필요성을 깨달았기 때문이라고 했다.

"스님들은 반드시 절에서 공부하는 과정인 내전과 일반 대학에서 배우는 외전을 겸학해야 합니다. 바깥사람보다 수행력으로나 지식으로나 뒤떨어져서는 안 됩니다. 뒤처진다면 수행자로서 자격미달입니다. 공부한 내용을 갖고 포교를 해야 하는데 동문서답을 한다면 어떻게 불법을 전하고 인천의 사표가 될 수 있겠습니까. 확고한 사상을 심어 바른 삶으로 인도해주기 위해 자연스럽게 동국대로 진학하게 됐습니다."

재학 당시 스님에게 모르는 것을 묻는 학생들도 많았다. 수업을 마치면 스님에게 한자와 뜻을 가르쳐 달라고 따라다니는 이들도 있었다. 그 이후 점차적으로 학문에 뜻을 둔 비구니 스님들이 동국대학교에 입학했다. 그 첫 디딤돌을 스님이 놓아준 것이다.

명성스님은 지난 2004년 전국비구니회 회장을 역임한 데 이어 현재 연임하면서 활발한 활동을 펼치고 있다. 회장으로서 스님은 한국 비구니의 위상을 높이는 데 크게 기여하고 있다. 포교, 교육, 복지라는 3대 원력 실천에 매진, 비구니 수행 교육을 매년 실시했으며 근현대 비구니 스님들의 수행 전통을 살펴보고 수행의 방향을 모색하는 '비구니 포럼'도 열었다. 또한 한국 비구니 선사들을 조명해 《한국 비구니의 수행과 삶》이라는 책으로 엮은 사업도 스님의 주요 업적으로 꼽힌다.

전국비구니회 회장과 운문사승가대학장이라는 두 가지 일을 맡고 있는 스님은 눈 코 뜰 새 없이 바쁜 나날을 보내고 있다. 좋아하는 글씨를 쓰는 일도 요즘은 잠시 놓고 오로지 최선을 다해야만 한다는 일념으로 맡은 일에 매진하고 있다.

하지만 스님은 서울과 청도 운문사를 왔다 가는 와중에도 언제나 기도

하는 마음으로 살고 있다. 스님은 수행과 삶이 둘이 아니라며 일상이 곧 수행이 돼야 한다는 가르침을 재차 분명히 했다. "뭔가 특별히 잘하는 수행이 없다"는 스님은 이른 새벽 대중과 자신을 위한 기도로 하루를 시작한다고 말씀했다. 포행하거나 혹은 외출할 때, 차 안에 있을 때도 기도를 한다.

"언제나 기도하는 마음으로 살아요. 한 번도 여읜 적이 없지. 문수기도와 관음기도를 매일 합니다. 학인들이 아무 장애 없이 공부하게 해달라고 간절하게 관세음보살님을 부릅니다. 천념만념 무념으로 기도를 합니다. 그리고 맨 마지막에 아득한 옛날부터 지금까지 내가 지은 모든 업장이 소멸되고 화두를 깨쳐 중생을 제도할 것을 서원하면서 기도를 마무리합니다."

명성스님은 물건도 자기의 자리가 있듯 모든 사람들도 각자 위치에서 맡은 임무를 다해야 한다고 말씀하셨다. 자기의 위치에서 당당하게 설 수 있을 때만이 평화도 도모할 수 있다는 것이다. 그래야 더 나은 사회로 나아갈 수 있다고 했다.

명사께서는 여성 불자들의 역할에 대한 당부도 잊지 않았다. 여성 불자들이 불교의 현대화와 대중화를 위해 중요한 역할을 담당해야 한다는 것. 이를 위해서는 비구니 스님들이 나서 마음의 양식이 될 수 있는 좋은 말로 널리 포교하고 그 뜻을 펼칠 수 있는 학습 자료도 개발해야 한다고 피력했다.

"관세음보살처럼 대자대비한 마음을 항상 가슴속에 품어야 합니다. 모성은 오직 여성에게만 부여된 특권입니다. 온화한 표정과 행동, 유순한 말이 행복한 가정과 사회를 이루는 밑거름이 됩니다."

명성스님은 매사에 성실하고 진실하게 살라고 후학들에게 강조한다. '즉사이진卽事而眞.' 성심으로 하지 않은 일은 진실할 수 없다는 말이다. 스스로 최선을 다하지 않으면 일을 그르치기 쉽다. 그렇다면 진실하게 살라는 말은 무엇인가. 스님은 '물'에 비유했다. 물이 흘러가는 대로 이치에 순해 살아야 모든 일이 자연스럽게 풀릴 수 있다고 말씀했다.

명성스님은 마지막으로 게송으로 말씀을 마무리했다. 갓 출가했을 때 동산스님으로부터 받은 화두다.

"무몽무상시無夢無想時에 아주인공我主人公이 재심마처在甚麼處하야 안심입명安心立命고. '꿈도 꾸지 않고 아무 생각도 없을 때 주인공이 어느 곳에 있어서 내 마음을 편하게 하는고'라는 말입니다. 갓 출가했을 때 동산스님으로부터 받은 화두라 잊히지 않네요."

인터뷰를 마치고 명성스님과 수목원을 걸었다. 두 시간이 금세 지나갔다. 뜨거운 여름도 영원할 수 없다. 모든 것은 변한다. '매일 기도하며 살겠다'고 다짐하며 운문사를 천천히 빠져나왔다.

홍다영(불교신문)

명성 명사

1952년 합천 해인사에서 선행스님을 은사로 출가해 1966년 해인사에서 자운스님을 계사로 비구니계를 수지했다. 1958년 선암사 성능스님으로부터 전강을 받고, 선암사 강원 강사를 역임했다. 이후 서울 청룡사 강사를 거쳐 1970년 운문사 강사로 활동을 시작했다. 1977년부터 운문사 주지 소임을 겸임, 1987년 운문사승가대학장, 1997년 운문승가대학원장을 맡아 운문사를 세계 최대 수준의 비구니 교육도량 대가람으로 일신시켰다.

운문사승가대학원의 대외적 인지도를 높인 대표적인 예로 지난 2008년에 중국 최고 명문 칭화清華대학교와 학술교류를 맺은데 이어, 일본 임제종 종립대학인 교토 하나조노대花園大와 학술교류협정을 맺은 것을 꼽을 수 있다. 스님은 제 3, 4, 5, 8, 9대 조계종 중앙종회의원을 다섯 차례 역임했다. 1989년부터 전국비구니회 부회장으로 재직했으며 2004년 전국비구니회 제8대 회장으로 취임했다. 1998년 동국대 철학박사 학위를 취득했다. 지난 2007년 스님은

명사 법계를 품수받았다.

스님은 1993년 미국 시카고에서 열린 세계종교지도자대회에 참석했으며 1995년 캄보디아와 태국을 방문해 난민을 구호하는 활동을 펼쳤다. 이같은 스님의 공적은 대외적으로도 널리 알려져 스리랑카 '사사나 끼르띠 스리Sasana Kirthi Sri 공로상'을, 2008년 태국에서 UN 국제 여성의 날을 맞아 여성지위 향상을 위한 협회Association for the promotion of the status of Women가 수여하는 '탁월한 불교여성상Outstanding Women in Buddhism Awards'을 수상했다.

《불교학논문집佛教學論文集》,《화엄학개론華嚴學概論》,《구사론대강俱舍論大綱》,《아비달마순정이론阿毘達磨順正理論》 등 다수의 논문과 번역서를 집필했다.

태고종 대종사

• 선암사 무우전에서 주석하고 있는 혜초慧草 대종사.

함께 생존하는 삶을 살아가려면 서로 나눠야

혜초 대종사

    고색창연한 모습이 일품인 태고총림 순천 선암사는 아름다운 절집으로 이름나 있다. 고려시대 도선국사가 창건했으며, 대각국사 의천스님이 중창했다. 절 서쪽에 신선이 바둑을 두었던 편편한 바위가 있어 선암사仙巖寺라 했다고 한다.
    깊어가는 여름의 정취가 물씬 풍기는 조계산에는 시원한 바람이 사람들을 반갑게 맞이한다. 새파란 잎들도 마지막 남은 모든 에너지를 쏟아내며 진한 푸르름을 내뿜고 있었다. 올라가던 길을 멈추고 선암사의 역사를 보여주는 부도전에 들렀다. 언듯 '방출조계放出曹溪 일파청一派淸 벽개남악劈開南岳 천봉수千峰秀' 라는 글귀가 눈에 띈다.

선암사는 도의국사를 비롯해 태고 보우국사, 그리고 육조六祖 혜능慧能 스님의 제자인 남악회양과 법을 계승한 마조도일까지 선의 양대 선맥이 둘 다 전해진 곳이다. 물줄기를 막아놓았다가 한 번에 터버리는 것처럼 힘차게 조계 선풍의 명맥이 이어져온 곳이다.

승선교 밑으로 보이는 강선루의 그림 같은 모습에 취해 한참을 넋을 읽고 바라본다. 사시사철 꽃이 피는 절집으로 유명한 선암사. 오십여 채의 전각 당우를 둘러싸고 온갖 꽃들이 우거져 참 아름답고 마음을 편안하게 해준다.

태고종 종정 주석처인 선암사 무우전無愚殿에 들어서면서 바라보니 혜초 대종사가 수건을 머리 위에 올려두고 독서삼매에 빠져 계신다.

섬돌 계단 위에 발을 올리고 나직이 스님을 부르니 예나 지금이나 반갑게 맞아주신다.

스님은 손을 이끌어주시며 "그동안 잘 지내셨어. 더운데 뭐하러 이곳까지 오셨어"라며 "요즘은 밖에도 나가지 않고 이곳에서 참선하고 경전을 읽다 보니 참 좋아"라고 말씀하신다.

스님은 시자 스님에게 "시원한 것을 내오라"고 말한 뒤 "선암사는 수행인들이 살만한 곳이라는 것이 느껴져. 이곳에서 생을 끝 마칠려고 생각하고 있어"라고 말씀하신다.

대종사는 종정으로 추대되기 전에 뵈었던 몇 년 전이나 지금이나 변함이 없으시다. 스님께 요즘 어떻게 생활하시는가 묻자 "예전부터 그랬던 것처럼 나 스스로 청정하게 살려고 부단히 노력한다"고 진솔하게 말하신다.

평생을 철저한 지계와 수행 그리고 효행으로 일관해오며, 흐트러지지 않는 수행자의 면모를 그대로 보여주고 있어선지 혜초스님은 태고종 종도들의 사표로 존경받고 있다. 조계종과 분규 당시, 비구였던 은사 前 종정 덕암스님이 은사인 대륜스님을 따라 태고종에 남자, 역시 비구의 몸으로 은사인 덕암스님을 따라 태고종에 남은 혜초 대종사.

저녁 8시 30분이면 어김없이 취침에 들어가 새벽 2시면 일어나는 스님은 찬물 더운물 가리지 않고 목욕을 한 다음 금강경, 원각경 보안장, 법화경 약찬게, 화엄경 약찬게를 차례로 독송한다. 그런 다음 칠전을 비롯해 각 전각을 돌며 예배를 올린 후 도량석 목탁이 울려 퍼지면 대웅전에서 대중과 아침 예불을 올린다.

대종사는 방장으로 계실 때나 종정으로 선암사에 주석하면서도 백여 대중과 함께 적묵당에서 아침 발우공양을 해왔다. 하지만 요즘은 주변의 만류도 있고 대중이 불편할까 봐 따로 시자가 공양간에서 차려오는 공양을 무우전에서 받는다. 하지만 오신채를 절대 금하는 것은 변함이 없다.

"나는 생활을 최대한 간소하게 하려고 하지. 오전에는 참선 정진과 관음염불을 한 다음 독서를 해. 오후에도 독서를 조금 한 뒤 나옹선사 발원문을 생각하며 포행하는 것으로 하루 일과를 보내지."

스님에게 가르침을 듣고 싶다는 말씀을 드리자 "매일 산만 쳐다보니 아무런 생각이 없다"고 말하신다. 스님은 "그저 중은 산중에 사는 것이 좋은 것 같다"며 "모두 다 잊어버리고 살아가니 허물도 구설도 있을 것이 없다"고 나직히 말하신다.

대종사의 가르침은 간결명료하다. 신구의身口意 삼업을 잘 지켜야 한다는 것이다. 특히 불자는 입을 잘 지키고 몸을 함부로 하면 안된다는 것이다. 대종사는 불자가 되었으면 최소한 오계는 지켜야 한다고 당부한다. 삼업이 청정해야 좋은 업을 받아서 육도윤회를 하더라도 편히 날 수 있기 때문이라고 강조한다.

산속에 계시는 스님께 무례하지만 요즘 일어나는 사회 현상을 설명하며 해답을 듣고 싶다는 간청을 드렸다. 돌아오는 답변은 '사람들은 여전하다'는 것.

"사람들은 언제 어느 때나 항상 '인생이란 무엇인가' '어떻게 살 것인가'라는 인간의 근본문제 앞에서 고뇌하며 살아가기 때문이지. 때로는 좌절하고 신음하기까지 하지만 그것은 무엇인가 지표를 잡고 살아야 하는데 그렇지 못하고 막연하게 바깥 세계에만 한눈팔다 보니 불안과 괴로움이 따르는 것이야."

대종사는 요즘 불교가 어렵게 가는 것 같다는 말도 덧붙였다. 불교는 이론을 많이 아는 것이 중요한 것이 아니라는 것이다. 모든 악을 행하지 않고 마음을 깨끗이 한 뒤 중생을 위해서 봉사하는 것이 불교라고 일침했다. 말은 실천이 따르지 않으면 결과가 좋을 수 없다는 것이다.

스님은 몸을 일으켜 세우시더니 "모든 종교가 악한 일 하지 말고 선업을 지어서 선과를 받는다고 얘기하고 있다"며 "과보는 틀림없는 일이다. 지옥 천당은 그림자 같은 것이지만 자신이 스스로 극락과 지옥을 만들어 스스로 짓게 된다"고 인과를 분명히 했다.

• 혜초 대종사가 선암사 대웅전에서 종도들에게 법문을 하고 있다.

하지만 중생사라는 것이 때론 욕심을 없애면 얻을 것이 많지 않을 것 아닌가. 그래서 많은 사람들이 욕심을 내는 것일게고 말이다. 그 의문을 기어코 털어놨다.

"'얻고자 하는 데에 괴로움이 있고(有求卽苦) 구함이 없으면 즐겁다(無求及樂)'는 가르침이 있지. 명예나 재산 등을 구하는 탐욕은 끊임없이 채워도 채울 수 없는 깨진 독처럼 허망한 것이야."

스님은 한참동안 벽을 보시더니 요즘 종단에 대한 걱정도 조금씩 든다고 말했다.

"항상 공심 있고 덕 있는 사람이 종단을 잘 일으켰으면 하는 마음으로 기도하고 있어. 원수를 원수로 갚지 말고 덕으로 갚을 덕장이 나왔으면 좋겠어."

 대종사는 "젊었을 때 조계종과 태고종 분규로 인해 제대로 수행도 못하고 청춘을 허비했다"며 그런데 요즘 사소한 것에 시간을 허비하는 것을 보면 안타깝다고 말했다. 공부 욕심이 있는 사람들에게는 시간이라는 것이 금쪽같기 때문일 것이다. 대종사는 항상 시간을 아낀다. 스스로 공부 욕심이 많아서라고 하신다. 출가 동기도 공부를 하고 싶어서였다.

 스님은 소학교 5학년때인 1945년 해방이 되면서 거의 무정부 상태가 되고 학교도 문을 열지 않자 공부할 수 있는 곳을 백방으로 알아봤다. 그러던 중 우연히 길가에서 만행 나온 해인사 법행스님을 만났는데 '절에 가면 공부할 수 있다'는 얘기를 듣고 곧바로 스님을 따라 진주 청곡사로 들어가 행자 생활을 했다. 그리고 몇 달 후 강원이 있는 해인사로 들어가 출가를 했다.

 하지만 공부하고 싶어 출가한 것인데 공부를 가르쳐주는 사람도 없었고 반년간 산에 들어가 도벌꾼들을 감시하는 산지기 노릇만 했다. 산지기 노릇을 끝내고 나서도 반찬 만드는 채공을 비롯해 공양주 소임을 삼 년간이나 살았다.

 그렇게 살다 보니 '내가 이 일을 하려고 절에 왔는가' 하고 회의가 들었으나 인내하고 하심했다. 발원發願을 하면 언젠가 이뤄지는 법. 뒤늦게 강원에 입학해 공부해도 좋다는 승낙을 받았다.

 8년간 중·고등과정부터 사교·사집과까지 공부했다. 도반들과 마주앉아 공부하는 것이 무조건 좋았다. 강원 생활을 하며 당시 큰 선지식인 인곡스님을 시봉하고 있었는데 큰스님은 항상 "중이 됐으면 부처가 돼야지. 부처가 되려면 오로지 참선해야 된다"는 가르침을 주셨다.

강원 공부를 하고 있을 무렵 최범술스님이 해인사 부동산을 담보로 정규 4년제 대학 인가를 얻어 해인대학(현 경남대)을 설립했다. 최범술스님은 초대 제헌국회의원도 역임했고 신익희 씨와 국민대학을 설립하기도 했다. 스님이 국민대학 지분 반을 가져와 진주에서 천전국민학교를 빌려 해인대학을 인가받아 설립하자, 해인사 강원생 모두가 산에서 내려와 대학에 입학했다.

해인대학 졸업 후 징집돼 삼 년간 군대생활을 하고 나니 마땅히 갈 곳이 없었다. 그래서 더 공부해볼 요량으로 찾아간 곳이 대륜 노스님과 덕암스님이 주석하며, 강원을 운영하던 금강산 유점사의 서울포교당인 불이성 법륜사였다. 그런데 대륜 노스님이 몇마디 묻더니만 큰방으로 가서 덕암스님을 스승으로 모시라고 해서 그렇게 40년간 살게 됐다.

스님은 은사 스님 명으로 불교조계종(조계종과 태고종이 분리되기 전) 서기와 중앙종회의원을 역임했다. 공부하기 위해 법륜사에 왔지만 은사 스님의 명에 의해 잡다한 총무원 일을 보느라 지쳐갔다.

그 무렵 재일교포였던 일본 고베 신호 평화사 스님이 유학생을 초청했다. 오래전부터 공부 욕심이 있는 것을 알고 있던 총무원장이며 은사이던 덕암스님이 '공부를 더 하라'며 일본 유학을 주선해줬다.

평화사에서 머물며 경도 묘심사에서 운영하는 일본 임제대학(현 화원대학) 선학과에 편입해 석사 과정까지 마쳤다. 상황이 안 좋아져 박사 과정은 못하고 귀국해 관악구에 있는 약수암 주지로 발령받아 사찰을 중창했지만 종단 분규로 인해 맨손으로 길거리에 나왔다.

이후 태고종 사회부장, 부원장, 총무원장을 두루 지냈지만 스스로 원해서 한 적은 한번도 없다. 그저 어려운 종단 상황에서 궐석이 생기거나 하면 종도들의 요청에 의해서 일 년이고 이 년이고 공심으로 소임을 맡았다. 맡으면 사리사욕 차리지 않고, 아무리 짧은 임기도 무리없이 해냈다. 그때부터 종도들의 신임도 커졌다. 2년간 총무원장을 역임한 뒤 1996년도에 걸망을 둘러메고 순천 선암사로 내려와 안거를 시작했다. 안거 중에 틈틈이 강원 시절에 배운 공부를 다시 했다. 초발심 시절로 돌아가 새로 공부를 시작했다.

이후 종도들의 요청에 의해 선암사 방장에 추대됐고, 2004년 종정에 추대된 뒤, 올해 다시 5년 임기의 제18대 종정으로 재추대됐다.

대종사의 지난 얘기를 듣고 나니 한낮의 땡볕 더위가 물러가고 있었다. 스님이 자리를 털고 일어나자 시자 스님이 달려와 옷매무새를 만져드린다. 스님은 무우전에서 나와 포행에 나섰다. 스님은 지팡이를 짚고 산 위로 길게 뻗은 산벚나무 길을 한참동안 말없이 걸으셨다. 나무 아래 놓여져 있는 바위 한쪽에 걸터앉으시더니 따뜻한 햇살이 내리쬐는 조계산 능선을 한참동안 바라보셨다.

잠시 후 스님은 선암사가 한국불교의 독특한 선풍을 간직한 사찰이 될 수 있었던 것은 육조 혜능스님과의 인연이 무관치 않을 것이라고 말했다.

"만세루에 육조六祖 혜능대사가 살던 곳이라는 뜻에서 육조고사六朝古寺

라는 현판을 새겼고, 마음으로 전하는 수행 가풍을 살리고자 주련을 새기지 않은 것을 보면 선암사 가풍이 확연해지지. 내가 좋아하는 경전이 《금강경》이야. 일자무식一字無識의 가난한 소년이었던 육조 혜능스님도 나무를 팔고 집으로 가다가 금강경의 '응무소주 이생기심應無所住 而生其心, 마땅히 머무는 바 없이 그 마음을 내라' 이라는 구절을 듣고 크게 발심했지. 이 구절이 선의 진정한 가르침이 어떤 것인지를 일러주고 있어.

'아무 조건 없이 중생을 구제해주고 보살행을 하라' 이 말은 모든 대상이나 나의 존재 어디에도 내 것이 없고 집착할 것이 없다는 인식을 하면 새로운 실천행이 나온다는 의미야. 선의 진정한 모습은 결국 중생과 하나가 되어 그 아픔과 함께하는 출세간적 보살행의 세계를 지향함을 알 수 있는 것이야. 그래서 선을 생활 속에서 실천할 때 깨달음도 얻을 수 있는 것이지."

대종사는 불교가 사람들에게 직접적으로 돕는 실천행과 더불어 의식의 세계를 충만하게 해주는 노력을 하지 못한 것이 안타깝다고 말했다. 내 것, 네 것이라는 분별을 여의고 사람들이 잡아야 할 삶의 방향이나 영원히 함께 공존하는 길을 알려줘야 한다고 실천행을 강조했다.

"너와 나를 구분 짓는 일은 참으로 어리석은 일이야. 내 것도 없고 네 것도 있을 수 없으며, 함께 생존하는 삶을 살아가려면 서로 나눠야 한다는 것이 부처님의 가르침이지. 너나 할 것 없이 모든 중생이 행복하고 잘 살 수 있도록 해주는 불교가 되어야 해."

스님의 말처럼 나와 남이 함께 부처의 길에 이르고자 하는 간절한 마음

자리가 불국토라는 말이 떠올랐다.

친견을 마치고 하늘을 쳐다보니 태양빛은 더욱 강렬해진 느낌이다. 황혼에 접어들기 전에 마지막 혼신의 힘을 내는 것처럼 보인다.

부처님이 왕사성에서 성도해 모든 중생에게 아낌없이 나눠주려 했던 진리의 빛과 같다는 생각을 했다. 그 빛은 부처님뿐만 아니라 일체중생이 다 가지고 있다는 것이 혜초스님의 법문이다.

진리의 빛을 갖기 위해서는 누구나 수행을 해야 할 것이다. 절을 내려오며 수행을 근본으로 삼아 열심히 정진하라는 혜초스님의 당부를 다시 한 번 생각했다.

김원우(우리불교신문)

혜초대종사   태고종 제18대 종정으로 2009년 6월 1일 재추대된 혜초慧草스님은 1932년 경남 진주에서 태어났다. 14세 되던 1945년 진주 청곡사靑谷寺에서 청봉靑峰 양택良澤 화상을 은사로 득도했으며, 1953년 해인사에서 인곡仁谷 화상을 계사로 구족계를 수지했다.

1960년 태고종 전 종정인 덕암스님을 법사로 건당, 불교조계종 서기와 중앙종회의원을 지냈다.

스님은 해인사 불교전문강원과 1956년 해인대학(현 경남대) 종교학과를 졸업하고, 재일교포였던 고베 신호 평화사 스님의 초청으로 경도 묘심사에서 운영하는 일본 임제대학(현 화원대학)에 유학해 선학과를 졸업했다.

이후 서울 약수암, 영평사, 법륜사 주지 및 태고종 중앙종회의원, 총무원 사회부장, 포교원장 등을 거쳐 총무원장을 역임했다. 1996년 태고총림 선암사 방장으로 추대됐으며, 2004년 6월 태고종 제17대 종정으로 추대됐다.

한국불교기자협회 소개

본회는 "불교 기자간 권익옹호와 우의 및 신심을 증장하고 불교와 언론에 대한 연구 및 보살도의 실천을 통해 불교문화창달과 파사현정의 자세로 불국토 건설에 기여하는 것을 목적으로" 1989년 11월 3일 창립했습니다.

주요 사업으로는 회원 자질 함양을 위한 교육사업 · 불교와 언론 발전을 위한 연구사업 · 불교홍포 및 사회교화사업 · 불교복지 및 사회봉사사업 · 회원 복리증진을 위한 상호부조사업 등을 추진하고 있습니다.

주요 연표

1989년 11월 3일		한국불교기자협회 창립. 초대 회장 최승천 기자
12월		1차 수련대회
1990년 3월 15일		불기협 회보 창간호 발행
1991년 3월 2일		전현직 기자 간담회 개최
1991년 5월 19일		봉축 제등행렬의 폭력적 탄압 관련 대정부 성명 발표
1992년 4월 18일		제1회 불교기자연수회 개최(일간지 불자 기자 포함)
1992년 10월 19일		정보기관의 불교계 시찰 규탄 성명 발표
1996년 4월 13일		제1회 불교계 큰일꾼 체육대회 개최
1996년 4월 28일		북한산 불교유적 답사
1997년 9월 23일		한국불교기자상 제정
1997년 9월 24일		행원문화재단 행원문화상 수상
1998년 11월 5일		조계종 총무원장 후보초청 종책 토론회 개최
1999년 11월 3일		《불기협 십년사》 출간
2000년 5월		정기 기자 연수
10월		불교계 종사자 연합 체육대회
2008년 12월		한국불교기자협회의 밤 행사 및 기자상 시상
		한국불교언론인 후원위원회 발족. 초대 위원장 최승천
2009년 5월		불교 자주권 수호를 위한 간담회 개최
9월		복지법인 아름다운 동행에 기금 전달

한국불교기자협회 회원사

금강신문, 밀교신문, 법보신문, 불교신문, 우리불교신문, 주간불교신문, 한국불교신문, 현대불교신문, 불교문화, 월간 불광, 월간 여성불교, 불교텔레비전, 제주불교, 미디어붓다

필자 약력

글

강지연   1973년생. 동국대학교 불교학과 졸업. 1997년 현대불교신문사 입사. 현)현대불교신문사 편집국 차장.

김명환   1970년생. 한국항공대학교, 한국방송대학교 졸업. 1994년 월간 불광 입사. 현)불광 기획제작팀장.

김선두   1964년 충북 충주 출생. 동국대학교 경찰행정학과 졸업. 1989년 주간불교신문사 입사. 1994년 불교신문사 차장으로 입사. 현)불교신문사 편집국장 직무대행.

김성우   1967년생. 성균관대학교 동양철학과 졸업. 1994년 현대불교신문사 입사. 현)현대불교신문사 편집국 취재부장. 저서로《문없는 문, 빗장을 열다》,《선답》,《선, 있는 그대로 내려놓아라》,《천하에 내가 사랑하지 않는 사람이 없기를》역서로《아침 명상록》등이 있다.

김원우   1967년생, 원광대학교 졸업. 사회복지사. 1993년 월간 불교 입사. 현대불교신문사 편집국 차장, 한국불교기자협회 회장 역임. 현)우리불교신문사 편집국장, 한국대학생불교연합회 총동문회 구도부 위원장.

김종기   1964년생. 동국대학교 불교학과 졸업. 1990년 월간 금강 입사. 현)불교플러스 대표. 불교 임종간호단체 '수인' 기획실장.

김주일   1968년생. 중앙대학교 신문방송대학원 수료. 1997년 현대불교신문사 입사. 현)주간불교신문사 편집부장. 저서로《우리는 지금 유럽으로 간다》가 있다.

김치중   1971년생. 동국대학교 영어영문학과 졸업. 동국대의료원 기획실 근무. 2005년 한국불교신문사 입사. 현)주간불교신문사 편집국 차장. 2004년 수필문학 추천완료 등단.

남동우   1972년생. 동국대학교 국어국문학과 졸업. 2002년 현대불교신문사 입사. 현)금강신문 편집국 기자.

박인탁   1976년생. 동국대학교 지방자치학 석사 수료. 2003년 불교신문사 입사. 현)불교신문사 편집국 취재기자. 불교기자협회 홍보부장.

변대용　1961년생. 동국대학교 인도철학과 졸업. 1988년 주간불교신문사 입사. 불교기자협회 회장 및 불교신문사 편집부장 역임. 현)불교텔레비전 보도국장.

사기순　1965년생. 동국대학교 국어국문학과 졸업. 1989년 월간 법륜 입사. 현)불광출판사 편집부장. 엮은 책으로 《행복해지는 습관, 정무 스님의 사람 사는 이야기》가 있다.

신중일　1979년생. 한림대학교 사학과 졸업. 2004년 주간불교신문사 입사. 현)주간불교신문사 편집국 기자. 불교기자협회 총무부장.

안직수　1971년생. 동국대학교 언론정보대학원 석사 졸업. 1999년 불교신문사 입사. 현)불교신문사 편집국 차장. 논문으로 「매체로서의 삼국유사」 저서로 《암자를 찾아서》, 《아름다운 인생》 역서로 《울어버린 빨강 도깨비》가 있다.

엄태규　1981년생. 동국대학교 북한학 석사 수료. 2008년 불교신문사 입사. 현)불교신문사 편집국 기자. 불교기자협회 홍보차장.

여태동　1966년생. 경북대학교 영문학과 졸업. 동국대학교 사회복지학 석사 졸업. 1994년 불교신문사 입사. 불교기자협회 회장 역임. 현)불교신문사 편집팀장. 저서로 《템플스테이, 산사에서의 하룻밤》, 《라다크의 미소를 찾아서》, 《고택스테이, 명문가에서의 하룻밤》, 《점심시간엔 산사에 간다》가 있다.

이경숙　1957년생. 건국대학교 영문학과 졸업. 1989년 해동불교 입사. 주간불교신문사를 거쳐 현대불교신문사 편집부국장 역임. 현)도서출판 법공양 편집장.

이상균　1966년생. 전남대학교 신문방송학과 졸업. 1994년 불교신문 입사. 현)월간 『차와문화』 편집장. 저서에 《청담스님 평전, 빈 연못에 바람이 울고 있다》와 《한국의 선서화》, 《발우》가 있다.

이준엽　1962년생. 동국대 예술대학원 수료. 대학생불교연합회 전북지부장 역임. 1989년 대중불교 입사. 현)불교신문사 광주전남지사장, 호남불교문화원 실장.

이학종　1961년생. 동국대학교 불교대학원. 1988년 법보신문사 입사. 현)미디어붓다 대표. 저서로 《산승의 향기》, 《가정법회》, 《선을 찾아서》, 《돌에 새긴 희망》, 《인도에 가면 누구나 붓다가 된다》가 있다.

임연태　1964년 경북 영주 출생. 1989년 불교신문사 입사. 현)현대불교신문사 편집국 부국장. 1998년 불교기자대상(선원빈상) 수상. 2004년 『유심』 시 부문 신인상 당선.

조동섭   1974년생. 동국대학교 대학원 선학과 박사 수료. 2005년 현대불교신문사 입사. 현)현대불교신문사 편집국 취재기자, 동국대학교 강사, 불교기자협회 문화부장. 논문으로 「불교의 상장의례 연구」, 「다비의 현대적 활용」, 「상주와 무상의 상관관계」 등이 있다.

조용수   1973년생. 동국대학교 미술학과 졸업. 현대불교신문사 기자 역임. 현)불교텔레비전 보도국 차장. 동국대학교 대학원에서 불교미술과 문화재 공부를 하고 있다.

탁효정   1976년생. 한국학중앙연구원 한국학대학원 박사 수료. 2002년 법보신문사 입사. 현)미디어붓다 편집부 차장. 논문으로 「조선후기 왕실원당의 사회적 기능」, 「조선시대 왕실 여인들은 사찰의 대화주였다」, 「왜 달라이라마인가」 등이 있다.

허정철   1976년생. 동국대학교 인도철학과 졸업. 2003년 불교신문사 입사. 현)불교신문사 편집국 취재기자.

홍다영   1981년생. 동국대학교 불교학과 졸업. 2008년 불교신문사 입사. 현)불교신문사 편집국 취재기자.

사진

김형주   1972년생. 중앙대학교 사진학과 졸업. 1999년 불교신문사 입사. 현)불교신문사 사진팀장.

박재완   1967년생, 서울예술대학 사진과 졸업. 현)현대불교신문사 사진부 차장.

신재호   1974년생 중앙대학교 사진학과 졸업. 2002년 불교신문사 입사. 현)불교신문사 사진팀 차장.

한국의 대종사들

1판 2쇄 펴냄 2009년 12월 14일
지은이 한국불교기자협회 **펴낸이** 이혜총 **전무** 김계성 **편집부장** 최승천
기획편집 박선주 정영옥 **디자인** 최현규 남미영 **마케팅** 문성빈 김미경 홍경희 최현호 **회계관리** 차은선
펴낸곳 조계종출판사 **출판등록** 제 300-2007-78호 **등록일자** 2007년 5월 1일
주소 서울시 종로구 견지동 13번지 대한불교조계종 전법회관 7층
전화 02-733-6390 **팩스** 02-720-6019 **홈페이지** www.jogyebook.com

ⓒ 한국불교기자협회, 2009

ISBN 978-89-93629-30-9 03220

책값은 뒤표지에 있습니다.
저작권법에 의하여 보호를 받는 저작물이므로 무단으로 복사, 전재하거나 변형하여 사용할 수 없습니다.
이 책의 수익금은 한국 불교 언론의 발전을 위해 쓰입니다.